대한민국
부동산의
미래

지금이라도 사야 하나? vs 이제는 팔아야 하나?

대한민국 부동산의 미래

김장섭(조던) 지음

The Future of Real Estate

트러스트북스

저자와의 인터뷰

사야 할까, 팔아야 할까, 갈아타야 할까?

인터뷰어 : 기획총괄 윤장래

인터뷰이 : 김장섭(조던)

저자와의 인터뷰는 인터뷰어가 그동안 여러 루트를 통해 취합한, 독자들이 가장 궁금해 하는 대표적인 키워드를 뽑아 질문하는 방식으로 진행되었습니다. 개괄적인 내용을 담고 있으므로, 보다 자세한 내용은 이 책의 본문 내용을 통해 확인하시기 바랍니다(인터뷰는 2016년 5월 11일 오전 저자 연구실에서 3시간 동안 진행되었다).

Q. 지금이라도 집을 사야 하나요?

아파트 같은 주택시장이 이미 고점을 통과한 후 하락추세에 있다고 전문가들이 뉴스에서 이야기를 하고, 상식적으로도 그럴 것 같아서 집을 사지 않고, 전세로 버티고 있었습니다. 현재 주택시장은 저의 예측과는 반대로 달리고 있습니다. 전세 물건은 없습니다. 반전세나 월세 형태로 임대시장이 바뀌고 있습니다. 게다가 월세비용도 상승중입니다.

실거주자들이 선호하는 소형 아파트는 오히려 가격이 급상승했습니다. 지금이라도 실거주용으로 사는 게 맞는지? 이러다 막차를 꼭지에서 타는 게 아닌지? 도무지 판단이 서지 않습니다.

A. 네에, 사세요!(대답이 시원하다. 간단하다.) 주택매입의 목적이 무엇일까요? 투자 수익을 올리는 것? 실제 거주하는 것? 아니면 또 다른 이유가 있을까요?

먼저 투자의 정의부터 살펴봐야 할 것입니다. 제가 말하는 투자는 어제 사서 오늘 파는 단기투자가 아닙니다. 오히려 장기적으로 오를 수밖에 없지만, 현재는 그리 주목받지 못하는 부동산 종목을 사는 것입니다. 바로 내일부터 오르는 물건이 아닙니다. 그래서 종목을 선택하는 기준은 자금이 별로 들어가지 않거나 수익률이 좋아야겠지요.

주택을 매입한다면 그것이 투자수익 목적이던지, 실제 거주

목적이던지 간에 포인트는 '내가 산(매입한) 집값이 떨어지지 않아야 한다'는 것입니다. 실제로 거주하니 집값이 떨어져도 상관없다고 생각하는 사람이 있습니다만 그렇지 않습니다. 집값이 떨어진다면 큰 문제가 생깁니다. 왜냐하면 집을 사는 사람 대부분이 대출을 안고 사는 게 현실이니까요.

집값이 떨어진다는 것은 담보가치가 떨어진다는 말입니다. 담보가치가 떨어진다면 내가 은행에 대출받은 금액 이상으로 원리금을 더 갚아야 하는 상황이 벌어지니까요. 그래서 투자목적이 아니고 거주를 하더라도 집값은 떨어지면 안 됩니다. 혹여 은행 대출이 없다 하더라도 집값이 떨어져서는 안 된다는 명제는 변함없습니다.

주택을 매입할 때, 절대 기준이 있습니다. '집값이 오를 곳을 사는 것이 아니라 집값이 떨어지지 않는 곳을 사야 하는 것'입니다. 집값이 떨어지지 않을 곳은 어디일까요? 우리와 상황이 비슷하면서 우리가 따라가고 있는 사례를 살펴보면 알 수 있습니다.

Q. 우리와 상황이 비슷하다는 말은 무슨 뜻입니까?
A. 저출산 고령화를 겪고 있는 나라들을 찾아보는 것이죠. 그런 나라들은 대부분 선진국입니다. 일본, 영국을 비롯한 유럽, 미국,

호주 등이지요. 고령화를 겪었다는 말은 베이비붐 세대가 늙었다는 얘기입니다. 베이비붐 세대는 전쟁을 겪은 나라들에 공통적으로 나타나는 현상입니다. 선진국은 2차 세계대전을 겪었고 우리나라는 6.25전쟁을 겪었습니다. 그래서 우리나라가 2차 세계대전을 겪은 선진국보다 평균적으로 고령화 속도가 약 20년 정도 늦습니다.

베이비붐 세대를 겪은 선진국 중 집값이 오른 나라와 내린 나라는 어떤 나라일까요? 내린 나라는 일본 하나뿐입니다. 영국, 미국, 호주 등 대부분의 나라가 올랐습니다. 그럼 오른 나라를 따라 투자해야 할까요, 아니면 내린 나라를 따라 투자해야 할까요?

어느 나라도 아닙니다. 집값이 오른 나라들을 살펴보면 다 올랐고 더 오른 곳이 있습니다. 반면 집값이 떨어진 나라들이라고 해서 다 떨어진 것은 아닙니다. 집값이 오른 곳도 있습니다. 떨어진 곳은 심하게 떨어졌습니다.

그럼 결론이 납니다. 집값이 오른 나라 중 가장 많이 오른 곳과 떨어진 나라에서 그래도 떨어지지 않거나 오른 곳을 찾아 그 교집합이 되는 곳에 투자하면 됩니다. 바로 수도나 경제중심의 도시입니다.

우리나라는 수도가 경제 중심이 되는 서울이지만 나라가 크면 경제가 활성화된 곳과 수도가 다른 경우가 많습니다. 예를 들면 호주의 시드니와 캔버라, 미국의 워싱턴과 뉴욕이 되겠죠.

그러니 수도보다는 경제 중심인 시드니와 뉴욕이 될 것입니다. 수도와 경제 중심이 같은 나라도 있습니다. 크기가 작은 나라들이며 대표적으로 영국의 런던과 일본의 도쿄입니다. 우리나라는 후자에 가깝습니다. 그러니 서울이 되겠지요.

그래서 교집합이 되는 도시는 서울입니다. 더 넓게 본다면 서울과 1기신도시 정도일 것입니다. 일본의 신도시는 도쿄중심지에서 30km 정도 떨어진, 우리나라로 따지면 동탄이나 청라신도시 정도의 거리에 위치하고 있는데 대표적인 곳이 다마신도시입니다. 다마신도시는 고점 대비 가격이 1/10까지 떨어진 곳도 있습니다. 인구가 많이 빠져 나가면서 가격이 문제가 아니고 거래가 안 되는 문제가 더 큽니다. 그러니 교집합에서 2기 신도시는 빠지겠죠.

현재 주택을 사려고 한다면 투자할 곳은 서울과 1기 신도시가 될 것입니다. 그럼 그중에서도 어디가 가장 투자해야 할 대상일까요? 서울의 역세권입니다.

왜냐하면 앞으로의 주거 트렌드 변화 때문입니다. 고령화로 인해 주거 트렌드는 1, 2인 가구로 급속하게 재편되고 있습니다. 90년대 초반에는 약 2만 가구 정도에 불과했던 1, 2인 가구의 숫자가 570만 가구 이상까지 늘어났고 그 속도도 빨라지고 있습니다.

이것이 의미하는 바는 무엇일까요? 앞으로는 큰 집이 필요 없어지고 교통이 편리한 지역에 사람들이 몰릴 것이라는 이야기입니다. 서울의 역세권이 더 선호대상이라는 말입니다. 사람들의 선호 대상이 되면 가격은 올라가고 월세도 올라가게 되어 있습니다. 이런 곳의 집값은 떨어지지 않겠죠.

그러나 당분간(2016년~2020년까지는) 전체적으로 집값이 떨어지지는 않으리라 생각합니다. 왜냐하면 우리나라에서 제일 많이 태어난 세대는 베이비붐 세대인 1958년생부터 1963년생이 아닙니다. 1970년대 초반 세대입니다. 약 10년이 늦지요. 1971년생으로 보자면 1년에 100만 명이 넘게 태어났습니다. 그런데 그들의 나이가 현재 46세입니다.

46세가 의미하는 바는 지금 집을 가지고 있어야 할 나이라는 것이죠. 결혼을 해서 아이들이 초등학교, 중학교, 고등학교를 다니는 시기입니다. 미국의 덴트연구소에서 "2018년 인구 절벽이 온다"고 했습니다. 47세에서 48세까지 인구가 가장 소비를 많이 하고 그 이후 소비가 줄어들기 때문이죠. 그런데 우리나라에서

1971년생이 102만 명으로 가장 많이 태어났습니다. 그들이 48세가 되는 시기가 2018년이지요. 그래서 2018년 이후 장기 불황으로 간다는 말이 나왔습니다.

2018년을 기점으로 점차 4인 가구의 비율이 1, 2인 가구로 재편됩니다. 1, 2인 가구가 4인 가구보다 많아집니다. 빠르면 5년 늦으면 10년 이후가 되면 일본처럼 장기불황에 빠질 수 있다는 것이죠. 그러나 당장 걱정할 필요는 없습니다.

최종적으로 정리하면 "집을 산다면 서울의 역세권에 사라"입니다. 전세를 끼고 사면 더 좋습니다.

Q. 전세를 끼고 살 만한 역세권 집이 있나요?

A. 인터넷으로 '네이버 부동산'을 치면 사이트가 나옵니다. '네이버 부동산' 사이트에는 각 동별로 아파트의 가격과 전세가격, 월세가격이 나오는데요. 매매는 많고 전세는 귀하니, 전세를 찾고 가격을 확인한 다음 동일한 평수의 아파트를 찾으면 전세가격과 매매가격 사이의 갭을 찾을 수 있을 것입니다. 그리고 앞으로 내가 살고 싶은 지역 위주로 찾는 것이 좋겠지요.

전세를 끼고 사는 것이 왜 좋을까요? 당장 이자가 들어가지도 않을뿐더러 장기적으로 전세의 수요는 꾸준하기 때문에 전세가가 오를 여지가 많습니다. 그리고 1,2인 가구로 재편될 시기가 오면 내가 들어가서 실제 거주하면 됩니다. 1, 2인 가구가 대세가 되면 기준 평수는 아파트의 경우 32평형에서 24평형으로 바뀔 것입니다. 지금도 선호되고 있는 평형이 24평입니다. 이미 이런 분위가가 반영되기 시작했습니다.

Q. 그럼 현재는 어떤 집에 살아야 할까요?

A. 물론 지금 서울의 역세권에 살고 있다면 그 집을 사는 것도 나쁘지 않습니다.

하지만 지금 직장이 수도권이고 외곽이라면 현재 직장 근처에서 거주하고 있는 집을 사는 것은 별로 좋지 않습니다. 향후 집값이 떨어지면 팔아야 하는데 그 타이밍을 잡기가 너무 어렵기 때문입니다.

부동산은 가격이 떨어지면 주식처럼 손해를 보고서라도 팔 수 있는 것이 아니라 거래가 아예 중지되고 맙니다. 그렇기 때문에 내가 팔고 싶어도 팔 수 없는 상황이 올 수 있습니다. 이것이 부동산의 특징입니다. 2010년 초반 실제 이런 일이 발생했지요. 수도권 외곽에 거주하고 있다면 실수요자라 하더라도 현재 거주하고 있는 주택을 사는 것에는 신중을 기해야 합니다.

집을 산다면 서울의 역세권에 집을 사서 임대 주고, 실제 거주는 직장 근처에 임대로 사는 것이지요.

Q. 이제는 집을 팔아야 하나요?

저는 수도권 외곽에 대출을 안고 주택을 장만했습니다. 현 국내외 경기를 봤을 때는 장기불황이라는 사회적 분위기가 지배하고 있습니다. 대출을 안고 있어서 집값이 내려가면 손해가 이만저만이 아닙니다. 지금이라도 팔고 전월세로 갈아타야 하나요?

A. 수도권 외곽이라면 팔아야 합니다. 직장 가까운 곳에 전월세로 사는 것이 방법입니다.

Q. 전세나 월세를 살고 있는 사람이라면 어떻게 대처해야 하나요?

A. 전세건 월세건 직장 근처에 편히 얻으면 됩니다. 전월세가 중요한 것이 아닙니다. 직장 출퇴근을 하고 실제 거주하는 집은 자신의 상황에 맞게 전세, 월세로 살면 되고요. 내가 사야 할 집은 서

울의 역세권 부동산입니다. 즉, 주거와 투자를 분리해서 부동산을 사야 합니다.

Q. 저는 지금 돈이 없어요. 그런데 어떻게 부동산을 사죠?

A. 지금 서울의 역세권 부동산은 돈이 없어도 살 수 있습니다. 전세 가격이 매매가의 90%에 육박했기 때문에 주택을 사는 데는 돈이 얼마 들지 않습니다. 예를 들면 3억짜리 아파트인데 2억7천만 원까지 전세가 들어 있는 경우가 많죠. 그렇다면 취득세 포함해서 4천만 원 정도면 아파트를 살 수 있습니다. 아니면 1억짜리 원룸 빌라를 전세 9천만 원을 안고 사는 것도 하나의 방법일 수 있습니다.

Q. 향후 예상되는 정부의 부동산 정책과 그에 따른 대처 방안은 무엇일까요?

A. 정부의 부동산 정책은 그리 중요하지 않습니다. 노무현정부 시절, 2003년 정도부터 2007년까지 1가구 2주택자 이상에 대해 50%, 3주택자에 대해 60%의 세금을 물렸습니다. 그런데 아이러니하게도 노무현 정부 때 가장 많이 올랐습니다. 그럼 그때는 집값이 왜 올랐을까요? 여러 이유가 있습니다. 그중 몇 가지만 살

펴봅시다.

우선 1958년생부터 63년생까지가 베이비붐 세대입니다. 매년 100만 명 가까이 태어났을 정도로 많은 수의 사람이 태어났습니다. 그럼 1958년생이 40세가 되는 해는 언제였을까요?

만 40세가 되는 해는 1998년이죠. 그런데 부동산에서 40세라는 시기는 조금 특별한 의미를 갖습니다. 40세의 상징적 의미는 아이도 낳고 가정을 꾸리다가 최초로 주택을 구입하는 나이입니다. 그럼 40세에 도달한 사람이 많다면 그것도 폭발적으로 많아진다면 주택이 당연히 모자라게 되지요.

그러나 그때는 1997년 IMF 경제위기가 일어난 시기입니다. 집값이 오르기 힘들었지요. 그러다가 2001년 이후가 되면서 IMF를 졸업하고 베이비붐 세대가 본격적으로 주택을 구입하면서 오르게 됩니다. 게다가 그 시기는 전 세계적으로 호황이었죠.

우리나라와 일부 동남아 국가는 아시아 금융위기로 힘들었지만 다른 나라는 호황이었다는 얘기입니다. 수출 지향적인 산업구조 덕분에 우리나라는 수출을 통해 급격하게 경제가 회복됩니다. 그리고 20년 이상의 저층 아파트 재건축과 맞물려 부동산의 회복을 넘어 폭등으로 치닫고 재개발을 통한 노후주택의 붐까지 일어 광풍이 몰아닥치던 시절입니다. 노무현정부의 부동산 세금정책은 불붙은 장작에 기름을 붓는 셈이었습니다.

떨어질 때도 마찬가지입니다. 집값이 떨어지면 정부가 어떤 정책을 내놓아도 약발이 안 먹힐 가능성이 높습니다. 그러니 정부 정책에 일희일비할 것이 아니라 앞으로 떨어지지 않을 곳에 보수적으로 투자하는 것이 좋습니다. 물론 자신의 상황에 맞게 무리하지 않고 투자하는 것이 핵심입니다.

Q. 돈 버는 부동산을 하나 가지고 싶은 바람이 있습니다. 임대사업은 어떻게 전망하시나요?

A. 임대사업은 당장 실행해야 합니다. 앞으로 점점 더 많은 사람들이 임대물건에 대해 관심을 가질 것이기 때문입니다. 베이비붐 세대의 시작이 58년생부터입니다. 이들의 나이가 현재 59세입니다. 59세가 되면 은퇴를 할 나이입니다.

고려대 박유선 교수의 '100세 도달 가능성'이라는 연구결과에 따르면 현재 45년생 70세는 1/4, 58년생 현재 58세는 1/2의 확률로 100세까지 산다고 합니다. 그럼 58년생 이후 대부분의 사람들이 100세까지 살 가능성이 높습니다. 그럼 60세를 은퇴나이라고 첬을 때 은퇴하고 무려 40년간을 소득 없이 살아야 한다는 결론 이 나옵니다.

그러니 60세가 되면 점점 더 근로소득 이외의 소득이 필요하 게 됩니다. 그런데 우리나라의 기준금리가 1%대 후반까지 떨어 지면서 대부분의 정기예금 금리도 1%대에서 형성됩니다.

예금으로 2배를 만들려면 70년이 걸립니다. 3억을 1.8% 정기 예금에 넣어두면 매달 받는 세후 금액이 453,729원 정도가 됩니 다. 그런데 1인 가구 필요생활비가 250만 원이라고 보면 200만 원이 부족합니다. 턱없이 모자란 금액이지요.

그 외에 주식 배당수익이나 연금소득 또한 그리 많지 않습니 다. 그래서 사람들은 서서히 더 많은 소득을 얻으려고 할 것입니 다. 그중 임대소득이 아직은 5%~6%까지 나오는 임대 부동산이 있는 만큼 이런 곳에 투자하려는 사람이 많이 늘어날 것입니다.

그러니 임대가 잘될 수 있는 오피스텔이나 상가로 눈길을 돌 리는 것도 나쁘지 않습니다. 그중에서도 오피스텔은 일반인이 접 근하기에 유리합니다. 서울은 수익률이 높지 않고 매매 가격이 높으니 1기 신도시 중 역세권 위주 소형 오피스텔 위주로 투자한 다면 좋은 투자처가 될 수 있을 것 같네요.

Q. 가진 건 집뿐인 사람들은 노후를 어떻게 준비해야 하나요?

> 대표님, 저는 집만 하나 달랑 가지고 있습니다. 평생 열심히 살아왔는데
> 되돌아보니 결국 집 하나 남았네요. 어떻게 집을 활용해서 현금 유동성을
> 확보할 수 있는 방법들이 있을까요? 저와 같은 처지에 있는 사람들이 선
> 택할 만한 안전한 방법은 있을까요?

A. 가장 좋은 방법은 주택연금에 가입하는 방법입니다. 우리나라의 주택연금은 나라의 고민에서 나온 산물입니다. 노인 빈곤율이 높은데 노인자산의 비율을 봤더니 압도적으로 부동산이 높았습니다. 무상복지로 돈을 주려니 돈이 너무 많이 들어가고 그리스처럼 국가 파산으로 갈 수도 있다고 생각했을 것입니다. 그러니 그들의 돈으로 좀 더 인센티브를 주는 것이 주택연금입니다.

3억 주택이면 70세에 주택연금 신청했을 때 100만 원 정도 평생 나옵니다. 그리고 사망 시 배우자에게 이전되어 배우자에게 나옵니다. 다주택자도 해당되고 주거용 오피스텔도 해당이 됩니다. 그럼 일정 부분은 주택연금으로 해결하고 나머지는 국민연금으로 해결하면 어느 정도 노인 빈곤율을 줄일 것이라는 게 정부의 복안입니다.

여기에 좀 더 덧붙이자면 서울의 역세권 주택을 사놓고 거주

하면 더 좋습니다. 앞으로 셰어하우스와 같은 공유경제가 대세인데 셰어하우스를 할 수 있는 곳은 역세권이 유리하기 때문입니다. 그러니 역세권에 아파트나 오피스텔에 방3개짜리를 가지고 있다면 방 하나는 내가 쓰고 나머지 방2개는 셰어하우스로 이용을 하면 월세를 받을 수 있어서 좋습니다. 다만 주택연금에서는 보증금을 받는 행위는 금지되므로 보증금 없이 월세를 받으면 일석이조의 투자가 될 수 있을 것입니다. 셰어하우스 투자법은 이 책에 더 자세히 써놓았으니 읽어보시기 바랍니다.

* 셰어하우스(share house)는 하나의 주거를 여러 사람이 공유한다. 다수가 한 집에서 살면서 지극히 개인적인 공간인 침실은 각자 따로 사용하지만, 거실·화장실·욕실 등은 공유하는 생활방식이다.

Q. 대한민국 부동산 불패신화는 계속되리라 예상하십니까?

> 지금까지 대부분의 서민들은 부동산 시세가 내려가는 시절을 살아본 경험이 없었지요. 천정부지, 부동산을 활용해서 서민들은 자산을 늘려왔습니다. 앞으로도 부동산은 서민들의 자산을 늘려주는 안전한 투자수단이 될 수 있을까요?

A. 부동산 불패신화는 없습니다. 1997년 12월 IMF 때 가격이 폭락했고, 2008년도 금융위기 때도 힘들었습니다. 지금은 다시 그때

의 가격을 회복하고는 있지만 앞으로 더 장기불황으로 갈 수도 있습니다. 무엇이든 영원한 것은 없습니다.

게다가 인구도 줄어들고 있으니 잘못 판단하는 순간 다시 하우스푸어가 될 수도 있습니다. 그러니 집을 투기적 수요가 아닌 최후의 보루로 생각하고 가장 안전하고 사람들의 선호도가 높은 곳에 사야 합니다.

Q. 향후 내 집 마련은 어떤 방향이 좋은지요?

집 없이 살아보니 설움이 이만저만이 아닙니다. 2년 단위로 애들 데리고 이사를 다니는 것도 지긋지긋합니다. 이제는 서울 변두리까지 밀려 왔는데, 이러다 경기도민 될까 집사람은 걱정이 태산입니다. 제가 이 시점에서 어떤 선택을 해야 할까요? 저희 가족은 초등5, 초등3 아이 둘과 우리 내외로 총 4인입니다. 32평은 이미 포기한 지 오래입니다만, 이제는 24평이나 32평형 전세가격이 별 차이가 없네요. 이런 경험을 해보지 않아서요. 어떻게 해석하고, 어떤 판단을 해야 할까요? 조언 좀 부탁드립니다.

A. 지금 힘들더라도 수도권 외곽에 월세를 얻거나 전세를 얻어 실거주하시면서 출퇴근하고 미래를 대비해서 서울의 역세권에 전세 끼고 사놓는 것이 가장 좋은 방법이라 생각합니다. 어떤 상황에서든 저의 원칙은 이렇고, 지금 상황에서 다른 뾰족한 방법도 생

각나지 않습니다.

그래도 투자자금이 여유가 있다면 임대소득이 아직은 5%~6%까지 나오는 임대사업용 부동산에 투자하는 것이 좋은 방법입니다. 그중 오피스텔은 일반인이 접근하기에 유리합니다. 서울은 수익률이 높지 않고 매매 가격이 높으니 1기 신도시 중 역세권 위주 소형 오피스텔 위주로 투자한다면 좋은 투자처가 될 수 있을 것 같네요.

Q. 해외부동산 투자에 대한 의견은요?

> 국내 부동산의 상승 탄력도가 약해졌다면, 중국부동산이나 동남아 부동산 투자를 통해서 자산소득을 늘릴 수 있지 않을까요? 가능하다고 한다면, 투자절차는 어려운가요?

A. 해외부동산 중 앞으로 유망한 곳이 동남아일 것입니다. 중국은 이미 우리나라의 부동산을 추월했습니다. 이미 가격이 많이 올랐습니다. 앞으로 더 오를 수도 있으나 어깨에 사서 머리에 팔아야 하는데 너무 위험합니다.

동남아를 비롯한 신흥국은 아직 오르지 않았죠. 그중에서도 옥석을 가려야 합니다. 신흥국이 우리나라처럼 부동산이 폭등한다고 오해해서는 안 됩니다. 우리나라는 전 세계적으로도 유래가 없을 만큼 단기간에 급성장한 나라이니까요. 그런 곳이 될 것이라고 생각하고 투자하면 도박입니다.

그러나 투자의 포인트는 있습니다. 항구 근처의 땅이죠. 신흥국은 앞으로 제조업으로 먹고 살 것입니다. 왜냐하면 미국은 일본에게 빼앗기고 일본은 우리나라에게 빼앗기고 우리나라는 중국에게 그리고 중국은 동남아를 비롯한 신흥국에게 제조업을 빼앗기게 되어 있습니다. 대부분의 제조업은 인건비 비중이 크기 때문이죠. 인건비가 가장 싼 신흥국에서 공장이 늘어나는 것은 당연합니다.

그럼 어떤 제조업 수요가 늘어날까요? 아무래도 첨단제품보다는 전통의 중후장대한 제조업의 공장수요가 늘어날 것입니다. 제철, 조선, 자동차와 같은 것이죠. 그럼 이런 곳은 필히 항구를 끼고 있어야 합니다. 육지로 수출하는 것보다는 항구를 통해 바닷길로 하는 것이 운송료가 싸기 때문입니다.

그래서 우리나라도 남동임해공업구역이라고 해서 포항부터 목포까지 제철, 자동차, 조선, 석유화학의 업종이 이런 곳에 몰려 있습니다. 첨단 업종은 공항 근처인데 선진국에서 첨단업종은 신흥국으로의 기술유출 때문에 잘 짓지 않습니다. 그리고 물건이 작아서 자국의 항공로로도 얼마든지 대량운송이 가능합니다.

그러니 신흥국의 항구 근처가 유망합니다. 공장이 계속 늘어날 테고 주거단지도 늘어날 것입니다. 이런 대표적인 나라가 베트남, 캄보디아, 미얀마 등입니다. 이들의 특징은 공산국가여서 땅이 전부 나라 소유입니다. 물론 살 수 있는 주거용 아파트나 오피스텔들은 있습니다. 하지만 땅의 지분이 작고 이미 분양가 자체가 높아서 적은 돈을 주고 살 수도 없고 수익률도 나오지 않습니다. 항구 근처의 땅을 사는 것이 최선이나 그것을 사는 것이 현재로서는 요원합니다. 해외 부동산 투자에 대해서 저는 부정적인 의견을 가지고 있습니다.

Q. 특별히 강조하고 싶은 사항이나, 투자 철학을 듣고 싶습니다.
A. 부동산 투자는 남들이 많이 가기 전에 선점해야 합니다. 그리고 때가 오기를 기다려야 합니다.

반대로 남들이 몰려서 오르면 추격 매수하는 것이 제일 위험합니다. 그렇다면 남들이 쳐다보지 않을 때 사야하는데 사기 쉽지 않습니다. 왜냐하면 증거가 없기 때문이죠. 올랐다는 증거 말

대한민국 부동산의 미래

이죠. 옆집 아줌마가 사서 몇 천만 원 벌었다고 하는 그런 증거 말입니다. 그걸 들어야 대부분의 사람들은 움직이기 시작합니다. 그러나 그때가 되면 이미 늦었습니다.

그래서 남들이 움직이지 않을 때 가치를 평가하고 선점해서 투자해야 합니다. 그러나 그런 일을 하려면 용기와 안목이 필요합니다. 안목은 공부를 해서 늘려야 하고 용기는 때가 되었을 때 과감히 실행해야 합니다. 투자는 평생 해야 하는 것이므로 투자자라면 평소에 공부를 하고 남의 생각을 듣는 일을 게을리 하면 안 됩니다.

이 책이 여러분의 안목을 늘려주고, 집을 살지 팔지, 새로운 투자처는 어디인지 고민하는 분들에게 작은 도움이 되었으면 하는 바람입니다. 자세한 내용은 책에 충분히 써놓았으니 차근차근 읽다보면 답답했던 마음이 서서히 풀릴 것입니다. 이 책은 오른다 내린다와 같은 방향성을 두고 썼다기보다는 여러 가지 시나리오를 산정하고, 그 안에서 어떻게 살아남을지 말하고 있습니다.

알 수 없는 미래를 확정적으로 규정짓고 거기에 맞춰 눈 감고 가다가는 한 번뿐인 인생, 실타래처럼 꼬이고 맙니다. 절대 그런 일이 일어나서는 안 됩니다. 예를 들어 집을 가진 사람들은 집값이 오른다고 생각합니다. 오른다는 기사와 말만 보고 듣기 때문입니다. 반대로 집이 없고 살 계획을 가진 사람들은 집이 떨어진다고 생각합니다. 떨어진다는 말만 선별해서 들으니까요. 이를 두고 흔히 인지부조화 현상이라고 하죠.

정보는 홍수처럼 쏟아지고 도무지 분별하기도 어렵습니다. 그래서 우리는 다양한 시나리오를 산정하고, 우리나라가 가는 방향에 따라 그때그때 지혜롭게 나아갈 길을 찾는 사람들이 되어야 합니다.

최악의 시나리오는 무엇이고,
최상의 시나리오는 무엇인가?

벌써 4권 째 책입니다.

출판업계에서 책을 낼 때 듣는 말이 있습니다. 첫 책을 낼 때는 "가문의 영광이다. 책을 처음 낸다는 것은 석사학위 하나와 맞먹는 다." 두 번째 책을 낼 때는 "책 한 권 낸 사람은 많으나 두 권을 낸 사 람은 드물다." 세 번째 책을 낼 때는 "책 2권까지는 누구나 낸다. 책 3권 낸 사람은 정말 별로 없다." 그러다 4권 째가 되었습니다.

다행히도 제 책을 읽는 독자 중에는 세 번째 책을 읽은 사람들이 두 번째, 첫 번째 책을 다시 읽는 것 같습니다. 그런데 두 번째 책은 나온 지 얼마 되지 않아 절판되었습니다. 제가 운영하는 카페(JD부동 산경제연구소: http://cafe.daum.net/jordan777)에 책에 대해 가끔 올라오는 질 문이 있습니다. 두 번째 책을 구하고 싶은데 절판되어서 새 책은 살 수 없고 중고로 나온 책은 너무 비싸다는 것입니다. 그래서 온라인 중고서적에 가서 가격을 보고 깜짝 놀랐습니다. 적게는 10만 원, 많게는 17만 원에 팔리고 있는 것이 아니겠습니까.

12,000원짜리 책을 더 싸게는 안 팔망정 10배나 더 받고 팔다니. 그래서 항상 이런 질문이 올라오면 출판사에 전화해서 혹시 반품 들어온 것이 있는지 확인해 보고 반품을 구매하라고 했습니다. 그러면서 항상 따라붙는 질문이 "다음 책은 언제 나오느냐?"였습니다.

책을 낸다는 것은 항상 부담이 되는 일입니다. 새로운 내용과 식견으로 써야 하는데 그럴 수 있을까 고민입니다.

첫 번째 책은 재개발이 한참 활황일 때 나왔고 당시 가장 이슈가 되는 재개발 투자법에 대해 썼습니다. 두 번째 책은 지방 투자가 한참일 때였고 투자의 마인드를 다질 때여서 저평가 투자에 대한 생각을 많이 넣었습니다. 세 번째 책은 지금 이슈로 뜨고 있는 임대사업에 대한 내용입니다.

그럼 이 책은 어떤 내용으로 채워져 있을까요?

앞으로 우리나라는 고령화 사회가 됩니다. 그리고 저출산으로 인해 청년이 부양해야 할 노인이 사상 최대에 이를 것입니다. 게다가 평균 수명은 계속 늘어납니다.

예전에는 이런 걱정을 할 필요가 없었습니다. 1970년대까지만 해도 대한민국의 평균수명은 58세였습니다. 그때는 산업화의 시대이니 정년까지 일하는 사람이 많았고 정년은 60세였습니다. 노후를 걱정할 필요가 없이 일하다가 죽으면 되었습니다.

하지만 지금은 이런 시절이 아닙니다. 현재 기준으로 보면 평균수명은 78.5세입니다. 60세에 은퇴를 해서 20년 가까이 더 산다는 얘기입니다.

그런데 최빈사망연령[사망연령의 최빈치最頻値], 다시 말해 가장 많이 사망하는 연령대를 보면 2008년에 86세, 현재는 90세에 달합니다. 다시 계산해 보면 60세에 은퇴해서 무려 30년을 더 살아야 한다는 얘기이고 그 연령도 몇 년 새 급격히 늘어나고 있습니다. 100세 시대가 이미 현실화 되었다고 볼 수 있습니다. 그렇게 계산하면 은퇴 후 40년이죠. 오래 산다는 것은 축복이지만, 준비가 되어 있지 않다면 결코 축복만은 아닐 수 있습니다.

그래서 이 책에는 이런 시대에 어떻게 준비하고 살아야 하는지를 담았습니다.

우리가 살아가는 오늘의 대한민국은 어떤 모습일까요?

명문대를 나온 한 사람이 대기업에 들어갔다고 가정해 보겠습니다. 결론부터 얘기하면 98.4%의 확률로 45세 전후에 회사를 나와야 합니다. 우리나라에서 대기업 임원 승진확률은 1000명 중 7명, 부장 승진확률은 1000명 중 14명입니다. 그런데 부장까지 승진 소요 연수가 17년입니다. 그러니 군대 다녀와서 27세에 대기업 들어가서 동기 중 극히 일부(1000명 중 14명)만 승진한다는 얘기입니다.

27살에 입사하고 17년 간 직장 다니다가 45세 전후에는 승진에서 밀리고 98.4%의 확률로 잘리겠죠. 100살까지 산다고 가정하면 45세 이후 무려 55년간을 대학교 때 배운 공부가 아닌, 다른 방법으로 밥벌이를 조달해야 한다는 얘기입니다.

그래서 우리나라의 노인 빈곤율과 노인 자살률은 OECD회원국 중 거의 최고에 가깝습니다. 노후 준비가 되지 않았다는 증거입니다. 왜 노후준비가 되지 않았을까요? 자본주의를 너무 몰랐기 때문입니다.

자본주의란 무엇입니까?

중학교 사회시간에 배웠을 것입니다. 생산의 3요소 '토지, 노동, 자본'말입니다. 수학에서 개념이 중요합니다. 개념을 모르면 응용이 안 되어서 어려운 문제를 풀지 못합니다. 자본주의에서도 개념이 중요합니다. 자본주의의 개념을 모르면 돈을 모을 수는 있지만, 불려서 부자가 되기는 어려워집니다.

그럼 생산의 3요소가 왜 중요할까요? 이것을 통해 우리가 돈을 벌기 때문입니다. 예를 들어 주유소를 경영한다면, 주유원(노동)과 주유소의 토지(토지), 자본(석유, 주유기, 주유탱크 등)이 필요합니다. 지금까지 우리는 어떻게 돈을 벌었을까요? 거의 대부분의 사람이 3요소 중 노동에만 의지를 해서 돈을 벌었습니다. 그리고 대부분의 사람들이 토지, 자본을 이용하지도 않았고 개념도 모릅니다. 그래서 우리나라의 노인빈곤 비율이 세계 최고를 달리고 있는 것입니다.

노동력이 떨어지는 60대 이후에는 노동으로 더 이상 부를 창출하기가 힘듭니다. 지금까지 모아둔 돈도 없고 자본이나 토지가 일할 수 있도록 만들지도 못했기 때문입니다.

그럼 토지, 노동, 자본을 이용해 최대한의 부를 창출하려면 어떻게 해야 할까요?

토지가 돈을 벌게 하고 자본이 돈을 벌게 해야 합니다. 그런데 우리는 그러지 않았습니다. 노동만이 자본주의에서 돈을 버는 유일한 수단이라 생각했습니다. 그러니 다니던 회사에서 나오면 앞으로 어떻게 사나 걱정하다가 자영업 차리고 퇴직금까지 한꺼번에 잃고 맙니다. 그리고 극빈층으로 추락합니다. 아니면 노인이 되어서도 계속 일할 수밖에 없습니다.

열심히 일한 우리가 왜 노인이 되어서도 일할 수밖에 없을까요?

토지가 일하고 자본이 일하는 자본주의의 원리를 실천하지 않았기 때문입니다. 그래서 열심히 노동을 할 수 있을 때 노동을 하면서 노동력이 떨어질 때를 대비해서 틈틈이 토지와 자본이 일을 할 수 있도록 준비해야 합니다. 결국 노동이 아닌 토지와 자본이 굴러가는 시스템을 알아야 합니다.

이 책은 어떻게 하면 부동산이 일하는 시스템을 구축할 수 있는지, 앞으로 닥칠 위험은 무엇이고 무엇이 안전한지에 대해 힌트를 제시합니다.

우리나라는 최악의 시나리오와 최선의 시나리오를 선택해야 하는 기로에 놓여 있습니다.

최악의 시나리오는 일본처럼 되는 것입니다. 부동산 가격은 1/20의 가격으로 처참하게 떨어지고 20년간의 장기불황이 몰려올 것입니다. 청년실업은 제조업의 세계경쟁력 악화와 몰락으로 더욱 심각해질 것입니다. 그러면서 장기불황의 초입을 맞을 것이라는 게 최악의 시나리오입니다.

반대로 최상의 시나리오는 무엇일까요? 영국, 미국, 캐나다, 호주 등과 같은 구미 선진국처럼 부동산 폭등이 일어나고, 남북통일이 되어서 대거 남으로 북한의 주민들이 넘어오고, 외국인이 대거 우리나라의 부동산을 매입하는 경우가 될 것입니다. 부동산 측면에서는 현재보다 장기호황이 지속되는 것이 최상의 시나리오입니다.

이러한 일은 왜 일어났고 우리는 무엇을 준비해야 할까요?

최악의 시나리오에 대비해서 부동산을 전부 팔고 예금을 까먹으며 편의점 알바나 하고 있어야 할까요? 아니면 최상의 시나리오에 대비해서 수도권 부동산을 속절없이 매입해야 하는 걸까요?

둘 다 아닙니다.

최악의 시나리오에서도 오른 부동산과 최상의 시나리오에서도 더 오른 부동산을 구별하고 교집합을 구해 투자하는 것입니다. 실거주가 목적인 사람들도 똑같이 행동해야 합니다. 이러면 최악의 시나리오가 와도 부동산이 떨어질 일이 없을뿐더러, 부동산 가격이 올랐다 하더라도 최선의 투자를 할 수 있습니다.

게다가 지금 세계는 공유경제로 나아가고 있습니다. 일본에서는 셰어하우스라는 개념의 형태로 부동산 임대가 되고 있습니다. 만약 나이가 들어서도 계속 소득을 올리고 싶다면 이 형태를 꼭 알아야 합니다.

우리나라는 청년실업이 심각해지고 1인가구가 폭발적으로 늘면서 이들이 머무를 공간이 필요해집니다. 충분히 예측할 수 있는 미래입니다. 바로 셰어하우스가 이러한 상황에 최적화된 공유경제 시스템입니다. 만약 이 사실을 미리 알고 있다면 앞으로 30년 이상을 안정적으로 임대를 올리면서 살 수 있습니다.

어디를 사야 하는지, 지금 현재 무엇에 투자해야 하는지, 그리고 현재 셰어하우스를 하고 있는 사업자는 어디에서 하고 어떤 수익률을 올리는지에 대해 정확하게 판단한다면 노후를 미리 준비할 수 있습니다.

게다가 지금은 주택이 한 채만 있어도 죽을 때까지 연금이 나오는 주택연금 제도가 있습니다. 그러니 주택 한 채만 잘 구입해도 주택연금과 국민연금 그리고 셰어하우스를 통해 노후를 해결할 수 있습니다.

반대로 몰락할 수 있는 지역이 있습니다. 이러한 지역에 부동산이 있다면 빨리 팔아야 합니다. 아마도 위험한 지역은 현재 2기 신도시 지역이 될 것입니다. 그럼 왜 2기 신도시가 위험한가에 대해 알아보고 왜 오래 끌고 가면 안 되는가에 대해서도 알아야 합니다.

그리고 장기적으로 투자하려면 어떻게 해야 하는가? 토지투자는 왜 중요한가? 내 집 마련 방법과 아파트, 빌라, 오피스텔, 지방 부동산의 미래는 어떻게 흘러갈까 등 노동만을 의지하는 것이 아닌 토지와 부동산, 자본을 이용하는 법을 알아서 미리 준비해야 합니다.

'부동산은 많이 버는 자가 강한 자가 아니라 버티는 자가 강한 자다.'
'최악의 시나리오는 무엇이고 최상의 시나리오는 무엇인가?'

이런 다짐과 물음을 잊지 말아야 합니다. 이 책에서 그런 물음에 대한 최소한의 해답을 제시하려고 노력했습니다. 이 책을 통해 안개 때문에 뿌옇게 보이던 미래가 조금은 더 밝아지기를 바랍니다.

김장섭

차례

Part1

대한민국 부동산의 과거와 현재

Part2

대한민국 부동산의 미래

Part3

대한민국 부동산,
최악의 시나리오 vs 최상의 시나리오

Part4

부동산 투자의 미래

Summary & Investment

대한민국
부동산의
과거와
현재

짚고 넘어가지 않을 수 없는
부동산의 역사

미래를 다루기 앞서 우리나라의 부동산 역사를 시기별로 짚어보는 것은 의미가 있습니다. 투자자의 입장에서나 투자자가 아니더라도 안정적인 미래를 설계하는 사람의 입장에서 과거를 알면 미래의 방향이 더욱 명확해지기 때문입니다. 역사란 돌고 도는 것이고, 언젠가는 다시 되돌아옵니다. 그래서 우리는 역사를 보고 현재를 되돌아봅니다.

필자는 그동안 투자자의 입장에서 투자자의 눈으로 과거를 살아왔기에 역사 또한 철저히 투자자의 시각으로 다루었습니다. 여러분이 아는 과거와 다르다면 아마 그 점 때문일 것입니다. 제가 학자라면 전문자료를 통해 더욱 그럴싸하게 정리했겠지만, 이 책이《부동산의 미래》임을 감안해 과거만큼은 투자자의 시각으로 다뤘습니다. 이제 2000년 이후 지금까지 투자의 시기를 다시 한 번 짚어보겠습니다.

2000년 이전	경매투자시기
2004년 이전	분양권 투자시기
2006년 이전	재건축 아파트 투자시기
2007년 3월까지	재개발 빌라 투자시기
2007년 6월까지	서울, 수도권 오피스텔 투자시기
2012년 이전	지방부동산 투자시기
2014년 이전	수도권 부동산 투자시기
현재	서울 빌라, 서울 역세권 부동산 투자시기

시기를 위와 같이 나눈 이유는 어디까지나 실제 투자와 판단에 의한 것입니다. 교과서에는 나오지 않는 내용이지요. 한국 부동산의 역사적인 흐름과는 직접적 관계가 없습니다. 투자시기란 투자의 정점을 가리키는 것이 아닌, 각 시기별로 투자했을 경우 가장 적은 투자금으로 위험 없이 투자할 수 있었던 시기를 말합니다.

2000년 이전 : 경매 투자시기

2000년 이전은 경매투자의 시기라 볼 수 있습니다. 시중의 물건보다 싸게 살 수 있었던 유일한 시기였기 때문입니다. 그렇다면 현재 시중에 떠도는 "경매로 부동산을 싸게 구입할 수 있다"는 말은 무엇일까요?

이는 사실 거짓말입니다. 싸게 살 수도 없으며 싸게 사지도 못합니다(part4 '경매는 시세에 사는 것이다' 챕터를 참조). 싸게 살 수 있던 시기가 과거에 있었을 뿐입니다. 그렇게 된 이유는 2000년 이후 경매가 급속도로 대중화되었기 때문입니다. 경매 관련 서적이 불티나게 팔렸고 대한민국의 모든 국민들은 경매에 대해 알게 되었습니다. 경매정보지에 나오는 빨간 글씨로 새겨진 선순위세입자, 유치권, 법정지상권 등은 일반인들이 전문가들 뺨치게 잘 알고 있습니다. 그런데 하물며 이런 권리상의 위험이 있는 물건이 아닌 부동산이 시중매매가보다 싸게 낙찰될 리 만무합니다.

시가 3억 원짜리 아파트를 경매법정에서 낙찰을 받는다고 가정해 보겠습니다. 경매정보지를 보니 감정가 3억 원인 아파트가 한 번 유찰되어 2억 4천만 원에 나왔다면 내가 2억 5천만 원 정도 쓰면 낙찰될 것이라고 착각합니다.

왜 이런 착각을 하는 것일까요? 경매로 사면 집도 못 보고 세입자 명도의 책임도 있으며 법적 관계도 복잡한데 이 정도로 싸야 적정하게 잘 샀다고 생각합니다. 그러나 잘못된 생각입니다. 경매로 실제 입찰에 들어가서 낙찰되는 가격을 보면 3억 원을 넘는 경우가 많습니다. 그러면 경매법정이 과열되었다고 생각하고 저래서는 남는 것이 없다고 생각합니다. 이와 같은 경우라면 3억 원을 쓰지 않고 2억 5천만 원 언저리를 쓰고 떨어지기를 반복합니다.

경매에서의 실제 낙찰가는 시장에서 거래되는 실제 거래가격과 차이가 없습니다. 단지 경매에는 아주 큰 장점이 있습니다.

바로 낙찰 받았을 때 대출을 최대한도로 일으킬 수 있다는 장점입니다. 아파트를 제외한 나머지 상품들은 대출이 생각보다 잘 나오지 않습니다. 아파트도 일부 상품을 제외하고는 감정가가 정해져 있지 않습니다.

일반매매에서 KB시세(국민은행에서 고시하는 시세)가 없으면 감정가가 일정하지 않다는 단점이 있습니다. 그래서 최대한 많은 대출비율(매매가의 80%~90%)을 받으려고 한다면 제2금융권으로 가야지 겨우 나올까 말까 합니다. 지금 같은 저금리시대에도 이렇게 높은 비율로 대출을 받는다면 이자가 7% 이상이 될 수도 있습니다. 그러니 낙찰을 받아 높은 대출을 손쉽게 빌릴 수 있는 경매를 이용하는 것입니다.

게다가 KB시세가 나오는 아파트를 제외한 나머지 부동산(빌라, 상가, 공장, 토지 등)은 대출이 시세의 50%도 안 나오는 경우가 많습니다. 그렇게 되면 수익률이 떨어집니다. 아래는 경매로 3억 원짜리 빌라를 낙찰 받아 월세를 놓았을 경우입니다.

빌라	평형	김정가	낙찰가	평당가격
경매낙찰	24.00	300,000,000	300,000,000	12,500,000
대출금(80%)	이자(3.5%)	보증금	취등록세(1.1%)	선투자금
240,000,000	700,000	20,000,000	3,800,000	63,800,000
실투자금	월세	순이익금	수익률	
43,800,000	1,500,000	800,000	18%	

실제 투자금이 43,800,000원이 들어서 순이익금은 월 80만 원이
나오고 월 수익률이 18%나 되는 좋은 투자가 되었습니다. 그러나
일반 매매로 빌라를 샀을 경우를 따져보겠습니다.

빌라	평형	김정가	매매가	평당가격
일반 매매	24.00	300,000,000	300,000,000	12,500,000
대출금(50%)	이자(3.5%)	보증금	취등록세(1.1%)	선투자금
150,000,000	437,500	20,000,000	3,800,000	153,800,000
실투자금	월세	순이익금	수익률	
133,800,000	1,500,000	1,062,500	8%	

실제 투자금은 1억 3천만 원대로 올라갔고 순이익금은 월 1백 6
만 원 정도입니다. 그러나 월 수익률은 8%로 떨어져 있습니다. 대출
비율이 낮아지면서 실투자금이 많이 들어갔기 때문에 발생하는 현

상입니다(더 자세한 내용은 다음 장 '천만 원 투자법' 참조).

그러니 일반 매매로 사는 것은 좋은 투자가 아닙니다. 이것을 모르고 경매법정에 들어선다면 평생 낙찰 한 번 받지 못하고 아까운 시간만 보내는 결과를 가져올 것입니다(그 외 경매의 좋은 점은 part4 '경매는 시세에 사는 것이다' 참조).

그러나 2000년 이전에는 그 이후와는 달리 경매로 사더라도 시중 가격보다 싸게 살 수 있었습니다. 물론 이 시기는 간단하게 대항력 없는 세입자를 내보낼 때 인도명령으로 세입자를 내보낼 수도 없었고 명도소송을 해야 하는 점 등 낙찰자에게 유리한 환경이 아니었습니다. 그러나 이러한 점을 차치하고라도 2000년 이전은 경매만 해도 먹고 살 수 있는 시절이었습니다.

2004년 이전 : 분양권 투자시기

IMF가 터지고 분양시장이 어려워지자 정부는 분양권 전매자율화라는 카드를 꺼내들었습니다. 중소 건설회사는 하루가 멀다 하고 망해서 법정관리나 파산절차에 들어가고, 망한 건설회사가 짓다 만 아파트를 다른 건설회사에서 받아다 다시 짓는 일이 비일비재하던 시절이었습니다. 그래서 B건설회사 이름이 아파트 벽면에 붙어 있는데 등기상으로는 A건설회사 이름이 들어가 있었습니다. 게다가 우리나라마저도 IMF를 겪고 있는 중이라 이 난관을 제대로 극복할 수 있을지도 모르는 상황이었습니다. 그 와중에 정부는 시장의 경기를 살리기 위해 특단의 조치인 분양권 전매자율화를 감행합니다.

그러면 분양권 전매자율화라는 조치로 인해 많은 사람들이 분양권을 사게 되었을까요? 아마도 일반인이라면 절대 사지 못했을 것입니다. 그러나 실상을 살펴보면 그렇게 위험하지 않았습니다.

사실 우량 건설사들은 무너진 건설사들이 포기한 곳을 인수해서 다시 짓고 있었고 분양권전매시장은 굉장히 활발한 움직임을 보이고 있었습니다. 소위 떴다방(이동식중개업소)들은 우량 건설사가 분양한 지역의 당첨된 분양권을 프리미엄을 주고 샀습니다. 당연히 사람들이 몰렸고 미래에 대한 해지(hedge: 위험도를 낮추는 작업)로 다시 프리미엄을 주고 팔았습니다.

여기서 해지작업은 중요합니다. 오랫동안 가지고 있었을 때 맞을 수 있는 장기위험(건설회사 부도, 경기침체, 트렌드의 변화 등)을 줄여줄 수 있기 때문입니다.

다시 말하자면 분양권을 사고 내가 입주할 때까지 기다리는 동안 건설회사가 부도가 날 수 있는 위험이 있습니다. 그러나 분양권을 사고 다음날 바로 팔 수 있다면 나는 장기위험으로부터 벗어날 수 있는 것입니다. 사실 현장에서는 사람들이 너무 몰려서 걱정이었다고 합니다.

그렇다면 그때 왜 분양권이 가장 인기였을까요? 물론 다른 부동산 상품도 있었습니다. 아파트도 있었고 재건축 아파트도 있었고 재개발 빌라도 있었고 오피스텔, 상가, 토지 등 수많은 종목들이 있었는데 왜 분양권이었을까요?

그 이유는 계약금만 걸어서 돈이 적게 들고 떴다방을 이용하면 바로 다음날이라도 분양권을 프리미엄을 주고 팔 수 있을 만큼 사람들이 많이 몰렸기 때문입니다. 우량 건설사가 분양하는 위치가 좋은 아파트 분양권 현장에서는 소위 돈 주고 돈 먹기 현장이 벌어졌던 것입니다.

부동산으로 돈을 번다면 어떤 상품을 사는 것이 가장 돈이 적게 들고 가장 빨리 팔아서 투자수익률을 올릴 수 있는가, 그리고 세금을 얼마나 아낄 수 있는가도 모두 생각해 봅시다.

분양권은 일단 적은 계약금만 있으면 됩니다. 처음에는 매매가의 10% 정도로 계약금 규모가 높았지만 나중에는 500만 원 정도만 들어가도 되었습니다. 그러니 이 정도로 적게 들어가는 부동산 투자상품은 없습니다.

다음으로는 세금이 없습니다. 살 때 취득세가 없이 계약금만 냈고 팔 때도 프리미엄만 주고 다른 계약자한테 팔아버리니 양도세가 없는 미등기전매 형태였습니다. 이 시기에 아파트 분양권을 사서 아파트에 들어간 사람들은 일정 기간 양도세 면제 혜택도 얻었습니다. 그러니 소위 부동산 좀 한다는 사람들이 분양권 전매를 하지 않는다면 이상한 시기였습니다. 사정이 이러하니 재건축아파트, 아파트, 빌라, 오피스텔, 상가 등은 상대가 되지 못했습니다. 그러나 이 시기도 정부에서 분양권 전매자율화 조치를 거둬들이면서 막을 내리게 됩니다.

2006년 이전 : 재건축 아파트 투자시기

분양권 전매자율화 조치가 없어지고 분양권 인기도 시들해졌습니다. 그런데 1980년대 분양한 강남의 저층 아파트들이 20년이 경과하면서 재건축 아파트 투자광풍이 몰려옵니다. 20년 이상 된 저층 아파트는 안전진단만 통과하면 고층의 아파트로 바꾸면서 공짜로 자신의 집을 더 넓은 새 아파트로 변신시킬 수 있는 기회가 온 것입니다. 게다가 재건축 아파트는 아파트라 대출도 나왔습니다.

지금은 빌라나 오피스텔도 대출을 해주는 시대이지만 당시만 해도 빌라나 오피스텔은 대출이 잘 안 되었습니다. 그런 만큼 레버리지를 이용하거나 전세를 놓는다면 적은 실투자금액으로 아파트를 사놓을 수 있었고 기다리기만 한다면 최적의 투자처였습니다.

강남을 비롯해서 과천, 광명 등 서울 및 서울과 인접한 인기 지역의 재건축 아파트는 전성기를 맞았습니다. 그러나 워낙 짧은 시간에 많이 올랐기 때문에 이 시기도 금방 지나가고 말았습니다.

2007년 3월까지 : 재개발 빌라 투자시기

분양권이 가고 재건축 아파트는 토지거래허가구역, 안전진단 보류, 1가구 3주택 중과, DTI, LTV 등 각종 규제와 세금폭탄으로 묶이는 시기였습니다. 그런데 2004년 7월 도시및주거환경정비법(이하 도정법)이 바뀌었습니다. 그로 인해 재개발이 꽃을 피우는 시기가 도래합니다.

가장 핵심은 두 가지입니다. 하나는 인구 50만이 넘는 도시, 둘은 그 도시 모두 2008년까지 도시기본계획(구도심에 재개발 구역을 확정)을 세워야 한다는 것입니다.

분양권, 재건축 아파트가 꺾인 상황에서 최고의 재테크로 각광을 받게 됩니다. 구도심의 낡고 오래된 빌라와 단독주택마저 아파트로 바꿔준다고 하니 부동산이 더욱 상승할 수밖에 없습니다. 그런데다 빌라도 대출이 되었습니다. 이전까지 빌라 대출은 꿈도 꾸지 못한 일이었습니다. 오죽하면 재개발 빌라들의 가치가 올라가자 시중은행에서 벽면에 은행 최초로 빌라대출을 한다고 플래카드를 붙인 일도 있었습니다.

재개발 빌라는 매매가가 워낙 낮은데다가 전세가가 높아 돈이 별로 들지 않는 일이 비일비재했습니다. 한번은 부천의 반지하 빌라 투자 때문에 주인 할머니를 만났는데 너무 오래되었고 계속 수리해달라는 세입자 등쌀에 골치 아프다며, 매매가가 3000만 원이고 전세가 3000만 원인데 그냥 등기만 가져가라고 했을 정도였습니다.

그렇다면 위에서 언급한 핵심 두 가지 '50만 이상 되는 도시'와 '2008년 12월까지 도시기본계획을 세우는 일'을 통해 어떤 투자가 가능했을까요? 만약 2005년도로 돌아간다면 이렇게 할 것 같습니다. 우선 통계청을 통해 인구 50만 이상인 도시를 찾습니다. 인천, 부천, 수원, 성남, 의정부, 안양 등이 나올 것입니다.

또한 2008년 12월까지 도시기본계획을 세워야 하니 어느 도시가 먼저 도시기본계획을 발표하고 공청회를 여는지 아는 것이 중요합니다. 각 시의 시의회 회의록을 보고 그 시기를 알 수 있습니다. 시의회에서는 도시개발과장과 시의회 의원들이 도시기본계획 용역에 대해 토론했던 회의록을 볼 수 있습니다. 그러니 공청회 시기는 대략 알 수 있고 키워드 검색으로 '침수지역' 등과 같은 재개발이 될 만한 지역을 찾아 현장을 돌아보면 어느 정도 가늠할 수 있었습니다. 그래서 가장 빨리 공청회가 있는 지역을 찾아 선점하여 투자하면 재개발의 초기시장으로 돈을 버는 일은 그리 힘들지 않을 것입니다.

실제 2005년 6월 부천부터 시작된 재개발은 광명, 안양, 수원, 인천을 지나 의정부를 거쳐 2007년 3월 평택을 마지막으로 끝났습니다. 2007년 3월 이후 수도권의 재개발 빌라들은 더 많이 올랐지만 이미 너무 많이 올라서 실투자금의 갭이 1억 원씩 차이가 날 때였습니다.

초기 재개발	매매가	전세보증금	취등록세	선투자금	실투자금
빌라	40,000,000	35,000,000	2,040,000	42,040,000	7,040,000

후기 재개발	매매가	전세보증금	취등록세	선투자금	실투자금
빌라	150,000,000	35,000,000	4,900,000	154,900,000	119,900,000

이성적으로 생각하면 후기 재개발 시장에 뛰어드는 일은 섶을 지고 불구덩이에 뛰어드는 형국과 유사합니다. 전세금은 전혀 오르지 않았는데 1억 원이나 주고 빌라를 사야 했으니 말입니다. 그런데 그 빌라가 산꼭대기에 있는 20년 이상 된 반지하 빌라라면 어떻겠습니까? 지금이야 말도 안 되는 투자라고 일축하겠지만 당시에는 이런 일이 비일비재했습니다. 끝물에 재개발 빌라에 투자한 사람들도 많았습니다. 그러다 빚만 지고 허덕이거나 경매로 전부 날리고 지금까지 신용불량자에서 벗어나지 못하는 경우도 허다합니다.

2007년 6월까지 : 서울, 수도권 오피스텔 투자시기

처음으로 전세에서 월세로 패러다임이 바뀌는 시기입니다. 한 마디로 월세도 받고 향후 매매가도 오르는 1석 2조의 부동산인 것입니다. 그럼 그 전에는 부동산으로 월세를 받는 것이 불가능했을까요? 물론 가능했지만 그렇게 해서는 돈을 벌기는커녕 오히려 까먹고 있었다는 말이 정확합니다. 2007년 3월부터 6월까지 서울의 강서구쪽 오피스텔을 살펴봅시다.

강서	낙찰가	대출금(80%)	이자(7%)	보증금	취등록세
오피스텔	55,000,000	44,000,000	256,667	10,000,000	4,030,000
선투자금	실투자금	월세	순이익금	수익률	
15,030,000	5,030,000	400,000	143,333	28%	

현재 기준으로 보면 그리 나쁜 수익률이 아닙니다. 오히려 매우 좋은 수준입니다. 실제 투자금은 5백만 원 남짓인데 이자를 제외하고 남는 순이익금은 15만 원 가까이 됩니다. 무려 28%의 월 수익률입니다. 그런데 뭐가 문제일까요?

이러한 강서구 등촌동, 염창동, 방화동 등의 오피스텔은 2000년대 초반 분양한 오피스텔입니다. 시기는 2007년이니 약 5년 남짓 넘었습니다. 그런데 분양가는 얼마였을까요? 무려 1억 원이 넘었습니다. 즉 2002년에 분양했던 오피스텔이었고 분양가가 1억 원이었으며 2007년에 5000만 원이었다면 1년에 1000만 원씩 떨어지는 효과가 있었다는 것입니다. 그러니 월세로 15만 원 받아봐야 1년이면 180만 원인데 1년에 1000만 원씩 떨어지면 매년 820만 원씩 손해 보는 상황이었던 것입니다.

그러니 이 기간에 오피스텔을 사는 것은 결과적으로 바보짓이었습니다. 차라리 경매나 분양권, 재건축 아파트, 재개발로 투자처를 갈아타는 것이 더 안전하고 전세를 놓으니 신경 덜 쓰고 매매가 상승도 훨씬 더 컸을 것입니다.

그런데 시장이 월세 시장으로 바뀌었습니다. 이미 재건축, 아파트들은 천정부지로 뛰었고 임대를 놓아도 훨씬 좋은 조건(위치, 연식, 역세권, 주거환경 등)에 놓을 수 있는 오피스텔보다 오래된 재개발 빌라들이 더 비싼 가격에 팔리는 비이성적 상황인 것입니다.

이 시기를 잘 살펴보니 월세를 놓으면서 향후 매매가 상승도 기대할 수 있었습니다. 당시 강서구는 지하철 9호선이 들어오기 전이었습니다. 그러니 적은 돈을 투자하고 기다리다가 지하철 9호선이 들어오면 기대감에 들어오는 투자자들에게 팔 수 있는 시기였습니다. 투자처로는 서울의 강서구, 9호선이 들어오는 부천 지역이 오피스텔 투자시기로 가장 좋았습니다.

그러나 그 시기는 불과 3개월(2007년 3월~6월) 정도로 짧았습니다. 재개발 빌라의 너무 높은 낙찰률로 인한 실망과 차선을 노리는 투자자들은 빠르게 서울, 수도권의 오피스텔 투자로 옮겨갔습니다.

2012년 이전 : 지방부동산 투자시기

2007년 8월 이후 수도권은 재개발 빌라를 비롯해 아파트, 재건축 아파트 할 것 없이 모든 부동산 종목의 매매가가 불타올랐습니다. 수도권의 재개발 부동산 매매가와 전세가 차이가 1억 원 이상 나면 거래 자체가 이루어지지 않았습니다.

만약 전업투자자라면 이는 심각한 상황입니다. 매달 필요한 생활비가 500만 원이라면 1년 이면 6000만 원 정도의 돈이 생활비로 빠져나가는 것입니다. 수입은 끊기고 지출은 계속되니 지금까지 벌어놓은 투자금이 바닥을 드러내는 것은 불 보듯 뻔했습니다.

그럼 어떻게 해야 할까요? 강서구나 부천의 오피스텔에 투자해 놓았다면 좋았겠지만 그 시기는 너무 짧았습니다. 그러면 수도권보다 상대적으로 싼 지방의 부동산이 투자대상으로 떠오르는 것은 당연한 수순입니다.

물론 쉽지 않은 결정입니다. 지방은 한 번도 오른 적이 없던 시장이기 때문입니다. 그러나 잘 생각하면 그리 어려운 결정도 아닙니다. 왜냐하면 재건축, 재개발, 오피스텔도 떨어지기만 했지 오른 적은 없었던 부동산 종목이었기 때문입니다.

지방에는 어떤 식의 투자를 했어야 할까요? 지방의 단점은 공실이 많다는 점입니다. 수도권보다 인구도 적고 인프라도 떨어지기 때문에 공실에 특별히 신경을 써야 했습니다. 사람이 많이 몰리고 공장과 회사가 있는 산업단지 인근이나 대도시가 상대적으로 낫다고 볼 수 있습니다. 공실 위험이 적다는 의미입니다. 그래서 천안, 대전 등 자족도시나 산업단지 위주의 도시로 투자가 진행되었습니다.

물론 지방에서도 불황은 있었습니다. 2008년도 금융위기가 닥치고 대기업의 공장 축소로 인한 한파가 닥쳐왔습니다. 그러나 당시 수도권에 투자했던 투자자들은 더 울고 싶은 심정이었을 것입니다. 생활비가 나오지도 않는데 부동산은 안 팔리고, 무리하게 대출을 받아서 산 부동산의 이자도 감당할 수 없는 상황이었기 때문입니다. 그래서 수도권에 더 큰 돈을 들여서 재개발 빌라를 추격 매수했던 세력은 이 바닥에서 자취를 감추었습니다. 지방 아파트의 수익률은 대체로 이랬습니다.

지방	낙찰가	대출금(80%)	이자(7%)	보증금	취등록세
아파트	35,000,000	28,000,000	163,333	5,000,000	2,410,000
선투자금	실투자금	월세	순이익금	수익률	
9,410,000	4,410,000	300,000	136,667	31%	

만약 4500만 원을 들여 10채 정도 매입했다면 매월 136만 원 정도가 나오는 괜찮은 물건이었습니다.

2014년 이전 : 수도권 부동산 투자시기

2012년을 기점으로 2014년까지 부동산 역전현상이 일어났습니다. 수도권의 24평 아파트와 지방의 24평 아파트 가격이 역전된 것입니다. 가격으로 따지면 지방의 24평은 약 1억 1000만 원 정도였는데 수도권의 아파트 가격은 약 9000만 원 정도였습니다.

왜 이런 일이 벌어졌을까요? 지방은 2007년 6월 이후 꾸준히 상승했지만 수도권은 2008년도 이후 지었던 신도시의 영향을 받았습니다. 신도시 분양이 있었던 곳 위주로 구도심 아파트 가격 하락이 발생한 것입니다. 신도시 분양이 있다면 구도심 아파트 가격이 떨어지는 것은 당연합니다. 왜냐하면 그 지역의 부동산에 신도시가 생긴다면 다른 지역에서 오는 것이 아니라 그 지역 주민이 들어갈 확률이 높기 때문입니다. 물론 강남과 가까운 위례신도시나 판교와 같은 곳은 예외입니다.

심지어 인천 송도 같은 곳도 인천 시민이 그곳에 아파트를 사는 비율이 압도적으로 높았습니다. 인천 송도에 GCF(국제기후기금)를 유치했습니다. 그런데 뉴스에 GCF 유치 전, 유치 후를 비교해 분양실적을 그래프로 보여준 적이 있습니다. 유치 전 분양실적을 보면 인천 시민이 받아간 송도의 아파트는 거의 90%에 가까웠고 인천 시민 이외의 타 지역 주민이 10% 남짓이었다면, GCF 유치 후 타 지역 주민이 받아가는 분양률은 15% 정도로 높아졌습니다. GCF와 같은 국제기구가 들어왔는데도 다른 지역의 주민은 겨우 5% 정도만 더 반응했다는 말입니다.

이 말은 무엇을 뜻합니까? 불황기에 대규모로 신도시 분양이 이뤄진다면 구도심의 주민이 주택을 팔고 신도시로 이주해야 하는데, 불황으로 인해 구도심의 아파트가 팔리지 않는 현상이 발생한다는 것입니다. 그러자 도미노 현상으로 신도시의 입주지연이 일어나고 연쇄적으로 미분양이 일어날 수밖에 없습니다. 이는 구도심의 아파트 가격 하락을 불러왔습니다. 그래서 지방의 24평 아파트 가격과 신도시가 많이 분양된 지역의 아파트 가격이 역전된 것입니다.

이러한 역전 현상이 일어난 대표적인 곳은 경기 서부 지역입니다. 영종, 청라 신도시가 있는 인천, 김포 한강 신도시가 있는 김포, 파주 운정, 식사 지구가 있는 일산, 파주 지역 등이 폭탄을 맞았습니다.

수도권	낙찰가	대출금(80%)	이자(5%)	보증금	취등록세
아파트	91,000,000	72,800,000	303,333	20,000,000	3,366,000
선투자금	실투자금	월세	순이익금	수익률	
21,566,000	1,566,000	400,000	96,667	62%	

실투자금은 156만 원 정도에 불과한데 매월 10만 원 가까운 순이익금이 나오고 있습니다. 그런데 지방의 24평 아파트는 이보다 훨씬 높은 1억 1000만 원 정도이니 수익률로 보나 공실에 대한 위험으로 보나 이 시기에는 수도권에 투자하는 것이 옳았다고 할 수 있습니다. 그러다가 2014년을 기점으로 서울에서 불어오는 전세가 상승은 미분양이 많았던 수도권까지 불어옵니다. 2015년에 높은 전세가 상

승이 있었고 24평이 매매가가 9천만 원에 불과했던 아파트는 전세가로만 1억 5천만 원 이상을 상회하게 됩니다.

현재 : 서울 부동산 투자시기

2014년 이후 현재까지 서울 부동산 투자시기입니다. 서울의 빌라는 재개발이 있었던 지역을 중심으로 투자하는 것이 맞고 서울의 역세권 부동산은 향후 셰어하우스(Share House, 다수가 한 집에 살면서 지극히 개인적인 공간인 침실은 각자 따로 사용하지만, 거실·화장실·욕실 등은 공유하는 생활방식)의 가치를 생각하고 투자하는 것이 좋습니다.

서울 빌라의 투자는 과거 재개발 지역 중 가장 뜨거웠던 지역이 대세가 될 것입니다. 그중에서도 한강변을 끼고 있는 재개발 지역이었던 곳이 가장 많이 올랐고 사람들도 많이 몰렸습니다. 앞으로의 개발 가능성 때문입니다. 가격은 2008년도 금융위기 직전보다 절반 정도 떨어졌고 전세가격은 올라서 실투자금 자체는 1000만 원 내외라 할 수 있습니다.

셰어하우스는 앞으로 우리가 나아가야 할 부동산의 모델이라 할 수 있습니다(part4 셰어하우스 투자법' 참조). 인구구조는 1, 2인 가구 중심으로 재편될 것입니다. 90년대 초반 2만 가구 남짓이었던 1, 2인 가구는 최근 600만 가구에 육박합니다. 노인 인구가 늘어나고 청년실업이 증가함에 따라 그 속도는 더욱 빨라질 전망입니다. 향후 이 두 가지(서울 역세권 부동산, 셰어하우스)를 아우르는 투자를 한다면 인구 감소의 시기에도 승리하는 투자가 될 것이라 생각합니다.

소액·저위험의 안정장치,
1000만 원 투자법

《1000만 원으로 시작하는 재개발 투자》. 제가 처음 냈던 책의 제목입니다. 이 책의 출간 당시 재개발에 1000만 원 이상의 자금이 필요하다고 생각했으나 실제 한 채당 투자금액은 1000만 원 이하였습니다. 그런데 지금 되돌아보면 공통점이 하나 있습니다. 지금까지 흐름에 따라 투자한 모든 종목의 실투자금이 1000만 원 이하였다는 사실입니다.

왜 1000만 원이었을까요?(정확하게는 500만 원에서 1000만 원 사이입니다만)

첫째는 대중이 쉽게 접근할 수 있는 부담 없는 금액이라는 점입니다. 실제 1000만 원 이하의 금액은 조금만 노력하면 어렵지 않게 모을 수 있는 돈이고, 잃는다고 하더라도 회복불능 상태에 빠지는 않습니다. 그만큼 타격이 적다는 얘기입니다. 만약 초반에 1억을 투자했는데 그 금액을 전부 날렸다면 상당한 타격이 있습니다. 그러나 1000만 원이라면 툭툭 털고 재기할 수 있는 금액이기도 합니다.

둘째는 1000만 원 이하는 저평가의 기준이 될 수 있습니다. 물론 강남의 비싼 아파트라면 1000만 원으로 투자하는 것이 불가능한데다(취득세만 1000만 원이 넘습니다) 고평가된 것이라고도 볼 수 있지요. 그에 비해 1000만 원은 상대적으로 싼 금액이니 저평가로 볼 수 있습니다. 소위 금액 측면에서만 본다면 말이죠.

물론 1000만 원을 투자한 부동산이 모두 공실이고 애물단지라면 차라리 안 사니만 못합니다. 그러나 오히려 돈을 더 많이 투입하고도 애물단지가 되는 부동산이 더 많았다는 것이 제 경험입니다. 많은 돈을 투입한 만큼 안정적이어야 하는데 그 반대였던 것이지요.

주식 시장에서도 같은 종목인데도 사람들이 더 많이 몰렸을 때 들어가면 떨어질 확률이 높은 것처럼 실투자금이 더 많이 들어갔을 때 과열된 시장의 조짐이라고 봐도 무방합니다. 더군다나 부동산은 주식과 다르게 그 돈의 가치가 되는 인구가 줄어들고 있고 조만간 공실이 더 늘어날 전망이라 현재의 부동산 호황이 마지막 불꽃을 태울 수 있는 마지막 기회가 아니기를 두 손 모아 빌고 있습니다.

셋째는 레버리지(지렛대) 효과입니다. 부동산의 연수익률 계산법은 아래와 같습니다.

부동산의 연수익률

매매가	월세(보증금 포함 1000만 원당 10만 원)	연수익률[(월세×12)/매매가×100]
150,000,000	1,000,000	8%

그런데 이 수익률 계산법의 약점은 레버리지를 전혀 반영하지 못한다는 것입니다. 그래서 제가 만들어 주로 쓰는 수익률 계산법이 있습니다. 바로 월수익률 계산법입니다.

부동산의 월수익률

매매가	대출금(80%)	이자(4.5%)	보증금	취등록세
150,000,000	120,000,000	450,000	20,000,000	8,400,000
선투자금	실투자금	월세	순이익금	월수익률 [(순이익금/실투자금)×1000]
38,400,000	18,400,000	1,000,000	550,000	30%

이 계산은 실제 투자할 자금에서 대출금과 보증금, 밀린 관리비, 명도비, 복비 등을 뺀 수치입니다. 여기서 레버리지를 크게 일으키고 보증금을 많이 받으면 실제 들어가는 실투자금액이 나옵니다. 그래서 레버리지를 이용하면 실제 들어가는 실투자금이 적게 들어가게 된다는 것입니다. 그 금액이 1000만 원이라는 것이죠. 그럼 부동산의 역사에서 다룬 내용을 기초로 재개발부터 현재까지를 정리해서, 대표적인 투자종목을 알아보겠습니다.

재개발

〈재개발 투자〉

재개발	매매가	전세보증금	취등록세	선투자금	실투자금
빌라	40,000,000	35,000,000	2,040,000	42,040,000	7,040,000

재개발은 초기 투자시장이었고 나중에 과열되었을 때의 모델이 아닙니다. 2005년부터 2007년 3월까지의 시기였습니다. 2005년 6월 부천부터 시작해서 2007년 평택, 여주에서 끝이 났습니다. 부천 → 광명 → 안양 → 수원 → 하남 → 인천 → 김포 → 의정부 → 광주 → 평택 → 여주 등으로 시점이 이동하며 실제 지상층 빌라의 투자는 전세 끼고 매매로 사는 식으로 진행됩니다.

물론 재개발은 2007년 3월 이후부터 2008년 9월 금융위기 전까지가 가장 호황이라 보는 데 이견은 없습니다만 그때는 실투자금이 한 채당 최소 5천 만 원, 심지어 몇 억 하는 시기라 과열이라고 생각합니다. 그러니 2007년 3월이 마지막입니다.

오피스텔 투자

〈오피스텔 투자〉

강서 지역	낙찰가	대출금(80%)	이자(7%)	보증금	취등록세
오피스텔	55,000,000	44,000,000	256,667	10,000,000	4,030,000
선투자금	실투자금	월세	순이익금	수익률	
15,030,000	5,030,000	400,000	143,333	28%	

2007년 3월부터 그해 6월까지로 짧은 3개월간의 시기입니다. 한창 중국 투자도 생각했던 때였는데 규제가 적고 재개발 영향으로 오피스텔도 경락잔금 대출로 80%까지 뽑을 수 있어서 실투자금이 위와 같이 500만 원 정도만 드는 시기였습니다.

보증금은 1,500만 원도 받을 수 있었던 곳이 꽤 있었기에 오히려 실투자금이 안 들어갈 수도 있었지만, 세입자가 바뀌는 시점에서 대부분의 월세입자가 원하는 보증금은 1,000만 원 정도이니 보증금으로 욕심을 내는 것은 합당하지 않습니다. 주로 서울 강서구, 부천시, 안산시 등의 오피스텔로 월수익률이 20% 이상 났던 괜찮은 투자종목이었습니다.

오피스텔은 전세 끼고 하는 재개발 투자를 마지막으로 처음으로 부동산에서 수익률의 개념으로 패러다임이 바뀌는 시점이었습니다. 물론 그 전에도 오피스텔을 살 수 있었지만 재건축, 재개발은 전세 끼고 투자하면 몇 달 만에도 많은 돈을 벌 수 있는 반면 오피스텔은

1억에 분양했던 오피스텔이 2007년 3월 시점에는 5000만 원 정도까지 반 토막 난 상태였기 때문에 오피스텔을 투자 상품으로 접근한다는 것은 말이 안 되었지요. 그래서 2007년 3월이 재개발이 끝나고 오피스텔이 시작하는 패러다임의 전환이 일어나는 시기였다는 것입니다.

지방투자

〈지방투자〉

지방	낙찰가	대출금(80%)	이자(7%)	보증금	취등록세
아파트	35,000,000	28,000,000	163,333	5,000,000	2,410,000
선투자금	실투자금	월세	순이익금	수익률	
9,410,000	4,410,000	300,000	136,667	31%	

수도권의 낡고 오래된 반지하빌라가 경매법정에서 미친 듯이 뛰어올라 1억 3천만 원에 낙찰되던 전설의 시절입니다. 시기는 2007년 6월부터 2012년 10월까지입니다. 지방투자 시기는 2007년부터 2010년까지가 맞고 2012년 10월까지 버텼으면 팔고 올라올 수 있는 시기이기도 합니다.

위의 표는 천안의 모 아파트인데 이런 아파트가 경매로 마구 쏟아져 나오던 시기였습니다. 이보다 싸고 훨씬 더 월세를 많이 받는 충남 대산 지역도 있었으나 이 정도면 괜찮다는 정도의 대표 수익률 아파트입니다. 이런 아파트를 많이 구입했다면 2008년 금융위기를 슬기롭게 지나갈 수 있었겠지요.

또한 이 아파트를 전에도 살 수 있었지만 이전까지는 재개발이나 오피스텔 등 더 좋은 투자 상품이 있었기에 한 번도 오른 적 없던 지방의 아파트를 사는 것은 미친 짓이었습니다. 물론 시기별로 이렇게 투자했다면 부동산에 가서 듣는 말이 있습니다.

"이거 왜 샀어요?"

이런 말을 들어야 조금은 안심이 되던 시기도 있었습니다.

수도권 상가

〈수도권 상가 투자〉

전용면적	낙찰가	평당 가격	대출금(90%)	이자(4.5%)	보증금
33.24	150,000,000	4,512,635	135,000,000	506,250	20,000,000
취등록세	선투자금	실투자금	월세	순이익금	수익률
8,400,000	23,400,000	3,400,000	1,000,000	493,750	145%

많은 부분에서 언급되지 않던 지상층 상가입니다. 2010년부터 2012년까지 주로 수도권 상가를 매입했습니다. 상가는 소액보증금의 범위가 매우 작아 안산 같은 경우는 900만 원 정도밖에 안 되었

기 때문에 대출을 최대한 90%까지 일으킬 수 있었죠. 게다가 시중 은행에서 싼 금리로 빌릴 수 있었습니다.

문제는 공실이었습니다. 공실을 피할 수 있다면 위의 수익률은 그리 큰 것이 아닙니다. 상가를 많이 사다보니 누가 가르쳐주는 사람이 없어 공실이 나는 상가를 사서 고생한 경험도 있습니다.

수도권 아파트 투자

〈수도권 아파트 투자〉

수도권	낙찰가	대출금(80%)	이자(5%)	보증금	취등록세
아파트	91,000,000	72,800,000	303,333	20,000,000	3,366,000
선투자금	실투자금	월세	순이익금	수익률	
21,566,000	1,566,000	400,000	96,667	62%	

시기는 2012년 10월부터 2014년 10월 정도까지입니다. 수도권 서부지역인 김포, 인천, 고양, 파주 등의 아파트들이 이런 식의 투자가 가능했습니다. 2008년 금융위기 이후 지방 아파트들은 오히려 주목 받고 오르기 시작했고 상대적으로 폭등했다 떨어진 수도권은 가격을 회복하지 못하고 지지부진했습니다. 위의 표에서 보듯이 실투자금은 200만 원이 안 됩니다.

지방에서 수도권으로 투자대상이 바뀐 이유는 지방이라는 이점이 없어졌기 때문입니다. 지방이라는 메리트는 단 한 가지 2008년 금융위기 때 그나마 수익률이 좋아 월세가 받쳐줬다는 것뿐이었습니다. 그런데 지방의 메리트였던 수익률은 가격이 오르면서 형편없이 나빠지기 시작했고 그 수익률에 가려 안 보였던 나쁜 단점이 보이기 시작했습니다. 단점은 수익률 빼고 나머지 모두입니다. 인프라, 교육, 교통, 인구, 직장, 문화 등 모든 분야를 망라합니다. 한마디로 수도권이 살기 좋은데 수익률 때문에 선택한 어쩔 수 없는 차선이 지방이었고, 그 차선의 카드마저 이제는 쓸모없어졌다는 뜻이지요.

〈수도권 빌라 투자〉

빌라	매매가	대출금(90%)	이자(4%)	보증금	취등록세
전용15평	80,000,000	72,000,000	240,000	20,000,000	1,800,000
실투자금	월세	순이익금	월수익률		
-10,200,000	300,000	60,000	-6%		

수도권의 경우 처음에는 아파트가 좋았고 나중에는 빌라가 괜찮았습니다. 빌라는 처음에는 신축판매업자들이 꾸준히 분양했기 때문에 신축 가격이 받쳐주면서 유지되었지만 나중에는 주변 아파트보다 비싸다는 것을 알고 제 가격을 찾아갔기 때문입니다. 지금 돌이켜보니 저평가의 기준이 500만 원에서 1000만 원 사이의 실투자금이었다는 것을 부정할 수는 없겠습니다.

향후 부동산 투자가 어떻게 될 것인지는 좀 더 생각해야 할 문제이지만, 앞으로도 꾸준히 500만 원에서 1000만 원 사이의 실투자금이 들면서 투자 이유가 충분한 곳에 투자하는 것이 올바른 방향이라고 봅니다.

피터 드러커는 이렇게 말했습니다.

"기업을 규제할 필요가 없습니다. 왜냐하면 경쟁에서 뒤처진 기업은 시장이 정리해주니까."

투자자도 경쟁에서 뒤처지면 시장이 정리해줄 것입니다. 경쟁만이 살 길이라고 생각하기보다는 경쟁하지 않을 만큼의 임대수익을 빨리 만들어 놓는 것도 세상을 살아가는 방법입니다.

숫자에 속지 말라,
진실을 보는 눈을 가져라

《셜록 홈즈》라는 소설을 보면 이런 말이 나옵니다.

"보이는 사실에 기만당하지 마라!"

'내 눈에 보이니까 그것이 사실'이라고 생각하지 말란 이야기입니다. 똑똑한 범죄가가 있다고 가정해 봅시다. 치밀한 그는 증거를 안 남기는 것이 아니라 증거를 남기되 그것이 자신이 아닌 다른 사람을 지목하게끔 계획했습니다. 증거가 발견되는 순간 범인은 자신이 지목한 그 누군가가 되겠죠. 그러면 눈에 보이는 사실은 사실이 아니라 범죄자가 쳐놓은 덫이며 거짓입니다. 사실 뒤에 숨은 본래의 진실을 살펴야 한다는 뜻입니다.

재테크에는 부동산과 주식, 채권 등이 있습니다. 이들 중 서민들이 많이 투자하는 종목은 주로 부동산과 주식입니다. 이 종목들은 보여주고 싶은 사실을 숫자로 보여주는 특징이 있습니다. 숫자들을 모아 그래프와 표를 만들어 그럴 듯하게 보여줍니다. 대부분의 사람들은 이 숫자(사실)들을 보고 투자해도 될 물건(진실)으로 받아들입니다. 나름의 합리적인 판단을 근거로 하고 있지요.

하지만 이런 투자는 여러 모로 위험합니다. 먼저 생각해야 할 사실은 숫자는 과거의 데이터라는 점입니다. 과거의 숫자로 미래를 판단하는 것입니다. 주식에서 이평선, 쌍봉, 빨간 색이 어쩌고 하는 것입니다. 과거의 숫자를 가지고 만든 것은 내일 일어나지 않습니다. 그런데도 그런 숫자를 들이대고 오를 것이니 투자해야 한다고 합니다.

그렇다면 서브프라임 모기지 사태가 왜 일어났으며 1997년 이전까지 성장을 거듭하던 우리나라는 왜 갑자기 IMF로 거꾸러졌을까요? 과거의 수치는 미래를 보여주는 거울이 아닙니다. 경제를 예측하는 사람들의 글을 보십시오. 올해의 일을 가지고 내년을 예측하려 하지 않습니까?

부동산시장을 봅시다. 과거에 어떤 종목이 성장했습니까? 흐름을 살펴보면 경매에서 분양권으로 재건축으로 재개발, 서울 오피스텔 시장, 지방 주택시장, 수도권 주택시장으로, 최근에는 서울의 주택시장으로 옮겨갔습니다.

만약 그 시절로 돌아가 그것들을 살 수 있는 기회가 주어진다면 망설임 없이 투자할 수 있었을까요? 아마 못할 것입니다. 왜냐하면 재건축 초기 시장의 재건축 아파트는 열악한 환경에 다 쓰러져가는 아파트이며, 세입자에게 매일 불만 전화를 받으며 여기저기를 수리해 줘야 하는 애물단지고 가격은 분양 당시보다 반 토막 이상이 난, 재테크로서는 완전히 아닌 아파트니까요.

이것이 사람들이 생각하는 대부분의 사실입니다. 그러나 그 너머에 있는 진실은 다릅니다. 안전진단을 통해 새로 아파트를 지을 수 있고 용적률을 높여 일반분양분을 늘리면 조합원들은 거의 공짜로 아파트를 받을 수 있으며 대부분의 아파트는 초기에 지어져 강남이나 강동 같은 요지에 지은 토지 가치가 높은 아파트라는 진실은 잘 보이지 않았습니다. 그러나 그러한 진실을 볼 수 있는 눈은 없었고 그러한 진실을 알고 있더라도 너무 일찍 매입했다면 1997년 IMF 때 어려워진 자금 사정 때문에 팔았을 수도 있었겠지요.

여기에는 어떠한 과거의 데이터도 끼어들지 못합니다. 아파트 가격은 계속 떨어지고 있었고 수리비로 지불해야 할 금액, 재산세, 복비 등도 무시할 수 없는 애물단지만 숫자에 기록될 뿐이죠.

재개발은 어떻습니까? 서울을 비롯한 수도권의 빌라와 단독주택은 2005년까지만 하더라도 경매 사이트에 단골로 등장하는 종목이었습니다. 인천에서는 빌라 경매가 너무 많아서 아침에 경매를 시작해 밤 9시를 넘긴 적도 많았습니다. 하루에 몇 백 개의 빌라들이 경매로 쏟아져 나왔죠.

2005년도까지의 사실은 무엇입니까? "빌라는 사면 떨어진다"는 말이 유행할 정도로 마치 중고차처럼 3년 정도 지난 빌라가 반값 되는 것은 시간 문제였습니다. 게다가 빌라들은 왜 이렇게 부실하게 지었는지 물은 줄줄 새고 금세 습기 차 벽지를 발라도 곰팡이가 피는 일은 다반사였으며 반지하 빌라는 여름철이면 한강이 되기도 했지요. 세입자들은 부유한 사람들이 아니어서 월세를 밀리거나 명도 소송을 하는 경우도 많았습니다.

그럼 진실은 무엇일까요? 2004년 7월 도정법 개정으로 서울, 수도권이 재개발구역으로 지정되어 산동네도 아파트촌으로 바뀔 수 있는 상황이 마련되었습니다. 재건축과 마찬가지로 용적률 상향으로 인해 일반분양분으로 남는 장사였으며 대부분이 서울, 수도권에 있었으니 토지의 위치와 가치도 좋은 편이었습니다. 이 역시 과거 데이터로 투자를 진행할 수 없습니다. 사면 떨어지는 것이 과거 데이터인데 앞으로 오를 만한 것을 보는 눈은 데이터만으로는 생길 수 없습니다.

서울의 오피스텔은 어떻습니까?

지방의 주택투자는 어떻고요?

수도권의 주택투자는 또 어떻습니까?

사실에 기반을 둔 데이터와 숫자에 기반을 둔 투자는 오히려 향후 미래를 예측하지 못하게 합니다. 그렇다면 현재의 사실을 토대로 진실을 보는 눈은 어떻게 가질 수 있을까요? '사실' 뒤편에 숨은 '진실'을 보는 눈은 맥락을 파악하는 데서 생깁니다. 소설에서는 굳이 주인공이 어떤 사람인지 구체적으로 설명하지 않아도 그의 옷차림, 말투, 눈빛, 행동을 통해 인물을 파악할 수 있습니다. 그러한 추론이 바로 맥락입니다. 투자에서의 맥락은 무엇일까요? 아마도 저평가와 흐름이 아닐까요?

'내 수준에서 적당하게 투자할 수 있는 물건인가?'
'너무 비싼 물건은 아닌가?'

너무 비싸면 무리할 수밖에 없고 이는 내게 부담으로 이어집니다. 사람들이 좋아하는 소위 유행하는 물건에는 너도 나도 달려드니 비쌀 수밖에 없습니다. 이런 투자에 관심이 간다면 먼저 이렇게 생각해야 합니다.

'싸게 사기는 어려우니 할 수 없이 비싸게 사야겠군. 분명 저평가는 아니야. 과연 버틸 수 있는가?'

'향후 이러한 흐름이 오고 있고 반드시 가야 하는데 그러한 흐름을 내가 제대로 짚고 있는가?'

이것이 바로 투자에서의 맥락입니다. 맥락을 통해 진실을 보는 눈을 가져야만 투자도 성공할 수 있습니다. 투자가 아니라도 상관없습니다. 실거주를 목표로 하더라도 반드시 맥락을 읽을 수 있어야 합니다. 실거주조차도 시간이 지나 팔 상황이 되면 투자 개념으로 바뀔 수밖에 없기 때문입니다.

숫자에 기만당하지 맙시다. 그 숫자는 전체를 대변하지 않으며 진실을 뜻하지도 않습니다. 우리가 보는 숫자는 어떠한 사건이 일어날 가능성의 1억분의 1도 안 될 수 있으며 그 전체를 가지고 분석한다 해도 분석이 제대로 될 리 없습니다. 그저 숫자를 얘기하는 사람이 좋아하는 숫자에 그칠 수도 있습니다.

마치 추리소설 속 교활한 범인처럼 다른 사람에게 누명을 씌우려고 의도적으로 뽑아낸 숫자일 수도 있다는 말입니다. 대부분의 투자자는 숫자를 보는 눈도 없고 맥락을 파악하는 눈도 없어서 진실까지 도달하지 못하고 그 숫자에 기만당합니다. 그저 그 숫자를 진실로 믿어버립니다. 그래서 다시 한 번 강조합니다.

숫자에 기만당하지 맙시다.

나만 몰랐던
세상이 돌아가는 법칙

대학에 다닐 때 만화 동아리를 만들었습니다. 기존 만화가(고행석등)의 문하생 생활도 해보았고 어렸을 때부터 그림도 그린 터여서 경력이나 실력에서 남보다 뛰어나다고 생각했던 시절이었지요.

그래서 동아리 방에 후배들을 모아놓고 종종 그림에 대해 강의했습니다. 그중 다른 미술 동아리도 같이 하고 있던 후배가 있었는데, 제가 그림을 어떻게 그리는지에 대해서 말하면 꼭 딴죽을 걸더군요. 그건 그렇게 하는 것이 아니라며, 미술 동아리에서는 그렇게 안 가르친다며 말이지요.

저는 미술 전공이 아니어서 그림을 제대로 배운 적이 없었습니다. 그래도 자존심은 있어서 모로 가도 서울만 가면 된다고 잘만 그리면 되지 무슨 방법이 따로 있냐고 그 자리에서 반박했지요. 부끄러운 기억입니다.

그런 일이 여러 번 있고 나서 후배가 책을 한 권 가져왔습니다. 인물 데생에 관한 매우 기초적인 책이었는데 그것을 보고 크게 놀랐습니다. 재야에서 그림 그렸던 십 몇 년이 허송세월 같았습니다. 그 한 권에 인물 데생의 기초과정이 너무나 쉽고 자세하게 나와 있더군요.

그것을 보고 사람은 배워야 한다고 느꼈습니다. 요즘 그림을 즐겨 그리는 딸에게 막 그리지 말고 책을 보고 방법을 연습하라고 그 책을 사줬습니다.

수학을 좋아하는 한 농부가 있었습니다. 어렸을 적부터 산에서 농사를 지었던 농부는 농사를 지으면서 독학으로 수학을 공부했지요. 50이 된 그는 엄청난 수학적 발견을 했습니다. 그것을 발표하기 위해 산에서 내려온 그는 깜짝 놀라고 말았습니다. 자신이 찾아낸 수학적 성과는 이미 200년 전 뉴턴이 발견한 미분과 적분이었습니다.

색소폰 동호회에서 색소폰을 붑니다. 색소폰이라는 악기는 박자, 리듬감, 운지, 속도 등도 중요하지만 무엇보다 중요한 것은 소리입니다. 10년을 불어도 빽빽 소리만 내는 사람이 많습니다. 입으로 부는 악기이기 때문입니다.

기타나 피아노는 손가락으로 치면서 소리를 냅니다. 피아노는 프로나 아마추어나 도를 누르면 도 소리를 냅니다. 그러나 색소폰처럼 입으로 부는 악기는 아무나 소리를 내기도 힘들뿐더러 아름답고 고운 소리를 내기는 더욱 어렵습니다. 프로 연주자와 아마추어가 내는 소리는 천양지차입니다. 인터넷 동영상 강의가 잘 되어 있어서 앙부셰어, 서브톤 등의 강좌만 듣고도 프로처럼 연습할 수 있는데 그러지 않습니다. 그냥 붑니다. 그러니 10년을 불고 입술에서 피가 터져도 빽빽 소리만 납니다. 괜히 악기 탓만 하면서 악기만 바꿔댑니다.

2007년에 중국 경매로 부동산을 사볼까 하고 십 수 차례 중국을 오갔습니다. 어디에 투자할지 고민했습니다. 두 도시 중 하나에 투자하면 되겠더군요.

상해, 북경

그중 북경보다 상해가 낫다고 생각했습니다. 북경은 정치 중심이지만 상해는 경제 중심이기 때문입니다. 경제 중심지와 정치 중심지가 따로 있는 세계 선진국들을 살펴보면 예외 없이 정치 중심지보다는 경제 중심지가 더 발달했습니다. 미국의 워싱턴과 뉴욕, 호주의 캘커타와 시드니, 캐나다의 오타와와 밴쿠버 등. 국토가 넓은 나라에서 나타나는 현상입니다.

상해에서 눈여겨보던 물건이 하나 있었습니다. 32평 아파트였고 좀 오래되어서 재건축을 한다면 좋겠다고 생각했습니다. 중국에서도 그 시절 재건축을 하면 20배 이상 보상해 주는 경우가 있다고 들었습니다. 동간 거리가 50m는 될 정도로 넓어서 재건축을 해도 대지지분을 많이 받을 수 있다고 생각했습니다. 그 넓은 동간 거리 중간에 공원화가 잘 되어 있었고 실내수영장도 있을 만큼 문화시설도 좋았습니다. 게다가 그 아파트는 내환선 안쪽에 있었습니다.

당시 외환선을 짓고 있었습니다. 외환선은 우리나라의 서울 외곽 순환도로처럼 도시 주변을 도는 도로입니다. 상해에는 내환선, 중환선, 외환선 3중 외곽순환도로가 있었습니다.

내환선 안쪽이 왜 중요할까요? 내환선 쪽에는 외국인들이 근무하는 업무용 빌딩이 매우 많았습니다. 상해 거리는 대부분 4차선에서 6차선 정도입니다. 인구가 1천만 명 정도 되고 파악되지 않는 농민공의 인구까지 합치면 1천 5백만 가까이 되는 메가시티입니다.

그런데 4차선이라니요. 북경은 10차선 넓으면 16차선도 있지만 당시 상해에는 자동차 보급이 그리 많지 않았습니다. 그런데도 공항에서 시내로 들어올 때 길이 막히면 하염없이 기다려야 했습니다. 향후 자동차 보급이 크게 늘어나면 출퇴근 시 내환선으로 진입하기란 엄청난 교통지옥을 맛보는 경험이 될 테고 그로 인해 내환선 안쪽 아파트 가격은 크게 뛸 것 같았습니다.

아파트 가격은 2억 원이었고 당시 대출은 70% 정도까지 나온다 했습니다. 약 1억 4천만 원에 금리 7.5% 기준으로 875,000원 정도 이자를 내면 되었습니다. 다만 외국인 규제가 너무 심해서 브로커를 통하지 않고서는 힘들었고 사려면 환치기를 해야 하는 불편도 있었습니다. 나중에 보니 다들 그렇게 샀더군요.

월세는 한 달에 200만 원 정도 받을 수 있었고 한국 주재원에게 세를 줄 수 있어서 관리하기는 무난할 듯했습니다. 선불로 1년 치를 한꺼번에 받는 연세 개념이었습니다. 대충 계산하면 대출금을 뺀 7천만 원 정도가 실투자금이었고 대출이자 빼고 월 115만 원 정도 나오는 괜찮은 물건이었습니다.

그럼 투자했느냐?

결론부터 말하면 저는 투자하지 않았습니다. 2007년 당시 강서구의 오피스텔이 5500만 원, 부천의 오피스텔이 4000만 원 정도에 경매로 낙찰되고 있었고 실투자금이 500만 원, 수익이 월 15만 원 정도 나오는 것을 살 수 있었습니다. 10채 정도 사면 5000만 원 들어가서 150만 원 정도 나오는 물건이었습니다. 게다가 대출 제한도 없을 때였습니다.

반면 중국의 부동산은 브로커를 통해서 대출을 일으켜야 했고 소유권이 확실하지 않다는 것도 약간 미심쩍었습니다. 그래서 중국 부동산은 잊고 오피스텔에 집중했습니다. 지하철 9호선이 들어오면서 강서구의 오피스텔에서도 나름 투자수익을 거두었습니다.

당시 중국 주재원으로 있던 고등학교 동창이 있었습니다. 그 친구는 중환선쪽 한국인들이 많이 살고 있는 아파트를 2개 갖고 있었습니다. 그는 2009년 경 중국쪽 아파트로 약간의 이익을 보고 한국으로 들어왔습니다. 얼마 전 만나서 이런 저런 이야기를 나누다가 중국 아파트 얘기가 나왔습니다.

"너 중국 아파트 그거 요즘 얼마 하는 줄 알아?"

"얼만데?"

"10억"

입이 떡 벌어졌습니다. 지금까지 다른 투자 하나도 하지 않고 그 아파트 2채만 사고 그냥 놀았어도 지금까지 벌어들인 수익을 훨씬 상회할 수 있었겠지요.

투자할 때 하나는 많이 오를 수 있는 곳에 장기 투자하라는 말을 하고 싶어서 이 사례를 언급했습니다. 실거주도 마찬가지입니다. 많이 오를 수 있는 곳을 사면 됩니다. 투자할 때 장기투자가 큰돈을 번다고 해도 정작 그렇게 하는 사람은 별로 없습니다. 대부분의 사람들은 단기투자에만 집중합니다. 단기투자가 좋아도 그중 하나는 많이 오를 수 있는 곳에 장기투자를 합시다. 그것이 부동산이든 주식이든 말입니다.

일하지 않아도 평생 굴러가는
자동부자 시스템을 구축하라

중학교 사회시간에 배웠을 것입니다. 생산의 3요소는 토지, 노동, 자본입니다. 수학에서는 개념이 중요합니다. 개념을 모르면 응용이 안 되어서 어려운 문제를 못 풉니다. 자본주의에서도 개념이 중요합니다. 자본주의의 개념을 모르면 투자할 때 어떻게 해야 할지 모를 수밖에 없습니다. 그래서 생산의 3요소인 토지, 노동, 자본의 개념을 살펴보겠습니다.

생산의 3요소는 왜 중요할까요? 바로 이것을 통해 우리가 돈을 벌기 때문입니다.

주유소를 경영한다고 가정해 봅시다. 그러려면 주유원(노동)과 주유 장소(토지)와 석유, 주유기, 주유탱크 등(자본)이 필요합니다. 지금까지 우리는 어떻게 돈을 벌었습니까? 거의 대부분의 사람들이 3요소 중 노동에만 의지하여 돈을 벌었습니다. 수많은 사람들이 토지, 자본을 이용하지도 않았고 그 개념도 잘 모릅니다.

그래서 우리나라의 노인빈곤 비율이 세계 최고가 아닐까요? 노동력이 떨어지는 60대 이후에는 노동으로 더 이상 부를 창출하기 힘드니까요. 지금까지 모아둔 돈도 없고 자본이나 토지가 일할 수 있도록 만들지도 못했기 때문입니다. 그럼 토지, 노동, 자본을 이용해 최대한의 부를 창출하려면 어떻게 해야 하는지 하나하나 살펴봅시다.

노동

우리나라가 발전한 원동력은 질 좋고 풍부한 노동력 덕분입니다. 그 이면에는 학부모들의 헌신적인 교육열이 있었습니다. 그로 인해 우리나라는 학력 면에서는 야구의 메이저리그나 축구의 프리미어리그가 되었습니다. 수학올림피아드를 비롯한 각종 세계대회에서 우리나라는 상위권을 휩쓸고 있습니다.

다시 말하면 우리나라에서 태어난 학생은 불행해질 가능성이 많습니다. 공부를 너무 열심히 해야 하니 말입니다. 우리나라에서 수학 꼴찌가 미국 가면 학교 대표가 되는 것이 현실입니다. 공부를 열심히 한다는 말은 무엇입니까? 좋은 직업을 가질 수 있다는 말입니다. 좋은 직업은 무엇을 보장합니까? 사회적 지위와 돈을 보장합니다. 공부를 열심히 하면 이런 것들이 딸려옵니다. 의사나 변호사 같은 전문직이 되면 남들보다 안정적으로 많은 돈을 벌 수 있습니다. 나라에서도 자격증에 제한을 두어 과잉되지 않도록 관리합니다. 나라에서 관리가 가능한 이유는 이들이 막강한 이익집단이기 때문입니다. 이익집단은 정치권에 돈과 로비를 행사하여 자신들의 이익에 침해가 되는 일들은 입법조차 할 수 없게 만듭니다.

사람들은 이러한 사실을 알고 있으니 자녀가 어릴 때부터 공부를 시킵니다. 그래서 과도한 사교육 붐이 일어났습니다. 나만 자녀교육을 열심히 시키면 좋겠지만 우리나라에서는 누구나 다 열심히 시키기 때문에 코피 터지게 공부해도 제자리인 경우가 많습니다.

결국 과도한 사교육 교육비 지출로 인한 부모의 노후 대비가 힘들어집니다. 또한 그 경쟁에서 밀려난 자식은 3포 세대와 취준생, 알바 인생이 됩니다.

이들의 미래도 짐작할 수 있습니다. 은퇴 후에도 어렵게 돈을 벌기 위해 일을 다니는 부모의 집에 얹혀사는 30대 아들이 그 그림입니다. 무엇이 잘못되었을까요? 부모는 자식을 똑바로 바라보아야 하는데 그러지 못한 것입니다. 우선 자녀가 취직이 잘될 것 같은 직업을 택하는 데 필요한 대학과 전공을 판단하지 못했습니다. 다음으로는 그럴 조짐이 보이면 자녀에게 들어갈 사교육비를 자본과 토지로 모두 돌리고, 대신 자녀는 취업이 잘되는 특성화고에 보내야 옳습니다.

그러나 대한민국의 부모는 고3 수능이 끝나고 정시발표까지 끝나고 나서야 자녀가 그 정도로 공부를 못했다는 것을 비로소 인정합니다. 그러니 두 마리 토끼를 다 놓치는 것입니다.

우리나라에서는 특성화고를 가는 것이 좋지 않은 선택이라는 선입견이 큽니다. 하지만 좋은 선택으로 바꿀 수 있습니다. 특성화고에 간 내 자녀의 선택은 사실 좋은 대학을 나와서 대기업에 들어간 남의 집 자식보다 더 나은 선택입니다. 전제는 하나는 명문대를 나와서 대기업에 들어간 자식이고 다른 하나는 특성화고를 나와서 대기업 노조가 있는 곳에 들어간 자식입니다. 이 둘을 비교해 봅시다.

명문대를 나와 대기업에 들어간 자녀입니다. 결론부터 말하면 우리나라 대기업에 들어간 대부분의 직원들은 98.4%의 확률로 45세 전후에 잘립니다. 우리나라에서 대기업 임원 승진확률은 1000명 중 7명, 부장 승진확률은 1000명 중 14명입니다. 부장까지 승진 소요 연수는 17년입니다. 군대 다녀와서 27세에 대기업에 입사한 동기 중 극히 일부(1000명 중 14명)만 승진한다는 말입니다. 그러니 27살에 입사하고 17년 간 직장 다니다가 45세 전후에는 승진에서 밀리고 98.4%의 확률로 잘립니다. 평균 연봉을 5000만 원이라고 할 때 17년 동안 번 돈은 8억 5천만 원입니다.

반면 고졸 사원으로 대기업 생산직에 들어갔을 경우를 계산해 봅시다. 20살에 대기업 고졸로 들어가면 현대자동차는 초봉이 4500만 원으로 높고 잔업까지 한다면 5500만 원 정도가 됩니다. 대기업 사원 초봉 3900만 원 전후보다 높습니다. 근속기간은 어떨까요. 대기업은 노조가 있어 60살 정년까지 다닐 확률이 높으니 40년입니다. 평균 연봉으로 따져도 7000만 원입니다. 명문대를 졸업한 사람의 대기업 평균연봉 5000만 원으로 동일하게 잡고 계산해도 40년 간 벌어들일 돈은 무려 20억 원입니다.

명문대 나와서 대기업 들어간 자녀보다 특성화고 들어간 자녀가 최소 10억 원은 직장생활에서 더 번다는 것입니다. 이렇게 되면 자녀도 부모도 윈윈입니다. 너무 가재미눈을 뜨고 볼 필요는 없습니다. 어차피 토지, 노동, 자본이라는 3요소에서 노동은 돈을 얼마나 더 벌 것인가에 대한 의미만 있을 뿐입니다. 대학을 나와 번듯한 직장에 들어간 자녀가 사회적으로 성공한 것 같지만 결국에는 고졸로 대기업 생산직에 들어간 아들이 98.4%의 확률로 성공한 것입니다.

그럼 공부 잘하는 자녀를 둔 부모는 어떻게 해야 할까요? 자녀의 전공에 신경을 써야 합니다. 취업이 잘 되는 전공을 선택하도록 해야 합니다. 이공계나 의료계 등 말입니다.

고등학교 시절 이런 생각을 한 적이 있습니다. '전국 수석이 왜 서울대 물리학과를 갈까? 그 성적으로 의예과를 가지.' 어차피 평생 직업이 보장되는 것도 아니고 잘해봐야 월급쟁이인데 안정적인 자영업을 할 수 있는 의사의 길을 택하지 않는지 궁금했습니다.

물론 요즘 세상의 시각이 저와 비슷하게 바뀌었지만 여전히 많은 부분은 고쳐지지 않았습니다. 수도권 4년제 인문계열 졸업 후 3-4

년간 알바하며 취준생 노릇하다가 전문대 간호학과로 편입하는 일이 비일비재합니다. 취업률 상위권은 의학(의예, 치의예, 간호, 한의예, 약학 등), 공학계열이고 하위권은 인문계열입니다. 서울, 지방을 가리지 않고 나타나는 현상입니다. 그러니 처음부터 학교를 따지지 말고 의학, 공학 계열로 진로를 잡고 재수를 하지 말아야 합니다. 그리고 50% 이하의 취업률을 보이는 곳으로 갈 바에야 차라리 특성화고등학교를 나오는 것이 낫습니다. 특성화고가 싫다면 외국으로 나가는 것도 좋은 방법입니다. 젊을 때는 고생이겠지만 나중에는 여러 나라의 언어와 인맥과 문화에 대한 이해가 평생 일할 수 있도록 만들 것입니다.

노동에서 무엇보다 중요한 본질은 직업입니다. 남의 간섭을 받지 않을수록, 평생 일할 수 있을수록, 돈을 많이 벌수록 좋은 직업입니다. 이는 부모와 자녀 모두 자본주의 사회에서 노동의 본질을 깨우치는 길입니다.

그러나 더 중요한 사실은 평생 일할 수 없다는 점입니다. 그런 면에서 나라가 엄격히 자격증의 숫자를 관리하는 전문직은 상대적으로 이익입니다. 오늘날 서울대 의예과의 커트라인이 물리학과보다 높은 이유입니다.

토지

노동은 자신이 일하는 것입니다. 그러나 토지와 자본은 그렇지 않습니다. 토지는 토지가 일하게 하는 것이고 자본은 자본이 일하는 것입니다. 즉 생산의 3요소 중 토지의 개념은 일하는 주체를 토지에 두고 토지가 일하도록 만드는 것입니다.

노동 이외에 토지와 자본이 왜 중요할까요? 인간은 60세 이후 노동 능력이 떨어지기 때문입니다. 그래서 필히 젊을 때부터 토지와 자본이 일할 수 있도록 그 기반을 마련해야 합니다. 토지가 일하게 만드는 방법은 다음과 같습니다.

① 부동산을 소유하고 임대를 놓아 월세소득을 버는 것입니다. 그 중에서도 서민이 할 수 있는 방법은 레버리지를 이용해서 월세소득을 얻는 것입니다.

일례로 1억짜리 아파트를 대출 90%를 받아 9천만 원까지 일으켜 월세를 놓아 보증금 1000만 원을 받아 실투자금이 별로 안 들도록 만들고 대출 이자와 월세를 상계하여 월세가 좀 더 남도록 만드는 것이 될 수 있습니다. 월세로 생활비를 해결하는 방법입니다.

이 방법은 매매가 잘 안 되는 불황기에 꾸준한 수익이 나서 좋고 요즘처럼 불확실성이 넘치는 시기일수록 더 좋습니다. 경매물건이 잘 안 나올 때 버티기로 할 때도 좋습니다. 반면 큰돈을 벌기는 힘들다는 단점이 있습니다.

② 전세를 끼고 매입하는 방법입니다. 전세 끼고 매입해서 보유하고 있다가 파는 방법입니다. 예전에 부동산이 폭등하던 시절에는 이것 외에 다른 방법이 없었습니다. 우리나라의 경제 발전과 인플레이션이 극심하던 시절 이 방법은 아주 좋은 재테크 수단이었습니다.

그러나 2008년 이후로 부동산의 상승세가 꺾이고 인구가 줄어든 상황에서 이 방법을 사용하는 것은 조금 위험합니다. 다만 서울 역세권의 임대수요를 노리고 전세 끼고 매입하는 방법은 그리 나빠 보이지 않습니다. 단점으로는 재산세나 종부세가 나가는 것에 비해 내가 얻는 장점이 별로 없으며 큰돈을 벌기 힘들다는 것입니다.

③ 토지 투자방법입니다. 싼 가격에 토지를 매입하되 여윳돈으로 해야 합니다. 그리고 저축하듯이 매월 강제 저축하는 개념의 투자로 임해야 합니다. 이 투자는 자본이 돈을 버는 개념과 동일합니다. 자본투자와 차이가 있다면 유망한 곳에 토지를 사기 힘들다는 점입니다.

자본투자는 대표적으로 주식을 사는 것인데 주식은 아무리 비싸야 몇 백 수준이지만 유망한 곳의 토지투자는 몇 백으로는 불가합니다. 유망한 곳이라 해도 개발 계획이 있거나 용도구역이 좋은 정도인데 사서 바로 수익을 얻을 수 있는 것이 아니라면 큰 장점이 아닙니다. 즉 돈은 많이 들어가나 어제 사서 오늘 팔아 수익을 낼 수도 없습니다. 일반인에게 토지투자는 그림의 떡입니다.

그럼 어떻게 토지가 일하도록 해야 할까요? 나무를 심는 방법이 있습니다. 조경수는 5년 정도 자라면 새로 조성되는 아파트 등에 팔 수 있습니다. 물론 임야나 밭을 임대해야 합니다. 나무를 심는 방법은 전문적인 일이고 나무를 팔아야 하는 영업도 해야 하는 어려움이 있지만 수익이 상당합니다.

나무가 있는 임야를 사는 것도 좋습니다. 기존에 조성된 산림을 잘라내서 목재로 팔고 새로운 나무를 심는 수종갱신은 각 지역 산림조합에서 해줍니다.

공시지가도 매년 오릅니다. 땅을 사놓았는데 매년 공시지가가 오른다는 것은 내가 잠을 잘 때도 땅이 일한다는 증거입니다. 임야는 산림조합에서 공시지가의 70%까지는 대출을 해줍니다. 예를 들어 임야를 샀는데 10년 후 공시지가가 2배가 되었다고 한다면 대출 70%를 일으키면 원금을 뽑을 수도 있습니다. 그러나 **토지투자의 가장 큰 장점은 세월이 지나 100배, 1000배 오르는 것입니다.** 아래는 기사 내용입니다.

50년간 땅값 변화 살펴보니…밭 971배 · 대지 2309배 올랐다

한국의 땅값이 지난 50년간 약 3000배 오른 것으로 나타났

다. 대지 가격 상승률이 밭의 두 배에 달하는 등 보유한 땅 종류에 따라 자산가의 희비가 엇갈렸다.

한국은행이 16일 발표한 '우리나라의 토지자산 장기시계열 추정' 보고서에 따르면 한국의 명목 토지자산 가격 총액은 1964년 1조9300억원에서 2013년 5848조원으로 늘어났다. 50년 사이 3030배가 된 것이다. 토지의 ㎡당 평균가격은 1964년 19원 60전에서 2013년 5만8325원으로 2976배가 됐다. 대지 가격은 같은 기간 389원30전에서 89만8948원으로 2309배가 됐다. 도로와 다리 등을 비롯한 기타 용지는 34원에서 10만5762원으로 3111배까지 뛰었다.

반면 밭값은 ㎡당 44원60전에서 4만3296원으로 971배 오르는 데 그쳤다. 논값은 32원30전에서 4만7867원으로 1482배 상승했다. 단위면적당 논 가격이 밭 가격을 추월한 것이다.

전체 지가총액에서 논밭과 임야가 차지하는 비중은 57.2%에서 23.7%로 낮아졌다. 대지의 비중이 28.8%에서 50.8%로 뛰었다. 조태형 한은 국민계정부 국민BS팀장은 "대지와 기타 지목 가격이 크게 오른 것은 경제 개발과 교통망 구축이 활발하게 이뤄졌기 때문"이라고 설명했다. 이 기간 땅값 상승률 3030배는 국내총생산(GDP) 증가율인 1933배보다 높다. 토지자산 가격 총액의 GDP 대비 비율은 평균 392%를 나타냈다. 1970년과 1991

년엔 500%를 넘기기도 했다.

지가총액에서 정부가 소유한 몫은 13.2%에서 26.1%로 두 배가 됐다. 교통망 구축을 위해 논밭과 임야 등을 민간에서 사들인 데 따른 것으로 보고서는 분석했다.

(2015년 11월 16일자 한국경제신문)

자본주의 사회에서 큰 부자는 땅 부자, 주식부자, 사업을 경영하는 부자입니다. 임대를 해서 부자가 될 수 없고 월급쟁이로 부자가 될 수 없습니다. 그러나 땅 부자는 부자가 될 수 있습니다. 그러나 여기에는 원칙이 있습니다. 매월 일정량의 돈을 모아 땅으로 저축을 하는 것입니다.

자본

자본은 자본이 일하도록 만드는 것입니다. 노동이 힘을 다했을 때 대리운전이나 편의점에서 알바를 하지 않으려면 토지나 자본으로 저축을 해야 합니다.

① 예금과 채권

예금이자가 10%가 넘던 시절이 있었습니다. 이때는 3~4년만 지나면 원금의 배를 예금으로 벌 수 있었습니다. 지금의 이자율로는 70년이 지나야 원금의 2배가 됩니다. 그러니 노동으로 벌어들인 돈으로 예금만 하는 것은 노후에 가난해지는 가장 빠른 길입니다. 물론 위험부담은 좀 있지만 금리가 높은 신흥국에 예금과 채권을 묻어놓으면 그 돈이 열심히 일을 하니 아주 현명합니다.

② 주식

주식은 대기업 혹은 유망기업과 동업을 하는 것입니다. 만약 내가 삼성에 반도체를 만드는 곳에 연구원으로 1990년대 취직했다고 가정해 봅시다. 열심히 연구를 했고 삼성은 세계 제일의 반도체 회사가 되었습니다. 90년대 중반만 해도 2만원이었던 삼성전자 주식은 150만 원까지 갔습니다. 주가는 무려 70배가 뛰었습니다. 그런데 지금 나는 구조조정 대상이고 결국 명퇴를 당했습니다. 40대 중반에 말입니다. 연봉은 꽤 많이 받았지만 생활비와 사교육비로 써서 지금 남은 돈이 별로 없고 재취업도 막막합니다. 이게 현실입니다.

나는 무엇을 잘못한 걸까요? 가장 잘못한 점은 자본을 이해하지 못했다는 것입니다. 자본이 일할 수 있다는 사실을 간과했습니다. 노동만이 일한다고 생각했습니다. 내가 자본의 개념을 조금만 빨리 이해했다면 구조조정을 당하더라도 제2의 인생을 살 수 있었을 것입니다.

90년대 초반에 2만 원 하던 주식을 1천만 원어치만 샀더라면 지금은 7억이 되었을 것입니다. 아니, 자본의 개념을 이해했다면 매월 자신의 월급에서 일정량을 떼어서 유망한 주식을 샀을 것입니다. **노동력이 있는 60대까지는 노동으로 돈을 벌고 노동력이 줄어드는 60대 이후는 자본이나 토지가 일하도록 만들어야 했습니다.** 그런데 이러한 개념을 이해하지 못한 나는 40대 중반에 회사에서 명퇴를 당하고 나서야 무엇을 잘못했는지 뒤돌아봅니다. 그러나 이마저도 모르는 사람이 태반입니다.

그럼 주식은 어떻게 사야 할까요? 매월 꾸준히 일정량을 사야 합니다. 사기만 하고 팔지는 말아야 합니다. 기간은 은퇴 이후로 잡아야 합니다. 30대에 시작했다면 30년간 주식을 팔지 않고 사기만 해야 합니다.

이 개념은 아주 중요합니다. 잡주를 사면 안 되고 우량주, 100년을 가는 기업의 주식을 사야 합니다. 미래 가치가 있는 기업을 사야 합니다. 또한 주가가 떨어지면 호재입니다. 30년간 주식을 사야 하는데 외환위기가 와서 1/10 토막이 되었습니다. 그렇다면 주식을 아주 싸게 살 기회가 온 것입니다. 이때 더 사야 합니다.

그렇다면 외풍에 시달리지 않습니다. 미국이 금리를 올리건 그리스가 금융위기가 오건 유럽 중앙은행이 양적완화를 하건 호황이 오건 문제되지 않습니다. 30년이란 시간이 지나면 지금 FRB가 이자율을 올릴지 말지에 관한 뉴스는 2016년인지 2015년인지조차 기억에서 사라진, 아주 작은 에피소드에 불과한 일이 될 것이기 때문입니다. 그러니 주식 시세표를 보지 않고 산 종목을 꺼내보지 않고 신문의 증권란을 보지 않아야 하고 경제기사에 일희일비하지 않아야 합니다. 그리고 매월 꾸준히 일정량을 사는 것입니다. 그러면 30년간 자본이 꾸준히 일을 해서 은퇴할 시점에 큰돈이 만들어질 것이고 그 후에도 내가 죽을 때까지 자본이 돈을 벌 것입니다.

자본을 축적하려면 해야 할 일이 있습니다. 쓸데없는 데 쓰는 돈을 줄이는 것입니다. 친구들과 술 먹지 말고 돈을 허투루 쓰지 말고 외식하지 말고 놀러가지 말고 아끼고 아껴서 생활비 쓰고 나머지를 주식과 토지로 저축하는 것입니다.

한 가지 말씀 드리면, 우리나라의 주식은 생각보다 어려울 수 있습니다. 미국의 모든 것은 일본이 뺏어갔고 일본의 모든 것은 한국이 뺏어왔습니다. 그리고 한국은 앞으로 중국에게 모든 것을 뺏길 것입니다. 그러면 어느 나라 주식에 투자해야 하는지 보이겠죠.

다시 정리하자면 노동력이 있는 기간은 토지와 자본을 만들기 위한 준비기간입니다. 부지런히 토지와 자본을 만들어야 합니다. 노동력이 있을 때 토지와 자본을 모으지 않으면 평생 일하다 은퇴 후 죽을 때까지 또 일할 수밖에 없습니다.

주택은 10배 오르고,
땅은 왜 1000배 오를까?

확장성이란 무엇일까요? 확장성이란 시장 크기에 따른 분류입니다. 동네에서 슈퍼를 하면서 아이스크림을 판다면 그것을 사먹는 동네 사람들만 상대합니다. 이것을 확장성이 좁다고 정의합니다. 그러나 내가 직접 아이스크림을 만들어 파는 사업을 하게 된다면 이것은 우리나라 전체 아니 세계를 상대로 파는 것입니다. 이것을 확장성이 넓다고 합니다. 그럼 확장성이 가지는 의미를 살펴보겠습니다.

가격

확장성이 넓으면 많이 오를 수 있습니다. 확장성이 좁으면 많이 오를 수 없습니다. 예를 들어 확장성이 좁은 것은 서울에 빌라를 사는 것입니다. 2억 원을 주고 빌라를 샀습니다. 전세 1억 5천만 원을 끼고 샀다면 내 돈 5천만 원이 든 것입니다. 그런데 이게 얼마나 오를까요? 백억까지 갈 수 있을까? 이렇게 생각하는 사람이 있다면 제정신이 아닐 것입니다. 많이 올라야 3억 정도겠죠.

그럼 왜 3억까지밖에 못 볼까요? 사줄 사람의 폭이 좁기 때문입니다. 서울의 일부 실수요자나 투자자가 이렇게 살 수 있습니다. 그럼 얼마를 벌까요? 5천만 원 들여서 1억을 벌었습니다(세금은 예외로 하면). 2배를 번 것입니다.

다음으로 확장성이 넓은 것을 살펴보면 삼성전자 주식입니다. 삼성전자 주식은 왜 확장성이 넓다고 할까요? 삼성전자 제품은 서울 사람만 사는 것이 아니고 전 세계 사람들이 삽니다. 스마트폰, 메모리 반도체, 가전제품 등이 전 세계로 팔려나가죠. 그만큼 넓은 시장에 진출하고 그것을 사줄 사람은 전 세계인이라고 할 수 있습니다. 그럼 90년대 중반에 삼성전자 주식을 2만 원 주고 샀다면 한때 150만 원까지 갔으니 75배가 오른 것입니다. 1억 원어치를 샀다면 75억이 되었다는 말과 같습니다. 확장성이 넓은 상품은 사줄 사람도 많기 때문에 오를 수 있는 폭도 그만큼 큽니다.

그럼 확장성이 넓은 것과 좁은 것을 구분해 볼까요. 넓은 것은 주식, 땅, 사업 등일 것이고 좁은 것은 주택, 상가, 자영업, 월급쟁이가 될 것입니다.

넓은 것과 좁은 것을 구분하는 이유는 그에 따라 전략도 달라지기 때문입니다. 넓은 것은 길게 꾸준히 여유자금으로 투자해야 하고, 좁은 것은 흐름에 따라 투자해야 합니다.

그렇다면 확장성이 넓은 것에 투자할 때 길게 여유자금을 가지고 투자하기만 하면 될까요? 그렇지 않습니다. 장기적인 미래가치를 보는 안목이 필요합니다. 현재 삼성전자 같은 주식은 이미 고평가되어 많이 올랐습니다. 더 오를 수도 있지만 미래가 불투명합니다. 이미 삼성전자는 자신이 가진 가치를 충분히 드러냈다고 볼 수 있습니다. 다시 말하면 자기 분야에서 시장점유율이 높아서 떨어질 일만 남은 것입니다. 현재 가치가 아닌 미래의 성장가치를 봐야 합니다.

엄청난 반전으로 삼성 스마트폰 점유율이 애플마저 따돌리며 원탑이 되고, 타이젠폰이 구글의 안드로이드 애플의 iOS를 제치고 세계 제일의 캐시카우가 된다면 모를까 그 이상의 반전은 힘들다고 전망됩니다. 주식과 땅은 미래 가치에 투자하는 것이기 때문에 싸고 미래 가치가 있는 것을 사서 앞으로 그 시절이 오면 팔아야 합니다. 종목의 특성상 확장성이 넓은 측면을 최대한 활용해야 하기 때문입니다. 확장성이 넓은 측면이란 1000배 오를 수 있다는 뜻입니다. 주택처럼 올라야 2배 그리고 아무리 많이 올라도 10배를 넘지 않는 종목과는 다른 측면입니다.

앞으로 많이 오를 종목을 알고 있다고 가정해 봅시다. 그런데 왜 길고 꾸준히 여유자금을 가지고 투자해야 할까요? 언제 오를지 모르기도 하지만 큰돈을 넣을 필요도 없기 때문입니다. 이런 주식과 땅은 바닥을 찍고 가다가 미래의 어느 날부터 급반등하는 그래프를 그립니다.

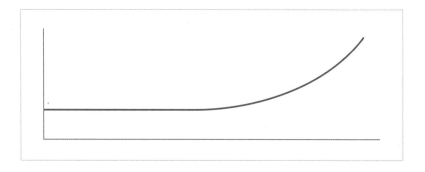

꾸준히 적은 돈을 모아 투자하되 절대 팔지 않는 투자를 하는 것입니다. 예를 들어 한 달에 10만 원씩 10년을 사는 것입니다. 물론 우리나라의 땅도 마찬가지입니다. 대부분이 역L자 곡선을 그립니다.

이런 방식의 투자는 외풍에 영향을 받지 않습니다. 1990년대 중반에 삼성전자를 샀다면 1997년에 IMF가 터졌을 때도 사야 하고 2000년대 초반에 IT버블이 터졌을 때도 사야 하고 2008년도 금융위기가 터졌을 때도 사야 합니다. 오히려 이때가 더 싸게 살 수 있는 기회가 됩니다. 요즘 이슈가 되는 미국이 이자율을 올릴까 말까에 대해, 그리스 디폴트에 대해, 브라질 경제위기에도 초연할 수 있습니다. 지나고 보면 훨씬 더 큰 위기도 별 것 아니기 때문입니다.

땅은 이런 면에서 더합니다. 전국에 아주 싼 땅을 사 모은다면 미국이 이자율을 올리건 환율이 오르건 간에 신경 쓸 필요가 없습니다.

그럼 왜 100배, 1000배 오르는 것에 투자해야 할까요? 만약 주택에 투자한다면 자본주의 사회에서 절대 부자가 될 수 없기 때문입니다. 주택은 월세를 받을 수 있고 사고팔면서 수익을 올릴 수 있습니다. 그러나 단점은 큰돈을 벌지 못한다는 것입니다.

상식적으로 주택을 수백 채 사려면 종부세 같은 세금문제, 세무조사, 세입자와의 관계, 한 채 한 채당 내야 하는 거래세, 양도세 등이 발생합니다. 현실적으로 이렇게 많이 사기가 힘듭니다.

그러나 주식과 땅은 주택에 비해 보유세 부담이 훨씬 덜합니다. 많이 사고 오래 보유해도 별 문제가 되지 않습니다. 한꺼번에 많이 오르기 때문에 큰돈을 벌어 부자가 될 수 있습니다.

실제 한국의 부자들을 보면 주택은 거의 없고 땅이나 주식으로 부자가 된 경우가 많습니다. 부자의 기준을 100억 원으로 본다면 주택으로 부자 된 케이스는 아주 드뭅니다.

그러나 땅이나 주식으로 놓고 본다면 이런 사례를 흔히 찾아볼 수 있습니다. 예를 들어 1억 원 땅을 사거나 주식을 샀는데 100배가 올라서 100억이 된 경우는 많다는 뜻입니다. 그러나 1억짜리 주택이

100억이 되는 경우는 거의 없습니다.

우리가 부자가 되어야 하는 이유는 우리의 평균 수명이 크게 늘어나기 때문이기도 합니다. 120살까지 살게 되었는데 늙어서 노동으로 돈을 벌지도 못하고 주택으로 벌어놓은 돈 다 까먹고 연금 몇 푼에 기대야 할 미래가 암울하기 때문입니다. 그래서 필히 확장성 있는 주식과 땅을 사 모아야 하는 것입니다.

Part 2

대한민국
부동산의
미래

불황의 시작인가?
호황의 전조인가?

불황의 시작인가?

혹시 우리가 착각하고 있는 것은 아닌지 생각해 봐야 합니다. 2008년 금융위기가 있었고 양적완화를 통해 통화를 무제한으로 찍어서 경기부양을 했습니다. 그런데 아직도 불황입니다. 지금은 양적완화를 넘어서서 유럽연합과 일본은 마이너스 금리를 도입했습니다. 그런데 일본 엔화는 오히려 강세를 띄고 있습니다. 자금이 안전자산에 몰린 탓입니다. 지금까지의 세계 정책은 단기적 처방에 머무르고 있습니다.

양적완화와 금리인하.

즉 중환자에게 모르핀(진통제)만 투여하고 있다는 말입니다. 이것이 단기적인 문제가 아니라 구조적인 문제라고 생각해 봅시다. 전세계에 고령화가 진행되고 있습니다. 이는 인구가 특정 세대에서 폭발적으로 늘었다는 것을 나타냅니다.

그 시기는 바로 전후(戰後)입니다. 이들을 가리켜 베이비붐 세대라고 합니다. 제2차 세계대전이 1945년에 끝났고 1950년대 중반부터 2차 세계대전 당사국은 베이비붐 세대를 출산합니다. 영국, 미국, 프랑스 등 연합국은 말할 것도 없고 일본, 독일, 이탈리아까지 전 방위적으로 일어났습니다. 중국도 마찬가지입니다. 그리고 그들의 은퇴 연령인 60대는 지금 닥쳐오고 있습니다. 55년생이 만 60세가 되는 시기는 2015년이었습니다. 그러니 유럽 대륙과 미국, 일본 등 2차 세계대전 당사자들의 베이비붐은 지금 은퇴 초입에 들어서 있습니다.

우리나라는 1953년 6.25 전쟁이 끝나고 58년생부터 베이비붐 세대입니다. 60년생 정도를 중간으로 잡아도 앞으로 길어야 5년 후부터 베이비붐 세대의 은퇴가 도래합니다. 이미 많은 사람들이 은퇴를 시작하고 있습니다. 반면 가장 젊다는 베트남은 월남 전쟁이 70년대 초반에 끝났고 75년생부터를 베이비붐으로 본다면 이제 막 자라나는 청춘의 나라입니다.

은퇴하는 세대가 왜 위험할까요? 바로 소비에 그 답이 있습니다. 그들은 소비를 하지 않습니다. 아니, 할 수 없습니다. 고정 수입은 없고 언제까지 살지 알 수 없는 상태에서 미래가 지극히 불안하기 때문입니다.

선진국은 그나마 연금제도가 잘 갖추어져 있어서 은퇴하고 돈 없으면 동남아 같은 휴양지로 가서 돈 덜 쓰고 놀면 됩니다. 그런데 우리나라는 어떻습니까? 국민연금은 1988년에 시작되었고 은퇴 준비를 못하고 명퇴를 당하거나 실업자로 내몰린 사람들이 많습니다. 그러니 돈을 아껴 쓸 수밖에 없습니다. 그런데 평균수명은 점점 늘어나기만 합니다.

고려대학교 박유선 교수의 연구결과에 따르면 45년 생 이전이라면 1/4이 100세를 넘기고 58년생이라면 1/2이 100세를 넘긴다고 합니다. 70년대에 태어난 사람들은 대부분 100살을 넘긴다고 합니다. 게다가 구글은 califonia life company(www.calicolabs.com)라는 회사를 차려놓고 인간을 170살까지 살게 하겠다고 합니다.

이런 상황에서 어떻게 돈을 막 쓸 수 있겠습니까? 언제까지 살아야 할지 모르는데 말입니다. 은퇴 연령을 맞은 전 세계 사람들의 소비가 줄어들지 않겠습니까? 비단 우리나라만의 문제가 아닙니다.

앞으로는 베이비붐 세대가 폭발적으로 늘어나는 시기입니다. 개인은 저축할 수밖에 없습니다. 기업도 물건이 팔리지 않으니 돈을 쌓아둡니다. 은행은 개인과 기업에게 돈을 빌려주고 예대마진으로 먹고 사는데 중앙은행에서는 돈을 다시 자기들에게 맡기면 벌금(마이너스 금리)을 매긴다고 합니다. 그래서 은행도 안전자산인 국채를 사서 저축합니다. 너도 나도 저축하고 세계는 늙어가고 있습니다. 지금 이 시기야말로 노년 세대가 전 세계를 뒤덮는 초입이 아닌가 하는 생각이 듭니다.

양적완화, 마이너스 금리 같은 단기 처방은 현재 상황에 맞지 않을 수 있습니다. 일회성이 아니라 구조적인 문제가 근저에 깔려 있기 때문입니다. 만에 하나 그렇다면 디플레이션에 대비해야 합니다.

호황의 전조인가?

지금 세계는 4차 산업혁명 초입에 들어섰다고 합니다. 1차 산업혁명은 19세기 후반 방적기와 증기기관으로 시작되었고, 2차 산업혁명은 19세기 후반 전기, 화학, 정유, 통신이 이끌었으며, 3차 산업혁명은 컴퓨터, 인터넷, 휴대폰으로 1960년대 중반에 시작되어 2000년에 끝났다고 합니다. 그리고 2008년 금융위기가 아니어도 이미 3차 산업혁명은 약발을 다 했다고 볼 수 있습니다. 그래서 지금의 불황은 당연한 결과라고 보는 사람도 있습니다.

그렇다면 4차 산업혁명은 무엇일까요?

로봇, 인공지능, 의료, IoT와 같은 것이 동시다발로 일어나는 사회입니다. 언제 일어날까요? 2020년 5G시대가 오면 시작된다는 말이 있습니다. 2020년 5G는 초연결시대이니 말입니다. 모든 사물이 인터넷으로 연결되어 인간의 삶이 획기적으로 발전하는 사회로 진화해 나갈 것입니다.

1차 산업혁명에서 방적기가 인간의 일자리를 빼앗았고 베틀을 짜서 옷감을 만들던 자영업자들은 방적기에 밀려 한순간에 실업자가 되었습니다. 앞으로는 벌목기계(동영상 참조:www.youtube.com/watch?v=cwwkO7m4bpY)가 수백 명의 벌목공을 해고할 것이고 증권업체 애널리스트를 알파고와 같은 컴퓨터가 해고할 것입니다. 감정인식로봇 페퍼(동영상 참조:www.youtube.com/watch?v=t2VgzMyhkG8)의 상용화는 10만 개의 일자리를 없앤다고 합니다. 게다가 로봇공장은 제조업에서 근로자의 일자리뿐 아니라 후진국의 공장을 선진국으로 리턴하게 만들 것입니다. 후진국은 싼 인건비로 제조업 공장을 통해 임금상승과 경제발전을 추구할 수 있었는데 그 사다리를 로봇이 치워갈 수 있다는 것입니다. 그럼에도 불구하고 안정적으로 일자리를 갈아탄 사업가와 기술자는 그 경제효과를 누릴 수 있을 것입니다.

빨라지는 은퇴,
길어지는 평균수명

재미있는 의학 실험이 있습니다. 머릿속으로 어떤 생각을 하고 뇌를 스캔한 후 그 모양을 비교하여 그 사람이 어떤 생각을 하고 있는지를 알아보는 실험입니다.

첫 번째는 현재를 생각하라고 한 후 뇌를 스캔합니다.

두 번째는 30년 후를 생각하라고 한 후 뇌를 스캔합니다.

세 번째는 자신과 전혀 관련 없는 것을 생각하라고 한 후 뇌를 스캔합니다.

결과가 어떻게 나왔을까요? 30년 후를 생각한 뇌 스캔 사진과 전혀 관련 없는 것을 생각하고 찍은 뇌 스캔 사진이 동일하게 나왔다는 것입니다. 즉 사람은 30년 후는 반드시 올 미래지만 누구도 그 미래를 자신의 일이라고는 생각하지 않는다는 것입니다.

이와 비슷한 것이 무엇입니까? 바로 노후입니다. 사실 우리나라 사람들이 노후를 걱정하기 시작한 것은 그리 오래된 일이 아닙니다. 산업화시대인 1970년대만 해도 우리의 은퇴 시기는 60세였고 1970년 한국 남성의 평균수명은 58.6세였습니다. 노후를 걱정할 필요가 없었습니다.

그런데 현재 기준으로 보면 78.5세입니다. 60세에 은퇴를 해서 20년 가까이 더 산다는 계산이 나옵니다. 그런데 최빈 사망 연령[사망 연령의 최빈치(最頻值)], 다시 말해 가장 많이 사망하는 연령대를 보면 2008년에 86세, 현재는 90세에 달합니다. 이는 **60세에 은퇴해서 무려 30년을 더 살아야 한다는 말이고 그 연령도 몇 년 새 급격히 늘어나고 있습니다.**

미국 텍사스 대학 건강과학센터에 있는 'UT2598'이라는 이름을 가진 쥐가 3년째 살고 있습니다. 사람으로 치면 100살쯤 됩니다. 이 쥐는 일반 쥐보다 1.77배 더 오래 살고 있으며 연구자들은 이 쥐가 4년까지 살 것으로 전망합니다. 일반 쥐의 평균 수명은 2년을 조금 넘는 정도이고 가장 오래 생존했던 쥐도 3년을 넘기지 못했습니다. 이 연구 결과는 저명한 과학 잡지 〈네이처(Nature)〉에 실렸고 의학계는 흥분하고 있습니다. 노화 억제 기능이 있는 이 약을 사람이 복용하면 인간의 평균 기대수명이 142세까지 연장될 수 있다는 추론이 나왔기 때문입니다. 이를 근거로 미국의 시사주간지 〈타임(Time)〉은 최근 "올해 태어난 아기는 특별한 사고나 질병이 없는 한 142세까지 살 수 있다"고 보도했습니다.

지금 태어난 아이 142세까지 산다

미국 텍사스 대학 쥐 실험에서 확인…현대판 '불로초' 개발 중

(중략) 이 쥐의 장수 비밀은 라파마이신이라는 약에 있다. 이 약을 쥐에게 투여했던 연구팀은 지난해 "라파마이신이 노화 관련 질병 발생을 늦추거나 가능성을 낮춰준다는 사실을 발견했다"고 밝혔다. 노화 억제 기능이 있는 약을 복용했을 때라는 전제가 있긴 하지만 획기적인 일이 아닐 수 없다. 게다가 이 약을 먹으면 식습관을 바꾸지 않아도 노화를 늦춰 장수할 수 있다는 연구 결과가 속속 나오고 있다.

라파마이신은 1960년대 칠레 서부 남태평양에 있는 이스터 섬의 토양 속 미생물에서 추출한 항생물질이다. 처음에는 무좀 같은 곰팡이균 등을 죽이는 항진균제로 사용했고, 현재는 신장을 이식한 일부 환자에게 면역거부 억제제로 쓰이고 있다. 또 암세포가 자라지 못하게 하는 항암제로도 사용하고 있다. 그런데 세포 노화를 늦추는 현상이 발견된 후 이 약은 장수의 묘약으로 주목받기 시작했다. 미국 텍사스 대학과 터프츠 대학이 연

구한 바에 따르면 라파마이신을 쥐에게 투여했을 때, 젊은 쥐는 기대수명이 늘어나고 늙은 쥐는 뇌 기능, 운동 능력이 향상됐다.

이 약은 우리 몸의 특정 단백질(mTOR) 기능을 방해하는 것으로 알려졌다. 이 단백질은 우리 몸의 세포가 영양분을 흡수해 성장하는 데 도움을 준다. 그런데 라파마이신은 그 물질의 기능을 막는다. 결국 세포가 영양분을 흡수하지 못하고 성장을 멈춘 상태를 유지하게 된다. 이 때문에 노화가 더디게 진행된다는 게 현재까지 밝혀진 연구 결과다. 개인 약국을 운영하는 박수아 약사는 "세포 증식이 억제돼 노화가 진행되지 않는다는 점에 착안해 이 약을 수명 연장에 활용하려는 연구가 전 세계적으로 진행 중인 것으로 안다"고 설명했다.

동물실험에서는 긍정적인 결과가 나왔지만 사람에게도 수명 연장 효과가 있을 것인지는 더 연구가 필요하다. 안철우 강남세브란스병원 내분비내과 교수는 "한때 고지혈증에 좋은 효과를 보이는 치료제가 나왔다. 쥐 실험에서 아무런 문제가 없었지만 이 약을 투여한 사람은 돌연사하는 사고가 잇따랐다. 알고 보니 효소 내 염기서열 하나가 쥐와 달랐다. 때문에 종간 특성을 따져봐야 한다"고 말했다.

실제로 라파마이신을 과하게 복용하면 당뇨에 걸리는 부작용이 나타난다. 이를 보완하는 연구가 진행 중이다. 미국 오클라호마 주립대 연구팀은 메트로포민이라는 약을 라파마이신과 함께 복용하면 당뇨 위험을 방지한다는 연구 결과를 내놓았다. 비비아나 페레스 생물물리학 교수는 "당뇨 위험성을 높이지 않고, 라파마이신의 명백한 효과만을 가져오는 방법을 찾는다면 노화 예방에 중요한 돌파구가 될 것"이라고 주장한 바 있다. 학계에는 라파마이신이 체내 면역체계를 무너뜨린다는 견해도 존재한다. 면역력이 약한 사람이 수명 연장을 위해 이 약을 복용하면 오히려 전염병에 걸려 일찍 사망할 수도 있다는 것이다.

그래서 텍사스 대학 보건과학센터와 워싱턴 대학 공동 연구진은 이 약을 인간에게 직접 적용하기에 앞서 사람과 가장 친숙한 반려동물인 개를 통해 먼저 실험하기로 했다. 연구진은 평균 수명 8~10세 정도의 큰 개 30마리를 선정해 라파마이신을 투여한 뒤 노화가 얼마만큼 극복되는지, 그리고 여기에서 발생하는 치명적인 부작용은 무엇인지 연구할 예정이다. 해당 실험은 최고 3년간 진행될 예정이며 세계 최고 수준의 동물생태학 전문가들이 참여한다. 텍사스 대학 보건과학센터 랜디 스트롱 박사는 "이 실험은 라파마이신이 초래하는 부작용이 실질적으로 어떤 것인지 알아낸다는 점에 중점을 두고 있다"고 설명했다.

세계 곳곳에 120세 장수인 '수두룩'

장수와 관련된 재미있는 일화가 있다. 2001년 장수학계에서 유명한 두 교수가 인간 수명이 얼마나 늘어날지 내기를 했다. 스티븐 오스태드 미국 아이다호 대학 교수는 인간이 150세 이상 살 수 있다는 쪽에 걸었다. 스튜어트 올샨스키 미국 일리노이 대학 교수는 "최대로 잡아도 130세를 넘지 못할 것"이라고 반박했다. 내기 시점에서 149년 후인 2150년 150세까지 생존한 사람이 있느냐, 없느냐를 따지기로 했다. 이들은 각각 150달러씩 신탁예금을 하고 매년 일정액을 납부해서 2150년까지 상금 5억 달러를 만들어 이기는 쪽 자손에게 주기로 학계 공증까지 받았다.

지구상에 존재하는 동물 대다수가 성장 기간의 여섯 배까지 산다는 이론에 따르면 20세까지 성장하는 인간은 120세가 수명의 한계다. 그러나 유전자 복제, 생체 이식 기술이 발전하면 120세가 최고 수명이 아니라 평균 수명인 시대가 올 것이라는 전망이 나왔다. 2010년 일본 오사카 시에서는 120세 이상 장수인이 5000명을 넘었다. 1980년 한국에서 200명에 불과하던

100세인은 2000년엔 2200명으로 증가했다. 미국 인구통계청은 2050년이면 100세 이상 사는 사람이 세계적으로 600만명에 이를 것으로 추산했다.

이런 전망은 우리가 생각했던 것보다 더 빨리 현실로 나타날지 모른다. 인간 평균 수명이 85세를 당분간 넘지 못할 것이라는 전망이 대표적인 사례다. 2000년 초입에 나온 이 전망은 10년도 되지 않아 깨졌다. 2009년 들어 일본 여성의 평균 수명은 86세에 도달했다. 이처럼 실제 인간 수명은 항상 예측을 뛰어넘었다. 장수 전문가인 박상철 전 서울대 노화고령사회연구소 소장은 "지금 추세로 가면 2100년이 오기 전에 사람이 150세까지 살게 될 것이다. 최빈 사망 연령(자연 사망이 가장 많은 연령)에서 힌트를 얻을 수 있다. 일본의 최빈 사망 연령은 한국보다 10년 많은 92세다. 이 연령이 꺾일 기세를 보이지 않고 계속 상승한다는 사실에 세계 전문가들이 놀라움을 금치 못하고 있다. 최근까지 전망했던 인간 수명의 한계 125세는 곧 깨질 것으로 본다"고 설명했다.

의학 발전보다 신체·정신 건강이 기본

현대인은 1만년 전 사람과 유전학적으로 거의 달라진 점이 없음에도 생체 기관의 능력은 몰라보게 향상됐다. 평균 체형도 커졌다. 키가 커졌고 두뇌도 정보를 빠르게 처리하도록 진화했다. 그 배경에는 과학과 의학의 발전이 있다. 음식을 안전하게 보관할 수 있게 해주는 전기와 냉장고가 발명돼 많은 질병을 예방했다. 살균과 정수, 폐수 시설도 장수에 도움을 줬다. 충돌 전에 스스로 멈추는 자동차 등으로 사고사 위험이 줄어들었다. 백신 개발로 천연두와 같은 전염병이 지구상에서 사라지기도 했다. 망가진 장기를 줄기세포로 재생하는 연구는 이미 여러 분야에서 활용할 정도로 진화된 상태다.

(중략)

과거 인구 분포는 피라미드 모형이어서 노인들의 인구가 가장 적었다. 그러나 지금은 아이를 낳지 않고 노인이 증가하면서 그 모양이 직사각형에 가까워졌다. 미국 역사상 처음으로 60세 이상 인구 수가 15세 이하를 앞질렀다. 장수 시대임에도 50~60세 정년퇴임이라는 사회적 분위기는 변함이 없다. 가까운 미래엔 인생의 절반 이상을 '백수'로 지내야 할 판이다. 비경제 인구가 늘어나는 만큼 사회적 부담은 증가한다. 늘어나는 수명만큼

> 달라질 우리 사회 문화 전반에 대한 충분한 이해와 대비가 필요
> 하다고 세계의 장수 연구가들은 말한다.
>
> (시사저널 2015년 4월 2일자에서 발췌)

60세에 은퇴하면 무려 80년을 더 살게 된다는 기사 내용입니다. 여기서 가장 큰 문제가 무엇일까요? 죽음의 불확실성입니다. 언제 죽을지 모른다는 것입니다. 그래서 은퇴 연령이 지갑을 닫는 현상이 나타납니다. 소비를 줄이고 경비나 택시운전이라도 하면서 근로소득으로 자신의 노후자금을 안 까먹는 것이 중요합니다.

그러나 이와 반대로 소비를 줄이지 않는 경우가 있습니다. 은퇴했는데도 소비를 줄이지 않으니 더 벌어야 합니다. 그럼 대부분 한 번도 해본 적 없는 자영업으로 갑니다. 당연히 성공하기는 어렵습니다. 노후자금을 한 푼도 쓰지 못하고 바로 빈곤노인층으로 추락하는 것입니다.

그래서 나온 대안이 주택연금입니다. 우리나라의 주택연금은 나라의 고민에서 나온 산물입니다. 노인빈곤율이 높은데 노인 자산의 비율을 보니 부동산이 압도적으로 높았습니다. 무상복지를 시행하려 하니 돈이 너무 많이 들어가고 그리스처럼 국가가 파산할 수도 있다고 생각했을 것입니다. 그러니 그들의 돈으로 좀 더 인센티브를

주는 것이 주택연금입니다.

3억짜리 주택을 보유한 70세가 주택연금을 신청하면 평생 월 100만 원 정도가 나옵니다. 사망 후에는 배우자에게 이전되어 혜택을 받을 수 있습니다. 결국 일정 부분은 주택연금으로 해결하고 나머지는 국민연금으로 해결하면 어느 정도 노인빈곤율을 줄일 수 있다는 것이 정부의 복안입니다.

급여생활자의 은퇴 연령은 점점 더 빨라지고 있습니다. 제조업이 활황일 때는 60세까지 충분히 일했지만 이제는 40대 중반이면 명퇴를 해야 합니다. **100세까지 산다고 했을 때 무려 60년을 직장일이 아닌 다른 무언가를 하면서 보내야 하고, 생활비를 해결해야 합니다.** 그러나 우리는 자신에게 닥쳐올 미래를 무관심으로 일관합니다. 마치 내 일이 아닌 것처럼 말입니다.

이러한 시대에 개인에게 가장 필요한 능력은 바로 독서 능력입니다. 독서 능력은 배움의 능력이기 때문입니다. 학교에서 배운 지식과 직업을 가지고 평생을 사는 시대는 지났습니다. 직업도 여러 번 바꿔야 하고 투자 방법도 변화하는 환경에 적응해서 바꾸어야 합니다.

인공지능 컴퓨터가 무서운 이유는 스스로 학습하는 능력 때문입니다. 스스로 학습하지 않는 사람, 살아남으려고 노력하지 않고 배우지 않는 사람은 도태될 것입니다.

죽음의 불확실성이라는 공포에서 벗어나는 방법은 일정한 연금소득, 월세소득, 이자소득, 근로소득 등 죽을 때까지 무엇인가가 나오도록 하는 것이 핵심입니다.

왜 임대소득자가
되어야 하나?

아래의 도표는 2021년에 우리나라 인구구조가 어떻게 될지 나타내고 있습니다.

〈움직이는 인구 피라미드, 2021년 기준〉

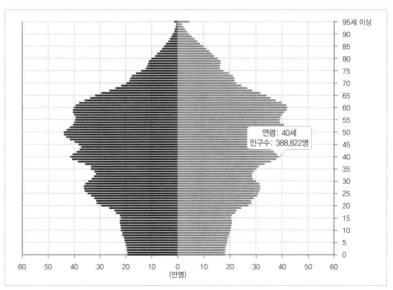

http://sgis.nso.go.kr/pyramid/view_country.asp

이 도표에서 눈여겨봐야 할 점은 1958년생부터 1963년생인 베이비붐 세대가 100만 명 가까이 태어났고 70년대생과 80년대생, 90년대생까지 그에 못지않게 많이 태어났다는 사실입니다. 그러다가 2000년대생 이후부터는 갑자기 40만 명 정도로 줄어듭니다.

인구가 폭발적으로 늘어나는 초입이던 1960년대생의 은퇴가 막 시작되고 있습니다. 75세까지는 어떻게든 근로소득으로 버틴다고 하더라도 그 이후에는 근로소득으로 살기 힘듭니다. 경비 일도 70세가 넘으면 시켜주지 않습니다.

그럼 얼마 정도나 근로소득이 아닌 소득으로 노후를 보내야 할까요? 우리나라 노인의 최저 생활비는 월 150만 원 정도이고, 월 250만 원 정도는 되어야 조금은 문화 생활하면서 살 정도이며, 300만 원 이상이면 쓸 만큼 쓰고 산다고 합니다.

그렇다면 300만 원을 기준으로 잡고 근로소득 외에 평생 소득으로써의 개념으로 어떤 소득이 있을지 알아보아야 합니다. 70세 이후 90세까지 산다고 본다면 20년간을 싫든 좋든 연금소득, 이자소득, 주식의 배당소득, 임대소득, 사업소득으로 살아가야 합니다. 다시 말해 1958년부터 매년 100만 명씩 태어났던 사람들이 앞으로 30년간 꾸준히 은퇴한다는 얘기이고, 30년을 합치면 총 3000만 명이 근로소득 외에 기타소득으로 70살 이후를 살아가야 한다는 얘기입니다. 어마어마한 숫자가 아닐 수 없습니다. 어떤 방법이 있는지 하나하나 살펴봅시다.

첫째, 사업소득입니다.

우리나라는 1997년 IMF를 맞았습니다. 대거 쏟아져 나온 명예퇴직자들은 대부분 자영업을 택했습니다. 그러나 자영업자는 꾸준한 퇴출이 일어났고 2013년부터 신규 진입자보다 퇴출자가 많아져 그 수가 줄어들고 있는 것으로 나타났습니다.

현대경제연구원에 따르면 자영업자는 2000년 779.5만 명에서 2014년 688.9만 명으로 감소됐고, 총 취업자 중 자영업자 비중이 2000년 36.8%에서 2014년 26.9%로 하락했습니다. 향후에도 자영업자 감소 현상은 지속되리라고 예상합니다. 1997년 이후 자영업이라는 예방주사를 맞은 것이죠. 그리고 그들도 알고 우리도 압니다. 이제는 자영업이 힘들다는 사실을.

둘째, 주식투자와 배당소득입니다.

얼마 전 '마법의 성'을 부른 가수 김광진씨가 한 라디오 프로그램에서 했던 강연 중 이런 내용이 있었습니다.

명문대학을 나온 그는 90년대 유명 증권사의 펀드매니저로도 일했습니다. 당시 주식은 500에서 1000선을 왔다 갔다 하는 박스권 장세였다고 합니다. 주식의 평균수익률은 약 5% 정도였고 예금이 10% 변동금리였다고 합니다. 어느 날 외국인이 그에게 다가와 이렇게 말했습니다.

"너희는 주식 수익률은 5%고 확정적으로 보장된 은행 이자율이 10%인데 주식투자를 왜 해?"

은행에 넣으면 주식보다 높은 수익률이 보장되는데 원금손실의 위험도 있고 수익률도 낮은 주식투자를 왜 하느냐는 질문이지요. 당시 그는 펀드매니저로 일하고 있었는데도 그 의미를 전혀 몰랐다고 합니다. 지금 와서 생각하니 이해할 수 있었답니다. 그러면서 지금은 예금 금리가 1%대라고 하니 주식투자가 매력 있는 상품이라고 이야기했습니다.

주식처럼 원금손실이 큰 상품은 젊었을 때 하는 것이지 70대가 넘어서 하면 조금 위험합니다. 그래서 포트폴리오를 짤 때 젊었을 때는 주식에 60%의 비중을 두었다면 나이를 먹으면서 그 비율을 점차 줄여나가야 합니다.

한창 성장하는 90년대도 주식의 평균 수익률이 5%대였는데 지금이나 앞으로는 그것보다 더 떨어졌으면 떨어졌지 오르지는 않으리란 예측도 가능합니다. 배당소득을 보면 150만 원 가까이 되는 삼성전자 주식의 1주당 배당액은 2013년 기준 14,300원이었습니다. 만약 3억 원의 삼성전자 주식을 사면 1년에 배당액으로 2,860,000원을 받게 되고 이것을 12달로 나누면 약 23만8천 원 정도가 나옵니다.

3억을 투자했는데 원금손실 가능성도 있고 한 달에 23만8천 원을 받습니다. 9억을 투자하면 월 70만 원 정도의 배당소득을 받겠네요.

주식배당은 답이 아니라는 결론이 나오지요.

셋째, 연금소득입니다.

연금소득은 교사, 공무원, 군인이 아니고서는 국민연금을 받는 사람이 최대 166만 원 정도이나 앞으로 수령액이 줄면 줄지 늘지는 않을 것입니다. 현재 국민연금 평균수령액은 월 32만 원 정도입니다. 300만 원을 기준으로 놓고 봤을 때 270만 원이나 모자랍니다. 150만 원을 기준으로 한다 해도 120만 원 정도가 부족하지요. 그러니 연금소득에만 기대면 70세가 넘어서도 허드렛일을 계속해야 합니다.

그러나 연금소득만큼은 노후에 보장이 되는 만큼 일단 기준금액에서 최소한의 비용은 건질 수 있습니다.

넷째, 이자소득입니다.

연 1%대의 예금금리가 대세입니다. 현재 예금금리로는 70년이 지나야 원금의 두 배를 받을 수 있습니다. 10억을 예치했을 경우 2.7% 이자율일 때 매년 24,435,000원을 받고 이것을 12달로 나누면 2,036,250원을 받게 됩니다(세후 수령 기준).

그런데 최근 정기예금 이자율은 1.5% 내외로 떨어졌습니다. 지금이라면 10억을 예치해도 100만 원이 조금 넘습니다. 이제 이자율 10%의 시대는 나라가 망하지 않는 한 오지 않을 것입니다. 물론 나라가 망한다면 예금에 넣어두어야겠지만 그럴 때라면 은행도 온전

치는 않겠지요.

다섯째, 임대소득입니다.

레버리지를 이용하면 1억을 투자해서 100만 원이 나오는 투자처는 도처에 있습니다. "부동산이 오를까, 떨어질까?"에 대한 대답은 그리 중요하지 않습니다. 은퇴자들은 향후 40년간(1960년대생부터 1990년대생의 은퇴까지) 꾸준히 은퇴시장에 진입할 것입니다. 그것도 물밀듯이요. 그리고 그들은 60살부터 죽을 때까지 안정적으로 수익을 보장할 소득원이 무엇인지 찾으려 할 테고, 임대소득에 눈을 돌릴 것입니다.

현재는 임대소득이 근로소득 외에 어떤 투자상품보다 수익률이 좋습니다. 그러나 은퇴자들의 꾸준한 진입은 시장의 판도를 바꾸어 놓을 것입니다. 1억을 투자하면 100만 원이 나오는 투자처가 2억을 투자해야 100만 원이 나오고, 3억을 투자해야 100만 원이 나오는 식으로, 매매가는 오르지만 월세는 오히려 줄어드는 시대가 올 것입니다. 임대소득에 투자를 하려는 사람들은 많은데 월세를 살아야 할 청, 장년들의 수적인 감소는 예상 가능한 일이기 때문입니다.

왜 임대일까요?

다시 한 번 살펴봅시다. 우선 임대, 주식, 자영업과 은행이자, 연금의 차이는 무엇일까요? 임대, 주식, 자영업은 차별화가 가능합니다. 어떤 종목을 고르느냐와 자신의 역량에 따라 천차만별이지요. 반면 은행이자와 연금은 차별화가 불가능합니다. 그러니 최대한의 효과가 나지 않습니다. 대신 안정적이지요.

안정적이라는 말은 현재 1%의 이자율을 나타내며, 그 이자율은 유럽에서 최초로 마이너스가 나온 것처럼 점점 더 떨어질 일만 남았습니다. 세계의 경제성장률이 떨어지고 있기 때문이지요. 내 돈, 네 돈처럼 돈에 이름표가 붙어 있지 않으니 별 차이가 없습니다.

그렇다면 차별화를 하는 것이야말로 특히 우리나라에서는 향후 대세가 될 것입니다. 중진국에서 선진국 문턱으로 들어서는 우리나라는 이제 7% 성장 같은 것은 꿈도 꿀 수 없기 때문입니다. 브라질이나 러시아나 중국으로 이민을 가면 모를까, 은행 이자로 돈 벌 생각은 버려야 합니다.

그럼 우리나라에서 차별화를 하려면 어떤 것을 골라야 할까요?

주식은 개별성이 강합니다. 싸워야 할 상대는 외국인과 기관투자자입니다. 정보에서 밀리고 머리에서 밀리니 개미는 항상 눈물을 흘릴 수밖에 없습니다. 물론 공부하고 분산투자하고 장기투자하고 가치투자하면 되겠지요. 일흔이 넘어도 두뇌 회전이 빠르고 총명하다면 모를까, 70 넘어서는 배당으로 수익을 챙겨야지 주식을 사고파는 행위는 육체노동과 다름없습니다.

대부분의 자영업은 이제까지 실패했습니다. IMF로 인해 이 시장은 조금 빨리 열렸고, 우리는 지난 15년 이상을 자영업자가 고통 받는 세상의 무서움을 알았습니다. 물론 잘되는 자영업도 있습니다. 손님의 니즈를 파악하고 그들의 마음을 사로잡는 자영업자는 죽을 때까지 행복하게 일하며 살 것입니다.

마지막으로 임대입니다.

쉽지 않습니다. 그러나 자영업처럼 손님의 마음을 빼앗지 못한다고 망하지는 않으며, 주식투자처럼 매일 사고팔지 않으니 장점은 있습니다. 물론 단점도 있습니다. 한 번 잘못 사 놓으면 되돌릴 수 없고 레버리지를 많이 이용하면 잘못 샀다고 판단해도 손절매하기 어렵습니다. 그래서 임대는 처음부터 잘 사는 것이 중요합니다.

그럼 어떤 부동산을 사야 할까요?

관리가 편해야 합니다. 관리가 편한 부동산은 관리실이 없는 빌라나 다가구 주택과 같이 세입자가 많고 관리가 어려운 곳보다는 아파트, 주상복합, 상가 등입니다. 따로 관리실이 있고 관리비에 장기수선충당금 등이 있어 향후 오래되어 낡아도 수리에 대한 대비가 되어 있기 때문에 장기간 부동산을 보유하더라도 관리에 신경 쓸 필요가 없습니다.

서울의 빌라와 같이 향후 재개발 수요까지 넘볼 수 있는 곳은 앞으로 개발에 대한 기대감과 공실이 별로 없는 서울의 특성상, 지어진 지 10년 이내의 빌라는 투자와 임대를 잡을 수 있는 투자처일 수 있습니다.

빌라부터 아파트, 상가까지 공실이 없을 만한 좋은 위치의 서울 부동산은 앞으로도 괜찮을 것입니다. 수도권이라면 1기 신도시 위주로 포트폴리오를 꾸미는 것이 좋습니다. 그중에서도 일부 아파트나 아주 상권이 좋은 상가가 그 대상입니다. 향후 40년 이상을 갈 수 있는, 목 좋은 곳에 괜찮은 부동산을 사야 합니다.

대출 관리는 어떻게 해야 할까요?

부동산 담보대출인 만큼 신용 문제가 없다면 대출연장은 나이가 들어도 가능할 것입니다. 그렇지만 여러 개의 부동산을 가지고 있는 것보다는 월세가 잘 나오고 공실 없이 안정적으로 돌아가는 소수의 부동산을 보유하는 것이 노년이 되어서도 좋습니다.

그러니 레버리지를 계속 일으키는 수익률이 좋은 투자가 아닌, 대출을 갚아나가는 투자를 해야 합니다. 물론 수익률은 떨어지겠지요. 그러나 은퇴 후에는 수익률보다 은행의 리스크에 대비해야 합니다.

월수익 목표를 월 300만 원 정도로 잡았다면 공실 위험이나 변동성이 큰 곳은 사고팔기를 반복해야 하지만, 안정적으로 평생 가지고 가야 할 부동산은 수익이 나면 땅을 한 평 사듯이 은행 대출을 갚아나가야 합니다.

부동산 임대시장은 3000만 명이 치열하게 찾게 되는 커다란 물결의 초입일 뿐입니다. 1958년생의 본격적인 은퇴가 신호탄이 될 것입니다. 그리고 10년쯤 지나면 깨닫게 될 것입니다. '부동산 임대만한 것이 없구나. 자본, 이자, 배당, 자영업 등 모두 별 볼일 없구나.' 이런 판세를 파악하지 못하면 김광진씨처럼 뒤늦게 알아차리게 됩니다. 그러면 너무 늦습니다.

자영업을 시작하기 전에 꼭 알아야 할 일

1997년 IMF가 터지고 명퇴자가 쏟아져 나왔고 사람들은 길거리로 내몰렸습니다. 그 시절 명퇴로 받은 퇴직금은 많았고 회사는 죄다 어려워서 사람들은 재취업보다는 자영업으로 뛰어들었습니다. 그래서 우리나라는 OCED 회원국 중 가장 높은 자영업 비율을 가지고 있습니다.

자영업을 뛰어드는 사람들을 분석하면 크게 두 부류로 나눌 수 있습니다. 하나는 실패하지 않기 위해 최선의 노력을 다하는 유형, 다른 하나는 허세로 가게를 차리는 유형입니다.

첫 번째 유형은 예전 학원을 다닐 때 알던 동기 이야기입니다. 게임을 만드는 방법을 가르치는 학원이었는데, 그 친구는 게임 분야로 가지 않고 자영업에 뛰어들었습니다.

그는 회사를 차리지 않고 식당의 주방보조로 들어갔습니다. 왜 하필이면 주방보조냐고 물으니 10년 후 이런 식당을 차리는 것이 꿈이기 때문이라는 대답이 돌아왔습니다. 지금은 돈이 없으니 벌어야 하고 기술도 배워야 하는데, 그러기 위해서는 이곳에서 주방보조로 일하는 것이 좋다고 말했습니다. 훗날 식당을 경영하려면 제대로 된

접대법도 배워야 하니 이름 있는 곳에서 잘 배워 꼭 성공하고 싶다고 했습니다.

두 번째 유형은 명예퇴직을 한 주변 사람의 이야기입니다. 부인 친구의 말만 듣고 프랜차이즈 커피숍을 인수했습니다. 퇴직금 1억8천만 원에 자식이 모아둔 1억 원을 보태 2억8천만 원 전 재산을 투자했습니다.

그런데 2주 만에 망했습니다. 바로 위층에 유명 빙수가게가 들어와 파리만 날리게 되었기 때문입니다. 그제야 주변 상권을 꼼꼼히 살펴보니 유명 프랜차이즈 커피숍이 무려 6개나 있었습니다. 월세만으로도 마이너스인데 공과금과 인건비, 기타 비용을 지출하고 나면 한 달에 몇 백씩 마이너스가 난 것입니다.

현실에 벽에 부딪힌 그는 허망하게 가게 문을 닫아야 했습니다. 결국 보증금만 간신히 건졌다고 합니다. 2주 만에 거의 2억이 넘는 돈을 까먹은 것입니다. 그 돈을 몽골 은행에 묻었다면 한 달에 이자가 400만 원씩 나올 테고, 그것으로 평범하게 생활해도 될 텐데, 제대로 한 푼 써보지도 못하고 다 날려버렸습니다.

이 두 경우를 상식적으로 생각해 봅시다.

30년 동안 회사생활만 하고 아무것도 배우지 않은 상태에서 무작정 가게를 차리면 망하는 것은 상식입니다. 설사 잘되더라도 그것은 운이 좋은 경우라고 볼 수 있습니다.

그래서 자영업을 시작하기 전에 꼭 알아야 할 일이 있습니다. 차리고 싶은 자영업에 취직해야 합니다. 그래서 그 가게는 잘되고 있는지 알아봐야 합니다. 그 직종은 어떤지, 유행을 타는지, 객단가는 얼마인지, 이 집의 경쟁력은 무엇인지, 서비스는 어떻게 해야 하는지, 종업원의 교육은 어떻게 시키는지, 세금은 어떻게 절세하는지, 식품위생법은 무엇인지 등 알아봐야 할 것이 한두 가지가 아닙니다.

그런데 현실적으로 문제가 있습니다. 나이가 걸립니다. 젊으면 이런 걱정 안할 텐데 나이 들어 머리가 희끗희끗한 사람을 누가 써주겠습니까?

여기서도 상식적으로 생각해 봅시다. 아무도 써주지 않으면 무보수로, 혹은 돈을 내고라도 다녀야 합니다. 월 20만 원씩 내고 접시닦이부터 시켜달라고 해야 합니다. 더 달라고 하면 더 주고서라도 해야 합니다. 물론 자신이 꼭 해보고 싶은 자영업종에서도 매우 잘나가는 가게라면 말입니다. 2주 만에 2억 이상을 날린 사람도 있는데 그깟 몇 십만 원이 대수일까요? '총각네 야채가게'로 유명한 이영석 대표도 2년 동안 트럭 행상을 따라다니면서 월급 한 푼 받지 않았다고 합니다. 왜 그랬는지 물어보니 아버지가 그렇게 가르쳤다고 합니다.

무엇인가를 배우려면 대가를 치러야 합니다. 학교 다닐 때도 돈 내고 배우러 다녔는데 돈 받지 않고 장사 기술을 배우는 것은 어쩌면 당연한 일인지도 모릅니다.

문제는 디플레이션이 아닌
저성장에 있다

통화량의 축소로 인해 물가가 하락하고 경제활동이 침체되는 현상을 디플레이션(Deflation)이라 합니다. 디플레이션의 원인은 통화량 축소만이 아닙니다. 요즘 같은 경우는 통화량이 넘치는데도 디플레이션의 조짐이 일어나고 있습니다.

장기간 물가가 하락하고 사람들은 어제보다 오늘이 싸니 오늘 사야겠다는 생각보다는 내일 더 떨어진다는 생각에 소비를 하지 않게 됩니다. 이러한 악순환이 반복되면 기업이 물건을 만들어 내놓아도 팔리지 않습니다. 물건이 팔리지 않으니 근무하는 직원을 자르거나 직원을 뽑지 않게 됩니다. 그러면 소비할 사람들이 줄어들고 물건은 더욱 안 팔리게 되지요. 이러한 악순환의 반복이 디플레이션입니다.

저성장은 더 확장된 개념이라고 볼 수 있습니다. 디플레이션이 장기간 지속되어 저성장이 되는 것이 아닙니다. 저성장에는 더 근원적인 문제가 존재합니다.

아이의 성장을 예로 들어보겠습니다. 디플레이션은 초등학교 아이가 3학년 때 5cm 자랐는데 4학년 때는 한 해 동안 자라지 않는 경우입니다. 그러나 아이는 고등학교 때까지는 자랄 것이고, 여기서 성장이 멈췄다고 걱정하지는 않습니다. 그러나 저성장은 아이의 성장판이 아예 닫혀버린 상태입니다. 더 이상 자라지 않은 채 나이가 들어 어느덧 성인이 되었습니다. 성장이 어느 시점에서 멈춰버린 것입니다. 성장만 본다면 저성장은 아예 미래가 없는 경우입니다.

디플레이션이 일시적인 것에 비해 저성장은 장기적인 문제입니다. 일본, 유럽, 미국 같은 선진국들도 이미 저성장을 경험하고 있습니다. GDP 증가율이 1%도 되지 않고 마이너스로 역성장하는 일도 벌어지고 있으니까요.

신흥국은 디플레이션에 빠질 수는 있지만 저성장 국면에 접어들었다고는 볼 수 없습니다. 반면 대부분의 선진국은 디플레이션과 저성장이 같이 오기에 더욱 심각합니다.

그럼 저성장이란 개념은 무엇일까요? 성장동력이 꺼져가는 것입니다. 그럼 대표적인 성장 동력은 무엇일까요? 소비와 수출로 나눠볼 수 있습니다.

꺼져가는 성장동력

먼저 소비를 살펴봅시다.

첫 번째의 성장동력은 인구입니다. 인구가 젊거나 많으면 내수시장이 커져서 내수를 진작시키고 우수한 인력을 활용하여 수출을 지속할 수 있습니다.

저성장으로 갈 수밖에 없는 인구문제는 세 가지입니다. 첫째는 고령화, 둘째는 청년실업, 셋째는 중산층의 몰락입니다. 이 세 가지는 유기적으로 결합되어 복합적인 문제를 일으키고 있습니다.

고령화 문제

우리나라는 인구고령화가 세계에서 가장 빨리 진행되고 있는 나라입니다. 청년이 줄고 노인인구가 늘어나는 것인데 소비를 대표하는 청년은 없고 노인들만 늘어나 소비 없이 저축만 늘어나는 구조가 되기 때문에 문제가 됩니다.

전에 살던 아파트에 유독 노인들이 많이 살았습니다. 쓰레기 분리수거를 할 때 보면 애가 둘인 우리 집은 재활용 쓰레기가 많이 나와 카트로 옮길 정도인데, 노인들은 겨우 한 손에 들고 나올 정도로 쓰레기가 매우 적었습니다.

일본에서도 베이비붐 세대인 단카이 세대가 은퇴를 시작할 무렵 소비의 황금기가 온다고 큰 기대를 품었지만, 사실상 헛된 기대였음이 판명 났습니다. 평균수명은 하염없이 올라가고 은퇴자들의 은퇴 자금은 유한하니 소비를 줄일 수밖에 없기 때문이죠.

우리나라의 노인문제는 더 심각합니다. 국민연금은 1989년 이후 시작되었습니다. 그래서 국민연금 혜택을 받는 노인이 별로 없습니다. 현재 32만 원 정도를 받고 있지만 앞으로도 사정이 더 나아질 기미는 보이지 않습니다. 직장을 다니다 40대 중반에 잘린 경우, 평균 수령액 32만 원보다 조금은 높아지겠지만 은퇴 이후의 삶을 국민연금으로만 보장할 수 없으니까요.

그럼 준비 없이 은퇴한 사람들이 천지가 될 텐데 이들이 먹고살려면 무엇을 해야 하는지는 정말 심각하게 생각해야 합니다. 앞에서 주식, 주식배당금, 자영업, 은행이자 등 무엇 하나 은퇴 이후의 삶을 보장해 주지 못한다고 했습니다. 부동산마저도 급격한 인구 감소를 감안하면 아주 협소한 지역만이 임대수익용 부동산의 가치로 인정받을 것입니다.

서울과 1기 신도시 정도만 임대소득의 입지가 될 것 같습니다. 물론 통일이 되지 않는다는 전제하에 말이죠. 외국인들이 부동산 구매는 극히 일부 지역의 일이기 때문에 수도권 전체를 끌어올릴 만한 동력을 갖지는 못할 것입니다. 중국인들도 맨해튼의 아파트만 사지, 미국의 깡촌 주택까지 샅샅이 훑으며 사는 것은 아니기 때문입니다.

서울과 1기 신도시 부동산 임대의 수익률은 떨어질 것입니다. 얼마 안 되는 우량 부동산을 사려고 대기하는 수요가 매매가를 밀어

올릴 테고 월세는 그에 비해 많이 오르지 않을 것이기 때문입니다. 강남의 아파트가 20억이라도 한 집에 살면서 월세를 1000만 원씩 부담할 수 없는 이유와 같습니다. 결국 부동산의 임대수익률도 예금 정도로 떨어질 것입니다.

노령화의 문제는 쉽게 고쳐지지 않을 것입니다. "10억이 있어야 한다." "월 300만 원은 필요하다"고 말하지만 거의 90% 이상은 제대로 된 준비 없이 은퇴를 맞을 것이기 때문입니다.

은퇴를 현실적으로 받아들여 그에 맞는 계획을 세워야 합니다. 투자를 하거나 좋은 직장을 다녀서 연금 및 월세수익으로 은퇴 준비가 되어 있다면 문제없지만, 대부분은 적은 연금과 본인의 적극적인 근로의식이 있어야 노후를 안정적으로 설계할 수 있습니다. 은퇴를 맞는 사람들은 이런 자세를 지녀야 합니다.

사회보장제도가 잘되어 있는 북유럽을 제외한 일본이건 남유럽이건 노인들이 급격하게 늘어나는 곳은 대부분 연금과 본인이 할 수 있는 일을 하면서 노후자금을 까먹지 않으며 살고 있습니다.

자영업을 하느라 회사생활하며 어렵사리 마련한 은퇴자금을 한 푼도 써보지 못하고 날리는 우를 절대 범하지 말아야 합니다. 그 돈 곶감 빼먹듯 쓰다가 다 떨어지면 어떻게 하냐고 하는데 그 돈을 써보기라도 했으면 억울하지나 않겠지요.

대부분이라고 단정 짓는 이유는 제 주변에도 투자를 안 하는 사람이 태반이기 때문입니다. 젊은 나이인데도 말만 하고 투자를 안 하는데 나이 60이 다 되어서 투자할 수 있겠습니까? 투자는 나이 들어서 시작하는 것이 아니고 젊을 때부터 꾸준히 해야 합니다.

청년실업 문제

두 번째 청년실업으로 인한 고용감축 때문에 저성장에 빠질 수 있습니다. 요즘의 청년들은 아주 불행한 세대입니다. IMF를 기점으로 고성장에서 저성장으로 모든 것이 바뀌었으니까요. 게다가 90년대부터 시작된 세계화가 우리나라에도 본격화되기 시작했으니까요. 우리나라의 경제성장과 청년들 사이에는 어떤 식의 밀접한 관계가 있을까요?

음식점이 있고 그 주인이 나라고 가정합시다. 주방에는 주방장과 부주방장이 있습니다. 부주방장이 주방장으로 승진하려면 어떻게 해야 할까요? 부주방장이 다른 식당으로 가서 주방장이 되는 경우는 제외합시다. 그렇다면 주방장이 문제가 있어서 그만두거나 부주방장의 실력이 탁월해져 주방장을 밀어내야 합니다.

그런데 만약 주방장의 실력이 뛰어나고 성실하며 다른 음식점의 스카우트에도 꿈쩍하지 않는다면 어떻게 해야 할까요? 물론 부주방장도 주방장 못지않은 실력과 성품을 갖추고 있다면? 답은 하나입니다. 내가 음식점을 키워서 2호점을 내고 부주방장을 주방장으로 승격시키는 것입니다. 그것이 성장입니다.

청년실업의 문제로 돌아가 봅시다. 우리나라는 학구열이 뛰어나고 대학 진학률이 높아 대부분의 학생이 대학을 졸업하여 사회에 나왔습니다. 그러나 우리나라 청년들은 엄연히 주방장 다음인 부주방장의 신세입니다. 아무리 열심히 노력해도 우리나라의 성장이 뒷받침되지 않으면 그들은 제대로 취업할 수 없습니다.

게다가 높아질 대로 높아진 임금구조와 해고가 힘든 고용관계는 기업을 해외로 내몰고 있습니다. 물론 기업이 해외로 가는 이유는 우리의 기업 기반 자체가 제조업 중심이기 때문이기도 합니다.

신흥국이 선진국이 되려면 방법은 단 한 가지입니다. 어마어마한 자원이 갑자기 나오지 않는 한 제조업으로 선진국의 도약을 이룰 수밖에 없습니다. 자원이 없는 나라는 저렴한 인건비로 가발이라도 수출해서 나라를 가난에서 구하고 경공업 위주의 산업을 중공업 위주로 재편하고 그것을 바탕으로 선진국으로 도약해야 합니다.

그러나 제조업은 임금이 오르면 제품 단가도 올라간다는 치명적인 단점이 있습니다. 사람의 능력은 유한한데 임금이 지속적으로 오른다면 기업은 단가를 줄이려고 두 가지 생각을 하겠죠.

① 자국에서 공장을 늘리되 기계의 수를 늘려서 인건비를 줄인다.

② 자국보다 임금이 싼 나라로 공장을 이전한다.

우리나라도 예외는 아닙니다. 90년대부터 시작된 세계화는 미국에서 시작해 신흥국으로 옮겨갔고, 현재는 모든 기업들이 세계화의 기치를 내걸고 있습니다. 그 일환으로 미국의 GE는 자국 내에 공장이 하나도 없습니다. 우리나라의 현대자동차는 1998년 인도 공장을 필두로 해외에 공장을 늘리고 있고 2000년대 이후로 우리나라에 공장을 전혀 짓지 않습니다.

중국의 일용근로자 인건비가 한 달에 30만 원입니다. 베트남의 일용근로자 인건비는 한 달에 10만 원입니다. 북한 개성공단의 일용근로자 인건비는 한 달에 13만 원입니다. 그런데 현대자동차 기준 고졸 초봉이 4500만 원입니다. 한 달에 400만 원입니다. 야근수당, 특근수당 합치면 5500만 원입니다. 나이가 들어도 60세까지 자르지도 못하고 고용해야 하며 연봉은 1억을 넘기도 합니다. 매년 인건비를 올려줘야 하고 파업도 자주 발생합니다.

이런 우리나라에서 청년을 고용할 의미가 있을까요? 1인당 차를 만드는 노동생산성은 바닥입니다. 1인당 차량 한 대 만드는 실질노동생산성, 연봉을 기준으로 한 명목노동생산성 모두 바닥입니다. 특히 명목노동생산성은 언급한 나라들과 게임이 안 됩니다. 베트남에서 노동자 한 사람이 한 달에 차를 한 대 만든다면 우리나라의 노동자는 40대를 만들어야 합니다. 1.2배 정도만 더 높아도 노동생산성이 높다고 하는데 40배는 불가능입니다.

그러니 우리나라에서는 공장에 기계만 늘어나지 사람의 고용이 늘어나지 않습니다. 현실적으로 우리나라에서, 특히 제조업에서 고용이 늘어날 이유는 희박합니다. 그래서 공장들은 외국으로 나갑니다.

기업에게도 이는 좋지 않은 상황입니다. 실업자가 많아지면 소비여력이 줄고 소비여력이 줄면 물건이 안 팔리고, 물건이 안 팔리면 기업주는 직원을 자르는 일이 반복될 테니까요. 미국의 대공황과 유사한 유효수요의 부족으로 이어질 여지가 충분합니다.

이제 청년들도 생각을 달리해야 합니다. 공부를 잘하면 국가에서 보장하는 전문직에 진출하고, 공부가 안 되면 고졸로 대기업 노조에 들어가는 것을 계획해 보면 어떨까요.

독일의 BMW는 작년에만 몇 만 명의 신규인력을 뽑았다지만 우리나라는 다릅니다. EU라는 특수한 경제연방제에 그 비밀이 있습니다. 요즘에 그리스가 어려운 이유도 이것입니다. EU지역은 각국의 중앙은행이 화폐를 발행하지 않습니다. ECB라는 유럽중앙은행(이하 ECB; European Central Bank)에서 화폐를 발행합니다. 유로화통화동맹은 항구적인 고정환율제라는 특징을 갖고 있습니다. 독일에서 1유로는 같은 EU국가인 그리스에서도 영구적인 1유로입니다.

독일과 그리스가 자동차를 만듭니다. 독일은 기술력도 좋고 브랜드도 좋고 대규모로 투자하고 저렴한 인건비와 기술혁신을 통해 그리스보다 2배나 싼 자동차를 만들었습니다. 그럼 그리스 사람들은 어떤 자동차를 살까요? 당연히 독일 자동차를 사겠지요.

그리스 국민들이 계속 독일 자동차를 구입하면 독일은 순채권국, 그리스는 순채무국이 됩니다. 결국 유로화통화동맹의 고정환율이 유지될 수 없지요. 그러니 돈이 필요한 그리스는 ECB 중개 하에 돈이 남아도는 독일 중앙은행의 돈을 꿔서 받는 식으로 이 고정환율제를 유지합니다. 에너지도 사고 생필품도 사야 할 테니까요.

만약 EU연방이 아닌 그전의 독일과 그리스라면 이런 경우 그리스 중앙은행에서 돈을 찍어서 공무원 월급도 주고 에너지도 사오겠죠. 또한 타국에 대한 수입관세를 엄청나게 매겨서 자국의 산업을 보호할 것입니다. 그러나 현재의 그리스는 이러지도 저러지도 못하는 형국입니다. 채무국에는 긴축과 구조조정, 채권국에는 개혁을 통한 고정환율 유지를 권고하는 상황이니까요.

이러한 상태에서 독일은 5억 명에 달하는 EU연맹이라는 커다란 시장을 활용하여 자국의 제조업 기반을 더욱 확장시킬 수 있었습니다. 당연히 자국에 공장을 지어야 할 타당한 요인이 있는 것이고 인력이 모자라 더 뽑아야 하는 경우가 생긴 것이죠. 독일도 EU라는 시장이 없었다면 제조업 기반은 인건비가 훨씬 저렴한 외국으로 다 빠져나가 없었을 것입니다.

독일보다 브랜드, 기술력이 떨어지는 우리가 해외로 나가지 않을 이유는 없습니다. 현재 우리나라는 미국의 리쇼어링 정책처럼 해외 나갔다 국내로 돌아오는 유턴기업에 대한 세제혜택이 있는 것도 아니고, 들어오면 강력한 노조가 버티고 있어서 구조조정도 힘들고, 임금은 상대적으로 신흥국보다 비싸니 외국에 나갔던 기업이 돌아올 이유가 하나도 없습니다.

우리가 FTA를 적극적으로 한 것도 알고 보면 우리나라에서 원산지 표시를 인정받아 해외로 관세 없이 수출할 수 있다면 위의 모든 요소를 고려하더라도 공장을 국내에 지을 유인을 만드는 작업이었

대한민국 부동산의 미래

죠. 그러나 우리나라에 남은 제조업은 기계를 늘려 자동화하고 인건비를 줄이는 작업을 하고 있습니다.

이처럼 제조업이 해외로 빠져나가면 국내는 어떤 산업이 남아서 뒷받침하고 고용을 담당해야 할까요? 제조업이 아닌 금융업 같은 서비스업과 벤처창업이 대신해야 합니다. 그러나 금융업으로 세계적인 기업을 일구는 일은 요원합니다. 일본도 저성장에 빠지고 탈출구로 세계의 금융허브를 노렸지만 역부족으로 결론 났습니다.

5대 기축통화국인 일본도 못했는데 우리가 금융 서비스업으로 청년실업을 해결하고 고용을 늘린다는 것은 엄청나게 힘든 일입니다. 그러니 미국의 실리콘밸리 같은 벤처창업이 청년실업을 해결할 유일한 열쇠인데 우리나라의 청년들은 떡볶이나 만들고 배달이나 하면서 국내시장에 안주하는 것이 현실입니다.

우리의 현실적인 청년실업의 대안은 무엇일까요? 소위 명문대, 의대, 로스쿨에 갈 실력이 안 되면 외국으로 길을 터야 합니다. 우리나라에서는 길이 없습니다. 선진국보다는 기회와 일자리가 많은 신흥국으로 가는 것이 좋습니다. 일례로 우리나라 공장들이 베트남으로 몰려간다면 베트남 인력을 한국 공장에 안정적으로 수급할 수 있는 인력사무소 운영도 방법일 수 있습니다.

기준금리가 15%인 곳에서는 은행금리가 18%입니다. 이런 곳에 이민을 가는 방법도 있습니다.

베트남을 비롯한 신흥국들의 월급이 10만 원이라면 이는 한 달에

10만 원이면 생활이 가능하다는 뜻도 됩니다. 인도네시아, 베트남 사람들이 기를 쓰고 한국으로 산업연수를 오는 이유이기도 합니다.

은퇴자들 중에서는 1억을 예치하면 은행예금 이자를 18%로 가정했을 때 월 200만 원씩의 이자수익이 생깁니다. 그러면 1억을 가지고 풍요롭게 살 수 있습니다. 그 정도로 기준금리가 높으면 환차손이 생길 수 있지만, 우리나라에서 해외로 투자했을 경우이고 해외에 거주한다면 환차손은 없습니다. **그러니 차라리 1억 전세금으로 준비해둔 돈이 있다면 그 돈 들고 해외은행에 예금을 해도 괜찮습니다.**

일본을 가리켜 "나라는 부자인데 국민은 가난하다"고 했지요. 우리나라도 현재 그렇습니다. 얼마 전 들은 이야기인데 제주도 바오젠 거리에서 중국인 상대로 장사하는 아주머니가 지방대 다니고 있던 아들, 딸 둘을 자퇴시키고 중국으로 보냈다고 합니다. 거기서 대학을 다니면서 중국어를 배우는 중이고 중국어를 능통하게 하면 중국에서 쿠쿠밥솥 대리점을 시킨다고 합니다. 쿠쿠밥솥은 중국인들이 한국에 오면 찾는 필수품으로 한 사람당 몇 박스씩 들고 자국으로 돌아간다고 합니다. 중국 지인을 통해 알아보니 한국과 중국의 가격 차이가 딱 2배입니다.

물론 이렇게 기술이 필요 없고 경쟁력 없는 일을 시키라는 뜻이 아닙니다. 하지만 한국에서 공무원 준비하는 것보다 중국어를 배우고 중국과 한국과의 교역을 통해 할 일을 찾는 것이 훨씬 나은 듯합니다.

중산층의 몰락

세 번째는 중산층의 몰락입니다. 미국에서 중산층이 가장 탄탄했던 시기는 90년대 이전 즉, 세계화 진행 전이었습니다. 세계화라는 물결은 90년대 이후 전 세계를 휩쓸었고 애플 같은 공룡기업을 탄생시켰습니다.

관세제도가 있던 예전에는 외국 제품이 아무리 좋더라도 자국의 시장에서 1, 2, 3위 기업들은 대부분 토종기업이었는데 이제는 업종별로 공룡기업이 전 세계시장을 독식하는 구조가 되었습니다.

즉 핸드폰은 유럽이든 아시아든 상관없이 애플과 삼성이 과점 형태로 1, 2위를 쓸어 담는다는 것이죠. 제조업의 세계화로 인해 신흥국을 생산기지화하고 저렴하게 만든 물품을 소비여력이 큰 나라에 싼 가격에 대량 살포하는 형국입니다.

그래서 공장은 해외로, 아니 정확히 말하면 인건비가 저렴한 신흥국인 중국, 베트남 등으로 빠져나갑니다. 제조업이 빠져나가면 서비스업이 그 자리를 대신한다지만 서비스업은 대량 고용이 불가능한 구조입니다. 이러한 금융업의 문제점은 소수에게 모든 수익이 돌아가고 오랜 노동으로 인한 노동숙련도가 없다는 것입니다.

금융업의 경우 1조를 버는 증권사가 있다고 가정합시다. 1조 중에서 9900억 원은 1인의 펀드매니저가 일으키고 나머지 100억 원을 수천 명의 직원이 매출을 일으킵니다. 그 1인의 펀드매니저가 5000억 원의 연봉을 받는 구조가 됩니다. 그가 소비할 수 있는 여력은 중산층이 연봉 5000만 원씩 1만 명이 받는 5000억과는 동등한 금액이지만 소비는 그에 훨씬 못 미칩니다. 한 사람이 하루에 열 끼 먹지 못하고, 수 천벌의 옷을 사고 수백 대의 차를 살 수 없는 것과 같은 구조입니다.

나이가 들어 높은 연봉을 받는 제조업의 베테랑은 갓 입사한 신입보다 경험이 훨씬 많아서 공장 기계가 멈춰 서도 작업 환경이 매끄럽게 돌아갈 수 있게 하는 노하우를 보유하고 있습니다. 그러나 금융업은 오래 일한다고 일의 숙련도가 높아지는 것은 아닙니다.

요즘 은행에서 고액연봉을 받는 차장급 이상이 하는 일이 공장에서 수십 년간 일한 반장의 노하우보다 월급을 더 줘야 하는 구체적인 이유가 떨어진다는 분석이 있지요. 서비스업에서 다수의 고용은 점점 더 힘들어지는 것이 현실입니다.

세계화로 인한 해외로의 엑서더스로 제조업 공동화는 이미 세계적인 현상이 되었습니다. 이를 막을 도리가 없습니다. 1990년대의 그 많던 중산층은 몰락했고 세계화에서 살아남은 초일류기업의 곳간에는 현금이 산더미처럼 쌓여 있습니다. 중산층은 앞으로도 되살아날 기미가 보이지 않으며 살아날 특별한 이유도 보이지 않습니다.

현재의 반짝 부동산 호황은 일시적으로 중산층의 부동산 탈출로써의 희망은 주겠지만 집 한 채가 전부

대한민국 부동산의 미래

인 우리 중산층의 재무구조를 가지고 향후 노후를 보장 받기에는 힘겨워 보입니다.

세계화가 오히려 저성장 촉진

이로써 첫 번째 인구문제를 통해 저성장 위험을 살펴보았습니다. 두 번째 문제인 세계화로 인해 임금성장이 둔화될 것입니다.

세계화는 FTA(free trade agreement, 自由貿易協定 자유무역협정), TPP(Trans-Pacific Partnership 환태평양경제동반자협정)와 같은 협정들로 관세와 같은 벽들이 제거되기 시작했고, 인건비가 저렴한 신흥국은 세계의 공장을 블랙홀처럼 빨아들였습니다. 이로 인해 쏟아져 나온 저렴한 공산품들이 온 세계로 뻗어나갔습니다. 이러한 일련의 과정은 선진국 제조업 대국의 위상을 바꾸었습니다.

FTA와 같은 무역협정의 체결은 물론이고 프랑스, 독일과 같은 구미선진국은 이민정책을 통해 인건비가 저렴한 인력을 공급받아 자국에서도 저렴하게 생산할 수 있도록 힘썼습니다. 이에 적응하지 못한 미국의 디트로이트 시는 파산했습니다.

이러한 세계화는 선진국의 임금을 동결시키도록 압력을 넣는 결과를 낳았습니다. 경제신문에 걸핏하면 보도되는 신흥국과 우리나라의 울산 현대차 공장의 임금노동자들의 생산성 비교는 실제로 벌어지고 있는 압력의 예입니다.

이로 인해 선진국 등의 임금 수준이 동결되거나 급격한 인상이 사라지면서, 인플레이션의 커다란 요인인 임금상승률이 꺾이는 것도 인플레이션으로 갈 수 없는 구조적 요인입니다. 생필품이 상승해야 인플레이션 요인이 될 텐데 요즘 석유를 비롯한 원자재 가격의 하락에서 볼 수 있듯이 전 세계적인 불황상황에서 급격한 인플레이션은 요원해 보입니다.

가처분소득의 감소

세 번째는 가처분소득의 감소문제입니다. 가처분소득이란 월급을 타서 세금, 공과금, 보험, 학원비 등을 빼고 내가 쓸 수 있는 소득을 뜻합니다. 이러한 돈이 소비의 원천입니다.

1997년 IMF가 터지고 우리의 중산층은 거리로 쏟아져 나왔습니다. 그들은 모아둔 돈이 있었고 너도나도 치킨 집을 차려 창업했습니다. 당시 기업은 가난했고 중산층은 돈이라도 가지고 있었지요. 그러나 오늘날 세계화에서 살아남은 기업은 부자가 되었고 중산층은 제조업의 공동화와 자영업 창업실패 등으로 인해 그 수가 엄청나게 줄었습니다.

게다가 2008년 금융위기 이후 거의 대부분 가계의

자산인 부동산의 몰락으로 가처분소득이 급격히 감소했습니다. 정부가 이처럼 열심히 부동산을 살리려고 노력하는 이유도 가처분소득을 늘려 소비를 진작시키기 위해서입니다.

그러나 가장 많은 인구를 차지하고 있는 세대의 고령화가 시작되면서 소비보다는 저축을 늘리는 현상이 이어져, 향후에도 소비가 급격히 일어날 가능성은 매우 적습니다. 게다가 선진국은 국가부채도 꽤 늘어나 국가의 소비여력이 작아지는 것도 문제입니다.

우리나라의 국내총생산(GDP) 대비 국가부채 비율이 경제협력개발기구(OECD) 34개 회원국 중 30위인 데 반해 일본은 압도적인 1위입니다. 이렇다면 미국이 대공황 시절 뉴딜정책으로 사회간접자본의 건설을 늘려 유효수요(소비여력)를 늘리는 일과 같은 정책을 할 수 없습니다.

그러니 일본 같은 나라는 부채비율이 높아 사회간접자본에 돈을 풀어 경기를 살릴 돈도 없고 고령화되어 저축만 늘어납니다. 내수 소비여력은 없고 부동산 가격은 심각하게 떨어져 가처분소득은 줄어들고 기업은 한국과 중국에 추월당해 경쟁력을 잃어버려 부도와 고용절벽으로 이어져 몇 년간 적자 행진을 이어갑니다. 최근 아베노믹스로 겨우 엔화를 떨어뜨려 기업의 수출경쟁력 확보와 요우커(중국인 관광객을 통칭하는 용어)를 비롯한 외국인 관광객의 증가로 내수 소비를 진작하고 있습니다.

이대로라면 우리나라도 일본과 비슷한 최악의 시나리오로 갈 수 있습니다. 국가가 사회간접자본을 통해 경기를 살리려 국채를 남발하다 국가부채가 늘어나고, 고령화는 일본보다 더 빠르게 진행되고 있으니 가처분소득과 소비여력이 급감합니다. 중국 기업에 추월당하거나 글로벌 경제 환경에서 뒤처져 노키아처럼 삼성이 쓰러진다면 핀란드보다 심각한 국가 위기를 맞게 되겠지요. 디플레이션이 아닌 저성장, 아니 국가 부도로 가는 길입니다.

이럴 때 국가가 세워야 할 대책이 있고 개인이 세워야 할 대책이 있습니다. 국가가 세워야 할 대책은 국가가 고민하게 하고, 우리는 노후에 어떻게 살 것이고 청년실업은 어떻게 해결해야 할 것인가 등을 스스로 해결해야 합니다.

문제는 저성장이 일시적인 디플레이션의 문제가 아닌 장기적인 저성장이라는 사실입니다. 그에 대한 답은 스스로 찾아야겠지만 젊었을 때부터 투자하여 노후를 대비하지 않고, 자식에게 기대지 못하고, 적은 돈밖에 벌 수 없다면 해외이주도 생각해 봐야 합니다.

한국의 이자율은
어떻게 될 것인가?

일본이 드디어 마이너스 금리로 돌아섰습니다. 유로존이 마이너스 금리였고 일본도 마이너스로 가니 앞으로는 서로 "나 거지요" 하고 선언하는 전쟁이 벌어질 것입니다.

현재는 은행이 중앙은행에 예금하는 일부의 예금만을 마이너스 즉 보관료를 받는 방식입니다. 이는 일반인에게는 적용하기 어려운 정책입니다. 만약 적용했다가는 뱅크런이 일어나고 맙니다. 모두 현금을 찾아다가 집 금고에 꽁꽁 묵혀둘 것입니다. 영란은행 이코노미스트의 말처럼 현금을 전부 없애고 전자화폐로 바꿔서 아예 은행에서 돈을 찾을 수 없게 만드는 시대가 올지도 모르겠습니다.

얼마 전 미국이 금리를 올렸는데 일본이 이렇게 나오니 앞으로는 미국도 금리를 올리기 힘들어졌습니다.

왜 서로 금리를 내리려고 경쟁할까요?

2008년 이후 전 세계는 마이너스 경제성장을 했고 미국은 양적완화를 했습니다. 그로부터 현재까지 양적완화를 한 미국만 경제가 다시 살아난 반면 유럽과 일본 경기는 침체했습니다. 그래서 이를 겪은 일본과 유럽이 이제야 미국을 따라하는 중입니다.

얼마 전 벤 버냉키가 자서전을 펴냈습니다. 물론 자기자랑이 대부분입니다. 왜 이런 자서전을 썼을까요? 훗날 역사가들이 버냉키의 양적완화가 잘된 것인지 잘못된 것인지를 판단하는 데 참고할 서적을 만들었다고 볼 수 있습니다. 스스로 100% 자신이 잘했다고 해야 역사가들이 그것을 참고라도 하지 않겠습니까? 다른 사람들은 대부분 그의 공과 중 과에 초점을 맞출 테니 말입니다.

버냉키의 주장은 이렇습니다. "양적완화를 한 미국은 실업률이 낮아지고 경제상황이 나아졌는데 양적완화를 하지 않은 유럽이나 일본은 경제상황이 악화되지 않았는가? 그것 봐라, 내가 잘했지?"

그런데도 세계 경제는 왜 이리 나빠졌습니까? 최근의 위기는 중국 때문입니다. 2008년 선진국의 경제성장률은 −3.5%로 주저앉았습니다. 반면 중국은 금융위기 때 9~10%로 고공성장을 했습니다. 최근 6%대로 떨어지긴 했지만 선진국이 죽을 쑤는 데 비하면 엄청난 성공을 거둔 것입니다.

그런데 그 중국이 문제가 생겼습니다. 이유는 공급과잉입니다. 당시 중국은 공급을 엄청나게 늘려서 위기를 돌파했는데 오히려 지금은 그것이 부메랑이 되어 중국을 공격하는 것입니다.

공급과잉의 해결책은 두 가지입니다. 하나는 수요를 늘리는 것이고 하나는 공급을 줄이는 것입니다. 수요를 올리려면 경기가 살아나야 하는데 그런 나라는 미국뿐입니다. 진짜 수요가 살려면 전 세계 경기가 살아야 하는데 그럴 기미가 보이지 않습니다. 그래서 자기들도 살겠다고 유럽과 일본이 마이너스 금리로 돌아선 것입니다.

앞으로 영국 등이 마이너스 금리로 가려고 준비 중입니다. 중국도 이 대열에 참여해야 하니 지금 소로스를 비롯한 미국의 헤지펀드들이 중국 위안화와 홍콩달러 하락에 베팅하는 것입니다.

공급과잉의 다른 해결책은 공급을 줄이는 것입니다. 중국의 부실한 기업을 구조조정 하는 것입니다. 꼭 해야 하는 이 일 때문에 요즘 상해증시가 출렁이고 있습니다.

언젠가 한 번은 중국증시로 떼돈을 벌 일이 생긴다고 주장하는 사람들도 있습니다. IMF로 폭삭 주저앉았을 때 우리나라의 우량주를 샀다면 큰돈을 벌었던 것처럼 말입니다. 당시 227까지 떨어졌던 종합주가지수는 2013년 2,230으로 무려 10배가 올랐습니다. 그래서 "조만간 중국 주식이 바닥까지 떨어지면 한 번의 기회가 올 것이다"고 말하는 사람들이 있습니다.

이자율, 오를까 떨어질까

우리나라의 이자율은 장기적으로 어떻게 될까요? 오를까요 아니면 떨어질까요?

경제학 교과서를 보면 명목금리=실질금리+물가상승률입니다.

명목금리란 주택담보대출금리 3.5%, 우리나라 국채금리 2%. 이렇게 신문에서 자주 말하는 것이 명목금리입니다. 명목금리를 정하는 물가상승률은 뉴스에서 알려주니 우리가 모르는 것은 실질금리입니다.

실질금리는 구할 수 없으며 다만 추정할 뿐입니다. 추정은 한 나라의 경제성장률로 합니다. 우리나라 경제성장률을 봅시다. KDI에서 2016년 3.5%, 5년 후 2.5%, 10년 후 1.8%라고 추정했습니다.

> KDI의 경고… "10년 후 잠재성장률 1%대 추락"
>
> 매년 0.1~0.15%P 씩 떨어져 "구조개혁 실패 땐 더 하락할 것"
> 늘어가는 사회… 저성장… 저물가… 2015년 韓, 1990년 日의 판박이
>
> 한국 경제의 잠재성장률이 10년 후인 오는 2026년에는 1%대로 추락할 것이라는 경고가 국책연구기관인 한국개발연구원

(KDI)에서 나왔다. 우리가 노동·자본 등 생산요소를 최대한 가동한다는 전제에 기초한 전망으로 실제로는 더 떨어질 수 있다고 분석됐다. 잠재성장률은 물가상승 등의 부작용 없이 우리 경제가 최대한 성장할 수 있는 비율로 경제의 기초체력을 보여준다. 잠재성장률은 이미 3%대 초반까지 추락 것으로 나타났다. 하지만 경제의 기초체력을 올릴 노동 등 구조개혁은 여전히 지지부진하고 정부는 인위적인 돈 풀기 등 단기처방으로 경기를 띄우는 데 의존해 문제를 악화시키고 있다는 지적이다.

KDI는 27일 서울 명동 은행회관에서 '우리 경제, 일본의 잃어버린 20년 답습할 것인가'라는 정책 세미나를 열어 현재 (2011~2015년)의 잠재성장률을 3.1%로 제시하고 10년여 뒤인 2026~2030년은 1.8%로 전망했다. KDI는 당초 2020년대 잠재성장률을 2%대로 잡았으나 이번 세미나에서 하향 조정했다. KDI는 매년 잠재성장률이 0.1~0.15%포인트씩 떨어질 것으로 추정했다.

잠재성장률은 노동·자본·생산성으로 구성된다. KDI는 이 가운데 노동의 감소를 잠재성장률 추락의 가장 큰 이유로 들었다. 2011~2015년 잠재성장률(3.1%)의 3분의1을 담당하는 노동(기여도 1%포인트)이 2026~2030년에는 −0.2%포인트로 잠재성장률을 오히려 갉아먹을 것으로 내다봤다. 자본의 기여도도 같은 기간 1.3%포인트에서 2020년대 후반에는 0.8%포인트로 쪼그라들 것으로 전망된다. 앞으로 공장·기계 등 설비 투자가 늘어날 여지가 크지 않다는 의미다. 생산성 기여도는 2011~2015년 0.8%포인트에서 이후 2000년대 평균인 1%포인트대 중반으로 상승할 것으로 봤다.

조동철 KDI 수석 이코노미스트는 "생산성의 잠재성장률 기여도가 과거 평균치로 반등할 것이라는 전제 아래 짠 시나리오"라며 "구조개혁에 실패하면 실제 잠재성장률은 더 낮아질 수 있다"고 경고했다.

"경제지표들을 보면 20년 전 일본과 놀랍도록 유사한 모습입니다."

조동철 한국개발연구원(KDI) 수석 이코노미스트는 이날 세미나에서 한국과 일본의 인구구조, 명목 국내총생산(GDP) 성장률, 물가상승률 등을 비교하며 이같이 밝혔다. 우선 총인구 증가율은 지난 1990년대 일본이 약 0.4%, 한국이 0.6% 정도였다.

조 수석이코노미스트는 "최근 한국의 인구구조 관련 모든 지표는 20년 정도 시차를 두고 일본을 거의 그대로 쫓아가고 있다"며 "인구 고령화는 전체 인구 총량의 증가율 둔화 외에 연령별 인구 구성의 급격한 변화를 초래해 거시경제 변수에 막대한 영향을 미치는 요인으로 작용한다"고 설명했다. 물가상승률을 포함한 명목 GDP 성장률 추이는 더 비슷하다. 1990년 일본과 2010년 한국이 모두 5% 내외를 기록하며 비슷한 흐름을 보이고 있다.

부문별로는 일단 수출산업을 문제로 꼽았다. 중국의 추격이 거세지는 가운데 우리의 수출산업 구조는 탄력적인 구조조정을 촉진하기에 지나치게 경직돼 있어 앞으로 생산성 제고를 통한 잠재성장률 유지에 부담으로 작용할 것으로 내다봤다. 영업이익으로 이자도 내지 못하는 좀비기업도 시급히 정리돼야 할 것으로 분석됐다. LG경제연구원이 628개 상장사(금융사 제외)를 분석한 결과 3월 말 기준 좀비기업에 해당하는 회사는 총 159개사로 전체의 25.3%를 차지했다. 금융 부문의 지원이 유망한 기업에 흘러가기보다 빚으로 연명하는 곳에 들어가 금융시장의 효율성도 저해하고 있다는 이야기다.

조 수석이코노미스트는 한국 경제가 일본과 다른 길을 가기 위한 해법으로 구조개혁의 필요성을 강조했다. 과거 일본을 반면교사로 삼으면 아직 희망이 있다는 얘기다. 그는 "임금피크제 등 연공서열보다 근로자의 생산성이 임금에 보다 적극적으로 반영될 수 있도록 시스템을 개혁하고 기대수명 증가에 비례해 근로연령도 늘려야 한다"고 제언했다. 그는 이어 "노동시장 유연성 확대, 부실기업 구조조정 및 창업 활성화, 규제개혁을 통한 진입장벽 완화 등 자원배분의 효율성을 높일 수 있는 정책도 과감하게 추진해야 한다"고 강조했다.

(서울경제 2015년 8월 27일자)

경제성장률이 장기적으로 떨어진다는 전망입니다. 원인은 노령화, 인구 감소, 저성장, 저물가 등 여러 가지가 있다고 합니다. 경제성장률이 떨어진다는 것은 무슨 의미일까요? 물가상승률이 거의 0이라고 보고 실질금리는 1%대까지 떨어진다면 합산한 명목금리는 떨어질 수밖에 없습니다. 장기적으로는 제로금리까지도 봐야 한다는 결론이 나옵니다.

미국은 10년 장기국채 수익률이 2%대입니다. 우리나라는 1%대로 예상됩니다. 향후 미국이 금리를 올리더라도 우리나라는 반대로 갈 수 있다는 의미입니다. 왜 이런 일이 일어날까요? 기사의 부제를 보십시오. '2015년 韓, 1990년 日의 판박이.'

1990년대 일본을 보면 우리나라의 미래를 점칠 수 있다는 뜻입니다. 1990년대 일본에 어떤 일이 일어났습니까? 우리나라는 1997년 IMF 위기를 겪으면서 커다란 전환점을 맞게 됩니다. 기업이 투자를 하지 않고 잉여자금을 쌓아두기 시작한 것입니다. 그전까지는 기업이 투자를 해야 해서 항상 돈이 모자랐습니다. 그래서 가계는 은행에 저축을 하고 기업은 은행에서 돈을 빌렸습니다. 선순환이 이어졌고 금리는 높을 수밖에 없습니다. 은행은 중간에서 예대마진을 받아챙기며 수익을 올렸습니다.

그런데 IMF를 겪으며 이 순환 고리는 완전히 틀어졌습니다. 가계가 저축하고 기업도 투자하지 않고 저축하기 시작한 것입니다. 그래서 현재 기업은 535조원 정도의 현금성 자산을 쌓아두고 있습니다.

이제 난처해진 쪽은 은행입니다. 은행은 돈을 굴려서 예금 이자를 줘야 하는데 이자를 굴릴 곳이 없습니다. 부동산과 기업에 빌려줘서 이자를 불리는 방식인데 기업은 투자하지를 않으니 빌려줄 곳 하나가 사라졌습니다. 물론 자영업자, 중소기업 같은 곳 말고 대기업 같은 아주 우량 기업들 말입니다.

그래서 은행은 부동산담보대출을 급격히 늘렸고 이로 인해 최근 가계부채가 급증하는 것입니다. 이번에 주택담보대출을 막기 시작했으니 은행은 안정적으로 돈 굴릴 곳을 점점 더 찾지 못하고 있습니다.

1990년대 일본이 딱 이랬습니다. 가계가 저축하고 기업도 저축했습니다. 은행이 돈 굴릴 데가 없으니 일본의 채권과 주식을 살 수밖에 없습니다. 그러나 은행은 보수적이어서 주식에 투자하지 않습니다. 자기나라 국채를 사기 시작했습니다. 국채를 은행이 대량 매입하니 국채의 수익률이 떨어졌습니다. 10년 국채수익률이 무려 0.2%까지 떨어졌는데도 계속 국채를 매입했습니다.

1990년대 일본과 2016년 한국이 비슷한 상황입니다. 최근 중국인들이 우리나라 국채를 계속 매입하고 있습니다. 따라서 국채금리는 더 떨어질 테고 KDI의 예상처럼 10년 후에는 1%가 될 것이며 일본처럼 0에 수렴할 수도 있습니다. 그러니 장기적으로 보면 우리나라의 이자율도 더 떨어질 수밖에 없습니다.

기업도 돈을 저축하고 가계도 저축하고 은행도 국채를 사서 저축하고 심지어 중국인도 와서 국채를 삽니다. 한 마디로 투자는 아무도 하지 않으면서 모두 저축만 합니다. 그런데 어떻게 이자가 오르겠습니까? 그러니 대출 받을 때 고정금리로 갈아타는 것은 별로 좋은 생각이 아닙니다.

주택담보대출 규제, 앞으로 어떻게 될 것이며, 어떤 영향을 미칠 것인가?

주택담보대출 선진화방안이 2016년 2월부터는 수도권, 5월부터는 지방으로 확대되었습니다. 요점은 이렇습니다.

"LTV 또는 DTI 60% 초과 대출, 주택대출 담보물건이 3건 이상인 경우, 신규주택구입용 대출 앞으로는 거치식이 아니라 원금과 동시에 갚도록 하겠다."

그것도 시작 시점부터 말이죠. 후폭풍이 만만하지 않을 듯합니다. 만약 5억 아파트를 살 때 2억을 빌리면 월 상환액이 이자만 냈을 경우 50만 원인데 193만 원으로 원리금(원금과 이자)을 동시에 내게 된다는 말입니다.

그러나 실제로 이런 식의 원리금 상환은 일어나지 않았습니다. 비거치식 금리는 30년이나 35년으로 하는데 실제 부담은 1억당 15만 원 정도라고 합니다. 즉 5억 아파트를 샀을 때 2억 원을 빌리면 50만 원(이자)과 1억당 15만 원X2=30만 원(원리금), 총 80만 원만 부담하면 된다는 것이지요.

그러나 아파트를 살 때 대출을 받고 보증금을 집어넣어서 거의 돈 안 들이고 월세와 이자의 금리차를 이용한 투자자는 악재가 되고 있습니다. 금리차를 이용한 투자는 많아봐야 10만 원 남짓 남기는 투자인데 원리금으로 30만 원이 마이너스가 된다면 매월 20만 원이 마이너스입니다.

물론 나중에 부동산을 팔면 이미 갚은 원금은 내 것이 되지만 이런 식으로 생활비를 마련했다면 주택투자는 이미 마이너스 수익성입니다. 그러니 차라리 안 사고 말지 매월 마이너스가 되는 물건을 가지고 있어야 할 이유가 없습니다.

2015년 안심전환대출 상품이 출시되자 많은 사람들이 저금리로 갈아탔습니다. 당시 2%대의 저금리 그리고 고정금리로 갈아탄 사람들 중 50% 정도는 다시 변동금리로 갈아탔습니다. 주로 중산층(처음부터 신용등급 좋고 재력이 있는 사람 위주로 은행에서도 갈아타게 해준)인데도 원리금 상환에 이런 반응을 보였습니다. 이는 전면적으로 시행되어 실제로 주택담보대출이 줄어들고 있습니다.

요즘 시장 상황은 어떻습니까? 저는 2008년 금융위기 전으로 봅니다. 경매시장을 보면 대부분 2008년도 가격을 회복했고 물건이 거의 없는 상황이 2년 가까이 지속되고 있습니다. 서초구에는 아파트가 한 채도 경매로 안 나오는 경우도 봤습니다.

제가 보고 있는 지역의 상가들은 전에는 3~4페이지에 걸쳐서 200개씩 나오던 것이 이제는 5~6개 정도로 아예 씨가 말랐습니다. 그나마 나오는 것도 수익성과 관련 없는 것들뿐입니다. 한 마디로 시장 상황은 부동산 활황입니다.

그러면 이 사태를 어떻게 대처해야 할까요?

일단 정부의 대출에 대한 초점은 아파트에 맞춰져 있습니다. 아파트 담보대출이지요. 그래서 신용으로 받던 담보대출을 규제한다고 합니다. 소득증빙(원천징수영수증)이 있어야 아파트 대출을 해주지 신용카드 사용액으로는 어림없습니다. 그러니 앞으로 아파트 담보대출은 힘들어지고 설령 해주더라도 DTI, LTV 등 까다롭게 보며 소득증빙까지 깐깐히 보겠다는 말입니다.

이번 대책은 어떤 영향이 있을까요?

첫째, 오피스텔이나 빌라 그리고 수익형 부동산인 상가와 같은 형태로 갈아타야 하지 않을까 생각합니다.
어차피 이번 대책에서는 이들이 빠져 있으니 오피스텔이나 상가처럼 규제가 없는 곳으로 갈아탈 수 있습니다.

둘째, 기존 대출 때문에 전세가 늘어날 수도 있습니다.
왜냐하면 아파트를 기존에 많이 보유한 사람들이나 아파트를 사고 싶은 사람의 경우 원리금상환으로 가면 부동산으로 수익률이 좋아지는 것이 아니라 오히려 매월 마이너스(사실 원금을 갚는 것이라 마이너스는 아니지만)가 되니 차라리 전세로 물건을 돌릴 수도 있겠지요.

전세는 최소 매월 마이너스는 나지 않으니 말이죠. 그렇게 되면 서울부터 전세물량이 쏟아져 나올 수 있고, 그러면 서울의 전세가격이 떨어지고 수도권 아파트로 퍼지면서 연쇄적으로 전세가격이 떨어질 수 있습니다.

셋째, 대책이 계속 시행될 것인지에 대한 문제입니다.

시행은 되고 있습니다만 시행 후 부작용이 나올 수 있습니다. 부동산 가격이 급격히 떨어지고 경기가 얼어붙는 등 말입니다. 그러면 정부도 조치를 취하고 후속대책을 발표하겠지요. 예를 들어 앞으로 좀 천천히 간다던가 아니면 완화한다던가 말이죠.

넷째, 경매물건이 쏟아져 나올 수도 있습니다.

시장에서 물건이 소화가 안 될 수 있다는 얘기입니다. 가계부채가 왜 늘어났을까요? 아파트는 전세로 많이 나왔는데 가격이 정체되었거나 앞으로 떨어질 것으로 예상됩니다. 게다가 금리는 1%대로 가고 있습니다. 집주인들은 전세를 포기하고 월세로 바꿉니다.

전세를 포기하려면 일단 세입자를 내보내야 합니다. 그런데 집주인은 돈이 없습니다. 물론 돈 많은 집주인도 있지만 대부분은 세입자를 내보낼 때 은행에서 아파트를 담보로 돈을 빌리고 모자라는 돈은 월세보증금과 자신의 돈으로 집어넣고 월세와 금리차를 이용해

월세 전환을 합니다. 이렇게 전세에서 월세로 전환하는 비율이 우리나라의 가계부채가 늘어나는 비율로 늘어난다고 합니다.

그러면 가계부채가 늘어나는 것이 그렇게 위험한 것이 아닌데도, 앞으로 원리금 상환으로 이러한 수요를 없애버린다면 이렇게 월세 전환하는 아파트가 줄어들 것입니다. 어차피 월세 놓아도 원리금 상환하는 돈이 더 많이 늘어날 테니 그냥 전세나 놓을 수밖에 없는 상황이 펼쳐진다는 것입니다.

전세를 놓을 수 있는 상황이 좋은 서울 지역은 나름 안전할 수 있으나 수도권에서는 지금도 전세 구하기가 힘든데 전세물량이 늘어나면 시장상황이 안 좋아질 수 있습니다. 그리고 경매시장이 활성화될 수도 있습니다.

주택담보대출 규제에 관해 핵심적으로 지켜봐야 할 사항은 최초 주택담보대출 규제에 대한 시장 반응입니다. 어떻게 반응하느냐에 따라 정부의 의지가 달라질 것으로 보입니다.

첫 번째는 시장 반응이 크게 일어나 경착륙하는 것입니다.

시장이 담보대출 규제에 민감한 반응을 보여 가계대출이 급격히 줄어들면서 거래가 얼어붙고 부동산 가격이 떨어지며 미분양 물량이 늘어나고 은행 연체율이 늘어난다고 가정해 봅시다.

이 경우 정부는 다시 냉온탕을 오갈 수밖에 없습니다. 겨우 살려놓은 시장이 급속도로 냉각되니 슬그머니 주택담보대출을 풀어주며 추가 대책을 발표할 수도 있습니다. 안심전환 대출의 예에서 보듯이 이자뿐 아니라 이자+원금상환은 가계에 부담을 주기 때문에 충분히 있을 수 있는 일입니다.

두 번째는 시장 반응이 작게 일어나고 연착륙하는 것입니다.

즉 시장이 안정적으로 움직이며 대출은 줄어들면서 거래량은 소폭 감소하는 행태를 보이는 것입니다. 이 경우 정부는 시장 반응과 주택담보대출의 추이를 지켜볼 것입니다. 그러면서 추가적인 가계대출 감소 대책을 발표할 수도 있습니다. 이럴 경우 추가 대책은 주택뿐 아니라 상업용부동산 그리고 가계대출의 뇌관인 자영업자 대책이 더 추가로 나올 수 있습니다.

사실 이번 주택담보대출의 규제는 빙산의 일각에 불과합니다. 주택담보대출은 담보물건이라는 것이 있어서 경매시장을 통한 담보물건의 가치를 다시 돌려받을 수 있습니다. 그러나 자영업자, 신용에 의한 대출은 기본적으로 담보물건이 취약합니다. 그러니 은행권에서 예대마진(대출이자와 예금이자 사이의 금리차를 이용한 이익)으로 쉽게 영업하며 이것을 늘린 측면이 있습니다.

그러나 신용대출은 근본적으로 담보물건이 없어서 나중에 신용이 떨어지면 원금을 돌려받기 쉽지 않습니다. 그래서 정부도 이번에는 좀 더 안정적인 주택담보대출을 건드린 듯합니다.

현재 재테크를 할 만한 상품으로는 뭐가 있을까요?

은행에 3억을 맡기면 이자는 금리가 2%일 때 25만 원 나옵니다. 삼성전자 주식을 3억치 사면 매월 25만 원 정도 나옵니다. 국민연금은 89년도부터 시작해서 지금 169만 원 꼭꼭 채워서 받는 사람들 별로 없으며 그나마도 IMF 때 많이 잘려서 지금 국민연금 평균이 32만 원 정도라고 합니다. 자영업은 개업보다 폐업이 늘고 있는 상황에서 그나마 부동산임대소득으로 가려고 하는 사람들의 목줄을 잡는 형국이군요.

부동산은 많이 버는 자가 강한 자가 아니라 버티는 자가 강한 자입니다.

Part 3

대한민국 부동산, 최악의 시나리오 vs 최상의 시나리오

대한민국 부동산,
최악의 시나리오, 최상의 시나리오

향후 우리나라 부동산에는 과연 어떤 일이 일어날까요? 부동산에 '위기'가 와서 많은 이들이 고통을 당하게 될까요? 아니면 또 다른 '기회'가 나타나 대한민국 부동산 불패신화를 이어가게 될까요? 만약 내 집이 없다면 이제라도 집을 사야 할까요? 영원히 집을 사는 일은 없어야 할까요? 전세 세입자, 월세 세입자 입장에서도 앞날을 예측하기가 참 어렵습니다. 갈아타야 하는지, 버텨야 하는지, 빚을 내서라도 다른 방법을 알아봐야 하는지.

돈이 있건 없건, 집이 있건 없건, 나이가 많건 적건, 대한민국 사람이라면 부동산이 어떤 방향으로 흘러갈지 궁금하지 않을 수 없습니다. 주변에서 너무 많은 말들이 쏟아져 나오기도 하고요. 어떤 이는 그래도 오른다고 하고, 어떤 이는 이제 부동산은 끝났다고 말하기도 합니다. 어느 장단에 맞춰 춤을 춰야 할지 막막하기만 합니다.

미래를 정확히 예측한다는 것은 신(神)의 영역일 것입니다. 미래를 단정적으로 말한다는 것은 오만이며 무책임한 말이 될 수 있습니다. 전문가들의 말을 믿고 집을 샀다가 하우스푸어가 된 사람들이 얼마나 많습니까? 집값이 폭락한다고 해서 전세보증금도 못 받을까봐 무서워 비싼 월세를 주며 살았던 사람들은 그동안 아까운 월세비만 축내고 말았습니다.

어떻게 대비하는 것이 최선일까요? 똑똑하고 현명하게 판단해야 하고, 어떤 경우라도 살아남아야 합니다. 최악과 최상의 시나리오를 그려보고 그 둘 사이에서도 오를 가능성이 농후한 부동산을 매입하는 것이 최선입니다. 투자 목적도 그렇고 실거주 목적도 포지션은 똑같습니다.

그렇다면 시나리오는 어떻게 짜야 할까요? 고민할 필요가 없습니다. 이미 베이비붐 세대를 겪고 노령화에 접어든 나라들의 부동산, 세계경기, 외국인 등을 연구하면 됩니다. 거기에다 우리나라의 특수한 상황인 남북통일과 같은 변수까지 집어넣어 예상되는 상황과 그 대책까지 시나리오로 짜면 됩니다.

"최악의 시나리오는 무엇이고 최상의 시나리오는 무엇인가?"

최악의 시나리오는 일본과 같은 경기침체, 세계경제 폭락입니다. 최상의 시나리오는 런던, 뉴욕과 같은 부동산 폭등, 남북통일, 외국인의 부동산 투자, 세계 경기의 호전입니다.

"그러면 투자할 때 꼭 오를 만한 교집합은 무엇인가?"

최악의 시나리오인 일본은 신도시가 몰락했고 20년간 불황이 이어졌습니다. 그러나 20년간 불황인 나라 일본에서도 오른 곳이 있습니다. 바로 수도인 도쿄입니다.

'최상의 시나리오에서 오른 곳은 어디인가?'

영국이 올랐고 미국이 올랐고 캐나다가 올랐고 호주가 올랐습니다. 그중에서 특히 오른 곳은 런던, 뉴욕, 시드니입니다.

여기서 교집합은 무엇입니까?

어느 나라건 그 나라의 경제중심지는 올랐다는 사실입니다. 그렇다면 왜 어떻게 올랐는지 자세히 알아봐야 합니다.

최악의 시나리오 1
─고령화 사회와 신도시 문제, 일본의 전철을 밟을 것인가?

최악의 시나리오는 우리나라가 일본처럼 되는 것입니다. 일본은 1990년 초반부터 현재까지 잃어버린 20년을 지나왔습니다. 잃어버린 20년 동안 부동산 가격은 폭락했습니다.

우리나라의 인구구조는 일본과 비슷합니다. 베이비붐 세대가 있는 것, 급속도로 노인인구 비율이 높아지는 것, 저출산으로 골머리를 앓는다는 것이 비슷합니다.

우리나라에서는 1958년생~1963년생을 베이비붐 세대로 봅니다. 특히 많은 사람이 태어난 시기입니다. 사람이 많이 태어났다는 의미는 그들이 집을 살 무렵이면 집값이 폭등한다는 의미도 됩니다.

1997년 우리는 IMF를 겪었습니다. 부동산 가격은 폭락했습니다.

그런데 2000년 초반부터 상승하기 시작해서 2008년 금융위기가 올 때까지 폭등을 거듭했습니다.

왜 그랬을까요? IMF를 조기 졸업해서일까요?

그런 이유도 있지만 베이비붐 세대가 40세가 되었기 때문입니다. 최초로 많은 사람들이 주택을 구입하게 된 시기인 것입니다. 일반적으로 40세 전후가 되면 결혼하여 주택을 구입합니다. 베이비붐 세대가 최초로 부동산을 구입하려는 시기와 맞물린 2000년대 초반에는 부동산이 오를 수밖에 없었던 것입니다.

그렇다면 2018년을 계기로 부동산 가격이 위험한 이유는 무엇일까요? 가장 많이 태어난 1971년생이 48세를 넘기기 때문입니다. 48세는 인구적으로 봤을 때 가장 소비를 많이 하는 시기입니다. 가장 인구가 많은 1971년생이 그 시기를 지나면 대한민국의 소비가 줄어들기 때문이라고 분석합니다.

피할 수 없는 초고령화 사회, 일본의 전철을 밟을 것인가

고령화 사회는 전쟁으로 인한 베이비붐 세대와 관련이 있습니다. 우리나라는 6.25전쟁이 끝난 5년 후 인구가 폭발적으로 늘었습니다. 일본과 서구유럽은 2차 세계대전을 겪었습니다. 2차 세계대전은 1945년에 끝났고 그 이후 태어난 47년생부터 49년생까지의 세대가 일본의 베이비붐 세대(이하 단카이 세대)입니다. 우리나라보다 약 10년이 빠릅니다. 그래서 우리나라보다 앞서 고령화가 진행되었습니다.

그러니 일본의 고령화가 부동산에 미치는 영향을 잘 알아야 할 것입니다. 고령화로 인해 일본 부동산이 폭락했다면 우리도 그 대비를 해야 합니다.

고령화 사회는 총인구 중에서 노령 인구의 비율이 증가하는 사회를 말합니다. UN이 정한 바에 따르면 65세 이상 노인인구 비율이 전체 인구의 7% 이상을 차지하는 사회이며 14%를 넘어가면 고령사회, 21%를 넘어가면 초고령화 사회입니다.

이미 21%를 넘어선 일본은 초고령화 사회에 들어섰습니다. 우리나라는 2000년 7.2%를 넘어서며 고령화 사회에 들어섰습니다. 2020년에는 고령 사회, 2030년경에는 초고령화 사회로 진입할 예정입니다.

고령화 사회에 들어섰다는 것은 당장 20년 후면 일본과 같은 인구구조를 갖게 된다는 말입니다. 현재 일본의 단카이 세대는 은퇴하고 있습니다. 일본에서 인구 비율이 가장 높은 세대가 은퇴하여 노인인구로 접어드는 중입니다.

통계청에 나타난 우리나라 인구 피라미드는 2010년 현재 30세부터 60세까지의 인구비율이 가장 많은 중간이 불룩한 항아리 형입니

〈대한민국 인구 피라미드〉

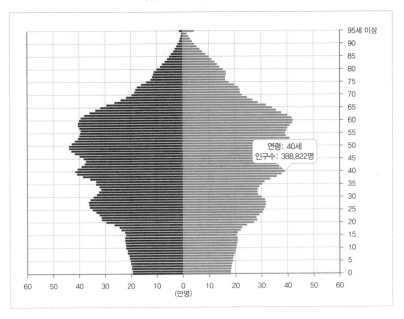

연령: 40세
인구수: 388,822명

다. 아직도 부동산을 살 여력이 되는 30에서 60 사이의 사람들이 우리나라에 많다는 뜻입니다. 그렇지만 우리도 곧 일본처럼 초고령화, 초초고령화 사회로 진입할 것입니다. 앞으로 몇 십 년 안에 일어날 일입니다.

일본은 1991년부터 부동산 가격이 떨어지기 시작해 주거용 부동산은 91년 대비 현재 60% 정도 떨어졌고 상업용 부동산은 약 80% 떨어졌다고 합니다. 급격히 오른 일본 부동산은 일본의 급진적인 이자율 인상을 통해 버블이 터졌고, 그로 인해 토지불패(한국의 부동산불패) 신화도 깨졌습니다.

1990년 도쿄에서 4억5천을 주고 집을 산 A씨는 처음에는 좋았다고 합니다. 아파트 가격이 올라주었기 때문에 이자를 내고도 남았으니까요. 그러나 1991년 말부터 내려가기 시작한 부동산 가격은 현재에 이르러 매매가 2억으로 떨어졌죠. 지금까지 원금과 이자를 포함해 20년이 넘는 동안 2억이나 지출했는데 아직도 팔아봐야 5천만 원이나 손해를 보는 깡통 아파트라고 합니다.

일본에서 신도시가 조성된 시기는 1960년대입니다. 우리나라에서 신도시가 시작된 것이 1990년대 중반의 일이니 우리가 30년 정도 늦은 셈입니다. 우리나라 신도시의 벤치마킹 모델이 일본의 다마신도시라고 합니다. 다마신도시는 도쿄 서쪽 편으로 30km 떨어진 도시로 1965년부터 입주가 시작되었습니다.

다마신도시는 왜 만들어졌을까요? 일본 정부는 늘어나는 주거 인구를 해결하기 위해 두 가지 방안을 두고 고민했습니다. 하나는 도쿄 도심을 재건축, 재개발하는 것이고 다른 하나는 도쿄 인근에 신도시를 짓는 것입니다. 그들이 내린 결론은 신도시였습니다. 도쿄 도심 재개발은 그렇잖아도 주택부족이 심각한데 이주수요 때문에 더 심각해지는 부작용을 불러일으킬 수 있습니다.

그들은 다마신도시, 지바신도시, 츠크바 신도시 등 대도시 인근에 신도시를 세우기로 했습니다. 1990년대 중반 우리나라도 일본의 신도시를 모방해서 1기 신도시를 지었습니다.

대한민국 부동산의 미래

초기 상황은 일면 성공한 듯 보였습니다. 신혼부부들은 주거 난도 심하고 오래된 목조 가옥들로 구성된 도쿄 도심보다는 친환경적으로 지어진 깔끔한 신도시 아파트 단지를 선호했습니다. 대규모의 신도시 이주와 부동산 프리미엄이 붙은 아파트가 날개 돋친 듯 팔려나갔습니다.

그러나 중기가 되면서 상황은 변했습니다. 가장 큰 문제는 신도시가 직장과 거리상으로 너무 멀었다는 점입니다. 제일 가까운 다마신도시마저 30km나 떨어져 있어서 매일 출퇴근하는 데 드는 시간과 노력이 지나치게 컸습니다. 그나마 다마신도시는 사정이 나은 편입니다. 지바신도시는 도쿄로부터 50km, 나리타신도시는 80km나 떨어져 있었습니다. 그래서 부부가 직장 근처에 각자 방을 얻고 주말

〈도쿄 인근 신도시 분포도〉

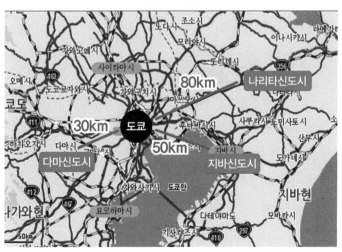

에만 신도시의 집에 와서 생활하는, 누가 봐도 부자연스러운 방식이 이어집니다.

그러다가 일본 신도시의 몰락을 가져오는 큰 사건이 발생합니다. 2002년경 당선된 고이즈미 총리로부터 촉발된 도쿄의 도심재생사업은 다마신도시를 비롯한 도쿄 인근 위성신도시들을 몰락시킵니다.

고이즈미는 그때까지 존재했던 강력한 도쿄의 규제를 혁파합니다. 얼떨결에 총리가 되었던 탓(실제 2등이었으나 1등이 스캔들로 낙마하면서)도 있지만 지방에 지역기반이 없었기 때문에 강력한 노림수는 통했습니다.

그 노림수는 도쿄의 규제혁파였습니다. 우리나라도 그렇지만 한 나라의 우두머리가 되려면 강력한 지역기반은 기본입니다. 반면 그 지역기반이 독이 되기도 합니다. 되기까지는 꼭 필요하지만 되고 나서는 각종 이권에서 자유로울 수 없습니다. 그러나 고이즈미는 지역기반으로 당선된 경우가 아니었기 때문에 지방의원들의 반대에도 불구하고 도쿄의 규제를 풀어 버립니다.

그가 펼친 논리는 이렇습니다. "도쿄를 묶어놓고 기업에게 지방으로 내려가라 하는데 지방으로 가는 대신 제조업 특성상 외국으로만 간다. 그러나 도쿄를 지방과 수도의 대립구조로만 볼 것이 아니라 도쿄를 세계 최고의 도시와 경쟁하는 별개의 도시로 본다면 도쿄의 규제는 부당하다."

일본도 제조업의 해외 이전으로 인한 공동화는 어쩔 수 없다고 봤고 그들이 하려는 정책은 서비스업 확대에 있었습니다. 서비스업은 금융업이죠. 미국을 벤치마킹해보니 제조업이 공동화된 다음 월스 트리트로 대변되는 은행, 펀드 등이 세계를 제패하면서 일자리가 새로 생겨났다는 사실입니다. 제조업 이후는 서비스업, 그중에서도 금융업인데 도쿄는 뉴욕, 파리, 런던의 도시들보다 규제가 많아 그들과 싸우기가 힘들다는 것이 요점입니다.

그러면서 도심재생사업을 시작합니다. 그들의 도심재생사업은 콤팩트시티(Compact City)를 만드는 데 중점을 두었습니다. 자동차의 대중화로 도시가 팽창하면서 거주지가 교외로 이동하자 도시 외곽의 환경이 파괴되는 등 여러 문제가 발생했습니다. 이 문제를 해결하고 경제적 효율성을 추구하기 위하여 도시를 고밀도로 개발하는 것이 콤팩트시티입니다. 도심에 거대한 100층짜리 건물을 여러 개 짓고 그 건물마다 주거, 직장, 쇼핑, 엔터테인먼트 등을 한꺼번에 모아 걸어서도 어디든 갈 수 있는 고밀도 압축 도심재생사업입니다.

이러면서 롯폰기힐스(Roppongi Hills)를 비롯한 100층 넘는 거대빌딩들이 역세권을 중심으로 지어집니다. 도심재생사업도 이어집니다.

그러나 도쿄를 금융 허브로 만들겠다는 고이즈미의 꿈은 물 건너가고 대신 도쿄의 엄청난 주거지 공급만이 남습니다. 결과적으로 베드타운 기능만 하던 신도시의 핵심인력 청, 장년층을 도쿄 도심으로 빼앗아오는 효과를 발휘합니다. 그러다 보니 이후 신도시의 몰락은 더 지속됩니다. 소비의 주체였던 청장년층의 도쿄 유입으로 신도시에는 노인층만 남았습니다.

다마신도시의 인구구조가 몰락의 길로 들어선 원인을 다시 정리해 봅시다.

첫째는 수요 감소로 인한 인구 감소를 들 수 있습니다. 사람은 줄고 살 곳은 많아지니 차라리 출퇴근하기 편한 도쿄로 들어가는 것이 교통비면이나 생활면에서 좋다는 것이고요.

둘째는 공급 증가로 인한 도쿄 도심의 도심재개발입니다. 도심재개발로 사람이 줄어도 공급은 늘어나니 공급가격이 싸져서 낡고 오래되고 게다가 교통까지 불편한 신도시 아파트에 굳이 살 필요가 없습니다.

셋째는 가장 큰 이유인 베드타운입니다. 베드타운인 신도시는 꼭 도쿄 도심으로 출퇴근이 되어야 합니다. 다마신도시가 세워질 무렵 일본은 교통비를 기업에서 대주는 조건으로 젊은 직원들이 많이 입주했습니다. 그래서 무려 30km가 떨어진 다마신도시에서 도쿄로 출퇴근했지요. 동탄이 35km 떨어져 있으니 얼마나 먼 거리인지 알 수 있습니다.

기업의 교통비 지원 덕분에 당시에는 교통비가 큰 문제가 아니었습니다. 다마신도시에서 도쿄 도심까지 싼 철도를 이용하더라도 1만 5천원 편도, 하루 왕복 3만 원입니다. 한 달이면 80만 원 가까이 됩니다. 택시를 비롯한 다른 교통요금은 출퇴근 비용으로 한 달에 몇 백만 원을 교통비로 치러야 합니다. 지원 없이 개인이 감당하기 벅

찬 금액입니다.

게다가 다마신도시는 노인들이 살기 힘든 도시가 되어가고 있다고 합니다. 그 이유는 저밀도로 개발된 곳이기 때문입니다. 저밀도 개발은 아파트의 층수를 낮추고 동간거리를 넓혀 녹지 공간을 늘리는 것입니다. 외관상으로는 좋아 보이지만 올드타운인 이 신도시는 노인들에게는 지옥입니다.

저밀도는 자가용으로 출퇴근하는 젊은 사람들이 살기에 편한 곳입니다. 젊으면 집 근처 공원 같은 녹지공간에서 아이들과 뛰어놀기 좋습니다. 그러나 불가피하게 쇼핑센터부터 각종 편의 공공시설이 떨어져 있어 차가 없으면 불편하다는 단점이 발생합니다. 그런데 지금은 청장년층이 빠져나가고 걷기 불편한 노인들만 남았죠. 사실 노인들이 살기에 가장 좋은 곳은 각종 편의시설이 밀집한 고밀도 도시입니다. 그러니 다마신도시에 있는 노인들은 살기 불편합니다.

다행히 우리나라의 1기 신도시들은 고밀도로 지어졌기 때문에 일본의 다마신도시보다는 노년층이 살기 편합니다. 게다가 1기 신도시는 일산을 빼고는 서울에서 20km 이내에 지어져서 교통비 등도 일본과 다릅니다.

그러나 2기 신도시 및 신도시 급들인 김포 한강, 동탄, 양주, 송도, 영종도 등은 서울과의 거리가 최대 30km에서 40km 정도입니다. 우리나라의 2기 신도시는 일본 다마신도시와 비슷합니다. 2007년도 부동산 급등

〈서울 인근 1·2기 신도시 분포도〉

기에 2기 신도시가 급하게 발표된 점이 아무래도 일본의 다마신도시와 궤를 같이하지 않나 생각합니다. 현재 2기 신도시는 분양이 저조하거나 착공하지 않았다면 규모가 축소될 것이며 훗날 인구 감소와 더불어 몰락의 길을 걷지 않을까요.

이 모든 것을 종합하여 앞으로 변하지 않을 사실을 살펴봅시다.

첫째, 일본처럼 고령화가 지속되어 부동산을 구매할 여력이 있는 사람은 계속 줄어들게 됩니다. 그래서 부동산의 전체적인 가격은 점차 떨어질 것입니다. 우리나라의 출산율이 높아지거나, 미국처럼 이민을 적극 장려하여 이민자들을 많이 받아들이거나, 통일이 되어 북한 사람들이 남쪽으로 내려와 인구가 늘어난다거나, 외국의 기업이 한국으로 들어와 활발히 활동한다는 등의 변수가 일어나지 않는 한 말이지요.

둘째, 도심과 산업단지의 가치입니다. 부동산이 떨어진다 해도 차별화되어서 오를 곳은 더 오르고 떨어질 곳은 더 떨어집니다. 그러니 경제 자립이 큰 곳을 보아야 합니다. 서울 도심은 기업이나 은행 같은 경제뿐 아니라 대학과 같은 교육, 문화, 정치 등의 집합체이기 때문에 가치가 있습니다. 기업들이 몰려 있는 산업단지는 경제에서 만큼은 자립성이 크다는 뜻이 되겠지요.

앞서 살펴본 일본처럼 우리나라에서도 향후 도심회귀가 일어날 테고 인구 감소는 이어지겠지만 1인이나 2인가구는 오히려 증가할 것입니다. 노인인구가 증가하고 결혼이 늦어지는 만혼이 늘어나면서 2인 이하가 살 수 있는 주택의 수요가 늘 것입니다. 역세권의 도심형 생활주택처럼 적은 세대를 위한 공간은 더 필요할 것으로 전망됩니다. 수요는 공급을 창출하고 수요가 많은 곳은 가격이 상승하게 되어 있습니다. 그러니 그곳에 위치한 부동산은 최악의 시나리오가 현실화되더라도 살아남을 것입니다.

다마신도시의 가장 큰 실패는 베드타운이라는 한계에 있습니다. 도쿄 도심과의 거리를 극복하지 못하고 노인들만 사는 도시로 전락했습니다. 우리나라의 서울은 인구가 줄어들고 고령화가 지속된다 해도 그 가치는 더 이어질 것으로 보이며 산업단지가 활발한 지역은 서울 도심과는 관계없이 나름 발전할 것으로 전망됩니다.

여기서 한 가지 예를 들어보겠습니다. A라는 사람은 2기 신도시에 집을 마련했고 직장은 서울이 아닌 집 근처입니다. 이럴 때 향후 어떻게 집을 처리해야 할까요?

저라면 이렇게 하겠습니다. 직장이 가까운 곳에 있으므로 집을 옮길 수는 없지만 집값 하락 이유가 충분한데 굳이 현재의 집을 보유할 필요가 없습니다. 집을 팔고 거주 목적으로 가까운 곳에 전세를 얻습니다. 집을 팔아 남은 돈과 가지고 있던 여윳돈을 모아 서울 역세권 오피스텔을 사거나, 사기 위해 자금을 모아갑니다.

투자 목적이 아니어도 이렇게 할 수 있습니다. 가격이 떨어지는 집을 붙잡고 있을 이유는 없습니다. 자산의 손실을 눈 뜨고 바라만 보는 것은 어리석은 행동입니다. 향후 오피스텔을 시세차익을 얻고 다시 팔거나 이 책의 Part4에서 설명할 셰어하우스로 임대수익을 올릴 가능성이 생기며, 집값이 떨어지는 시나리오가 발생해도 살아남을 수 있습니다. 지금 사는 곳을 반드시 내 집으로 만들어야 할 필요는 없습니다. 거주와 투자를 분리하면 해결 가능한 문제입니다.

최악의 시나리오 2
─사토리 세대는 왜 '도쿄'에 서식하게 되었나?

'사토리 세대'는 자동차, 사치품, 해외여행, 술, 연애, 섹스, 도박에 관심이 없고 돈과 출세에도 관심이 없는 일본 젊은이들을 이르는 말로, 득도한 것처럼 욕망을 억제하며 살아가는 젊은 세대를 일컫습니다. '사토리'란 '깨닫다'라는 '사토루'에서 파생된 말인데 마치 모든 것을 깨달은 수도자처럼 현실의 명리에 관심을 끊었다는 의미입니다.

사토리 세대는 결혼, 취업, 연애를 포기하며 산다는 우리나라의 3포 세대랑 비슷합니다. 사토리 세대가 발생한 이유는 무엇일까요? 이들은 일본의 '잃어버린 20년'의 가장 큰 피해자입니다. 1990년대 버블이 꺼지기 전까지 일본은 패전국에서 선진국의 대열로 가장 빨리 올라간 나라였습니다. 그러나 이후 20년간 암흑기로 접어들었죠.

일본은 여느 선진국처럼 강한 제조업 중심 정책으로 선진국 반열에 올라섰습니다. 그러나 믿었던 제조업은 인건비 상승을 견디지 못한 기업들이 해외로 공장을 옮겨가면서 기반이 약해졌습니다. 일본에 남은 공장들도 대부분 로봇을 쓰면서 공장자동화를 실시합니다. 그러지 않으면 높은 인건비 때문에 수출경쟁력이 떨어지니까요. 그러니 제조업은 둘 중 하나를 선택해야 합니다. 해외로 나가서 싼 인건비를 가지고 생산원가를 줄이느냐? 아니면 국내에 남는 대신 공장자동화를 실현하여 생산원가를 줄이느냐?

두 가지 경우 모두 고용은 현저히 줄어드는 선택입니다. 결국 일본의 제조업은 해외로 나가거나 공장자동화를 택했고 제조업의 일자리는 줄어들었습니다.

일본에서는 이런 말이 있었다고 합니다. 인구 많은 단카이 세대가 지금의 청년들에게 하던 말입니다.

"너희들은 적게 태어났으니 정말 취업이 잘 될 거야!"

그러나 빈말이 되고 말았습니다. 제조업의 공동화뿐 아니라 일본의 제조업체 특히 전자업체의 몰락 때문입니다. 일본의 제조업은 1990년대 후반 판단 실수로 디스플레이에서 메모리반도체, 핸드폰 등 모든 가전과 첨단전자 업종에서 한국에 추월당했습니다. 이로 인해 가뜩이나 기업의 해외 이전과 자동화로 적어진 일자리는 더더욱 줄어들었습니다.

일본이 단카이 세대가 은퇴를 막 시작했을 때는 이런 전망이 우세

했습니다.

"새로운 소비의 주체가 뜬다!"

그래서 이들을 위한 소비 트렌드를 분석하는 등 난리를 피웠지만 헛된 짓이었습니다. 그들은 소비하지 않았습니다. 평균수명이 너무 늘어나는 바람에 은퇴 후 죽기까지 불확실성이 너무 커져버렸기 때문입니다. 마음껏 소비하다가는 조만간 모은 돈이 바닥나고 사회 빈곤층으로 전락하리라는 걱정이 그들의 소비를 줄였고, 이는 독이 되어 신도시의 몰락을 가속화합니다.

일본에는 '가이모노 난민'이라는 말이 있습니다. 두부 한 모를 사기 위해 5km 이상을 걷거나 버스를 기다리는 쇼핑 난민을 일컫는데, 무려 600만 명에서 800만 명에 이릅니다. 일본은 편의점의 천국입니다. 1인 가구의 증가로 가장 호황을 누린 산업이 편의점입니다. 일본의 신도시 편의점 점포수는 1982년 172만 개에서 2007년 114만 개로 줄었습니다.

〈일본 신도시의 소매점 점포 수〉

연도	1982년	2007년
점포 수	172만 개	114만 개

자료: 일본 경제 산업성

> 신조어 등장 "가이모노 난민"
> 두부 한 모를 사기 위해 5km 이상을 걷거나 버스를 기다리는 '쇼핑난민' 600~800만 명

청장년층이 도쿄로 이동하면서 편의점과 쇼핑센터뿐 아니라 학교, 유치원, 병원, 구청 등 생활에 필요한 전반 시설들이 엄청나게

줄었습니다. 이는 또다시 청년층의 이탈을 부르는 악순환으로 이어집니다. 대기업 취직이 힘든 수많은 청년들이 프리터족으로 살고 있는데, 그들이 일할 수 있는 편의점, 쇼핑센터, 음식점, PC방 같은 서비스 업소들이 현격히 감소하여 아르바이트도 할 수 없는 도시가 되고 말았기 때문입니다(*프리터족; 프리 아르바이터의 줄임말. 필요한 돈이 모일 때까지만 일하고 쉽게 일자리를 떠나는 사람들로, 일본에서 유행하는 집단. 일본 노동성은 이들을 아르바이트나 시간제로 돈을 버는 15~34세의 노동인구라고 정의한다). 이들 프리터족이 더 발전한 것이 사토리족입니다.

빈 공공건물 등의 영향은 다마신도시 주택가격 추가붕괴를 야기합니다. 공공건물은 대부분 나라에서 운영하는데, 특히 청장년층 감소 여파로 빈 학교가 곳곳에 남습니다. 일본정부는 여기에 노인요양보호시설을 넣습니다. 독거노인이 아파트나 주택에서 고독사하는 것보다는 이들을 학교를 개조한 노인요양보호시설로 옮겨 관리하는 것이 낫다는 판단에서입니다. 노인들이 요양보호사, 사회복지사 등이 있는 더 안전한 시설로 이동하면서 빈집이 더 늘어나게 됩니다.

그럼 사토리족은 어떻게 되었을까요?

도쿄에 모여 살게 됩니다. 우리나라의 고시원 같은 곳에서 살다가 최근에는 셰어하우스라는, 같은 집을 함께 쓰는 공간으로 이동합니다. 우리나라에서도 이러한 조짐이 서서히 보이고 있습니다.

첫째 : 제조업의 공동화

이미 많은 공장들이 해외로 나갔고 국내 공장은 자동화로 인건비를 줄여나가고 있습니다. 앞으로 이 현상은 더욱 심해질 것이고 청년층의 실업을 야기합니다. 제조업이 엄청나게 활황인 곳은 우리나라의 70년대와 비슷한 베트남 등의 저개발국뿐입니다. 앞으로 제조업에서 많은 사람들이 고용되는 일은 어렵습니다.

둘째 : 서울의 도심재개발

어쩔 수 없는 대세가 될 것입니다. 100층짜리 건물들이 들어서고 있으며 앞으로도 지어질 예정입니다. 제2롯데월드, 현대차의 삼성동사옥, 상암DMC, 용산개발 등의 일은 서울의 대규모 공급을 예고합니다. 일본의 롯폰기힐스(Roppongi Hills)나 오테마치(Ōtemachi)와 유사한 콤팩트시티를 개발해야 한다고 정부에서 논의되고 있는 실정입니다. 게다가 서울의 재개발, 재건축이라도 대규모로 일어난다면 앞으로 서울의 위성도시들은 급격히 위축될 수 있습니다.

셋째 : 우리나라 대표기업의 몰락

삼성, 현대, LG, 포스코 등 우리나라의 모든 대표기업이 중국기업에게 서서히 따라잡히고 있습니다.

세계시장 점유율 1위 품목…韓 8개, 日 9개, 中 6개

한국 기업이 세계 상품. 서비스 시장에서 점유율 1위를 차지한 품목은 8개로 나타났다.

니혼게이자이 신문이 5일 발표한 '2014년 세계 주요 상품 서비스 점유율 조사'에 따르면 미국은 50개 조상 대상 품목 가운데 16개 품목에서 1위를 차지했고 유럽이 10개였다.

일본은 한국보다 1개 품목이 많은 9개였고 중국은 6개 품목에서 선두를 차지했다.

조선 분야에서는 한국의 대우조선해양이 1위에 올랐다. 대우조선해양은 액화천연가스(LNG) 운송선과 컨테이너 화물선에서 강점을 갖고 있다. 이어 2위인 현대중공업을 포함해 상위 5개사 가운데 4개사가 한국 기업이었다.

스마트폰과 태블릿용 중소형 액정패널은 2013년 3위였던 한국의 LG디스플레이가 저팬디스플레이와 샤프 등 일본 기업들을 따돌리고 수위를 차지했다. LG디스플레이의 점유율 상승은 중국의 신흥 스마트폰 업체들에 대한 공급이 늘어난 덕분으로 보인다.

스마트폰에서는 한국의 삼성전자(24.5%)와 미국 애플(14.8%)의 2강이 차지하는 점유율이 떨어진 반면, 3위인 중국 레노버

그룹이 7.2%로 점유율을 2.7% 포인트 끌어올렸다. 4위인 중국의 화웨이(5.7%)의 점유율도 0.9% 상승했다.

LG디스플레이, 터치형 노트북용 LCD 양산

LG디스플레이, 터치형 노트북용 LCD 양산(서울=연합뉴스) LG디스플레이가 무게와 두께를 획기적으로 줄인 인셀(In-Cell) 터치형 노트북용 풀HD LCD 개발을 해 하반기부터 본격적인 제품 양산에 돌입한다고 6일 밝혔다.

리튬 이온 전지는 한국의 삼성SDI가 1위를 유지했지만 점유율은 떨어졌다. 2위인 일본의 파나소닉이 미국 테슬라 모터스에 대한 리튬이온 전지 출하를 확대하면서 삼성SDI를 바짝 추격하고 있다.

검색 서비스는 미국 구글이 43.8%로 선두를 유지했지만 2013년보다 15.8% 포인트 떨어졌다. 2위인 중국의 바이두는 14.1% 포인트가 높은 25.8%로 구글을 빠른 속도로 추격하고 있다.

일본 기업 가운데서는 도레이(탄소섬유), 소니(이미지 센서), 파나크(산업용 로봇), 도요타(자동차), 니치아화학(백색LED), 소니(게임기기), 캐논(디지털 카메라), 캐논(렌즈 교환식 카메라) 등이 점유율 1위로 조사됐다.

니혼게이자이 신문이 조사한 50개 품목은 다음과 같다.

△ 자동차 △ 조강 △ 컴퓨터 △ 반도체 제조장치 △ 풍력 발전기 △ 조선 △ M & A 자문 △ 서버 △ HDD △ NAND 플래시 메모리 △ D램 △ 중소형 액정 패널 △ 스마트 폰 △ 스마트폰용 OS △ 태블릿 △ 저장장치 △ 라우터 △ 잉크젯 프린터 △ 복사기·복합기 △ 검색 서비스 △ 보안 소프트 △ 의약품 △ 음악 소프트 전송 △ 평면 TV △ 대형 액정 패널 △ 화장품 △ 백색 LED △ 리튬 이온 전지 △ CMOS 이미지 센서 △ 마이컴 △ 베어링 △ 탄소 섬유 △ 냉장고 △ 세탁기 △ 디지털 카메라 △ 감시 카메라 △ 게임기 △ 의류 △ 산업용 로봇 △ 태양 전지 △ 초음파 진단 장치 △ CT △ MRI △ 맥주 △ 탄산 음료 △ 담배 △ 원유 수송량 △ 렌즈 교환식 카메라 △ 신용 카드 △ 기저귀

(연합뉴스 2015년 7월 6일자)

이 기사는 '세계시장 점유율 1위 품목…韓 8개, 日 9개, 中 6개'라고 뽑고 있습니다. 그러나 간과한 게 하나 있습니다. 우리나라가 1위인 품목의 2, 3위는 중국이라는 사실입니다. 한국과 중국의 전체적인 기술격차는 1년에 불과합니다. 기술격차 1년이 의미 있을까요?

대한민국 부동산의 미래

이러다 일본이 우리나라에게 추월당하고 더 혹독하게 암흑기를 겪었던 것처럼 우리나라도 결코 안심할 수 없습니다.

넷째 : 삼포세대의 등장

이러한 종합선물세트가 삼포세대입니다. 이들은 일본의 사토리세대보다는 덜하지만 결혼과 취업, 연애를 포기하면서 그들의 전철을 밟아가고 있습니다. 그들에게 해줄 수 있는 일은 없습니다. 임금피크제가 대안처럼 대두되고 있지만 기만으로 드러날 것이 뻔합니다.

이미 우리나라의 기업은 정년까지 다닐 수도 없을뿐더러 정년까지 다닌다 해도 극히 일부에 불과하니 그들의 연봉을 깎아서 청년들의 임금으로 쓴다는 것은 말이 안 됩니다. 게다가 이것이 대기업의 공장노조를 겨냥했다면 대기업에 다니는 사람은 대한민국의 국민 중 1/100에 불과하고 그중에서도 임금피크제에 해당하는 사람은 드물지요. 백번 양보해서 그렇게 된다고 해도 급변하는 세계정세에서 기업이 경영상의 이유로 임금피크제를 하지 않는다면 강제할 수 없습니다. 청년실업이 심각하고 한국이 위태롭다는 말을 앵무새처럼 되풀이하려는 의도가 아닙니다. 최악의 경우 우리나라가 일본처럼 될 수 있다는 뜻이고 그에 대한 대비가 필요하다는 것입니다.

그나마 좋은 대비 방법은 부동산이라고 볼 수 있습니다. 서울은 부동산 임대에 있어서 최후의 보루가 될 수 있고, 넓게 봐도 1기 신도시 정도에 국한하며, 그래도 청년들은 서울에 모인다는 말이 됩니다.

위기는 곧 기회입니다.

최악의 시나리오 3
─2018년 인구절벽이 올까?

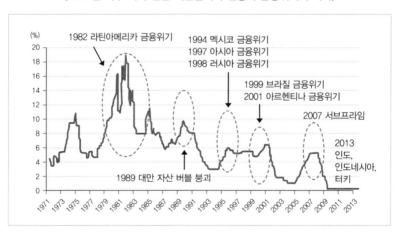

〈1971년 이후 미국 연준 기준금리와 신흥국 금융위기의 역사〉

자료: 블룸버그, 중국경제금융연구소

미국의 기준금리 인상은 항상 신흥국의 자본유출과 그로 인한 외환위기를 초래했습니다. 2008년의 기준금리 상승은 서브프라임 모기지 사건으로 인하여 최초로 미국으로부터 촉발된 위기입니다. 그외의 기준금리 인상은 달러와 기초체력이 부족한 신흥국이 항상 당하는 시나리오로 연결되었습니다.

그럼 미국이 기준금리를 올리면 세계 모든 나라의 기준금리가 상승할까요? 그렇지 않습니다. 아래는 일본의 기준금리입니다.

〈일본 금리 추이〉

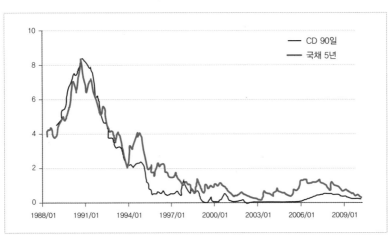

일본은 미국의 기준금리와 전혀 관계없이 움직이며 유럽중앙은행(ECB)도 최근 미국 기준금리 인상과 관계없이 금리를 올리지 않고 오히려 양적완화를 통해 경기를 살리려 합니다.

미국과 관계없이 양적완화정책을 유지하고, 기준금리를 낮추는

대한민국 부동산의 미래

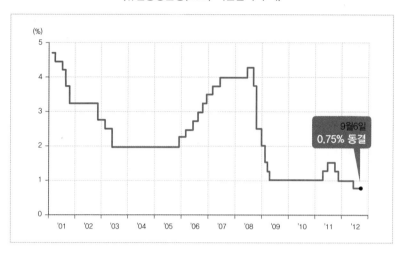

〈유럽중앙은행(ECB) 기준금리 추이〉

9월6일
0.75% 동결

나라들의 특징은 무엇일까요? 실업률이 높고 인구 노령화가 진행되고 있으며 상대적으로 탄탄한 외환보유고를 가지고 있습니다. 그중에서도 가장 핵심은 잠재성장률의 하락입니다.

잠재성장률이 하락하는 원인은 무엇일까요? 인구 노령화로 인해 소비가 감소하여 내수소비가 살아나지 않거나 인건비 상승과 생산성 하락으로 외국으로 제조업이 유출되기 때문입니다. 즉 내부에서는 소비하지 않고 제조업은 인건비가 싼 외국으로 빠져나가 일자리가 창출되지 않고 그로 인한 세수의 부족이 이어집니다.

미국의 덴트연구소는 2018년 인구 절벽이 도래한다는 예측을 내놓았습니다. 47-48세가 가장 많이 소비하고 그 이후에는 줄어든다

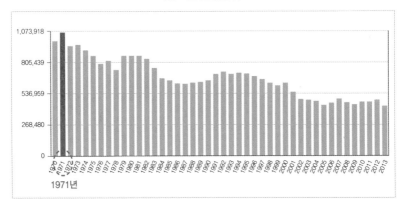

〈연도별 출생인구〉

출처: 통계청

는 논지입니다. 우리나라의 경우 1971년생이 102만 명으로 가장 많이 태어났습니다. 그들이 48세가 되는 시기가 바로 2018년입니다. 그래서 2018년 이후 장기불황으로 간다는 예측이 나옵니다.

장기불황에 대한 객관적인 자료는 잠재성장률입니다. 성장이 안되면 불황이 오니까요. 연구기관은 우리나라의 잠재성장률을 어떻게 보고 있을까요?

〈잠재성장률〉

구분	2011~2020	2021~2030	2031~2040	2041~2050
KDI	3.6	2.7	1.9	1.4
국회예산정책처	3.5	2.7	2.1	1.7
OECD	4.1	3.1	1.2	0.3

대한민국 부동산의 미래

앞의 표에 따르면 우리나라의 잠재성장률은 조만간 1%대로 진입할 것입니다.

〈한국과 일본 비교, 1990년 이후 물가상승률, 정기예금금리, 경제성장률〉

구분	물가상승률		경제성장률		정기예금금리	
	한국	일본	한국	일본	한국	일본
1990	3.5	2.6	9.2	5.6	17	4.1
1995	2.6	0.7	8.9	1.9	12.4	0.9
2000	1.6	−0.4	8.9	2.3	5.2	0.1
2010	2.9	−1.2	6.5	4.1	2.2	0.5
2014	1.4	1.8	3.3	0.4	2.3	0.5

자료: 한국은행

위의 표는 우리나라와 일본의 물가상승률, 경제성장률, 정기예금금리를 비교한 한국은행자료입니다. 일본과 우리나라를 비교하기에는 우리나라가 아직 성장률 자체가 높지만 물가나 경제성장률이 떨어지는 가속도를 보면 조만간 일본과 동조화될 것입니다. 즉 물가는 안정되고 경제성장률은 바닥을 횡보할 것이며, 정기예금금리는 0%대도 머지않았습니다.

일본의 정부와 중앙은행은 2%대의 물가상승을 달성하겠다고 난리입니다. 소위 각국의 중앙은행은 '인플레 파이터'라는 별명이 붙을 만큼 물가를 잡는 것으로 존재 이유를 드러내는데, 오히려 일본 중앙은행은 물가를 상승시키겠다고 합니다.

이처럼 장기불황이 오면 부동산은 어떻게 될까요? 둘 중 하나겠지요. 떨어지거나 오르거나. 그러나 항상 최악의 경우, 즉 떨어지는 상황을 염두에 두어야 합니다. 그래서 부동산은 차별화하여 사야 합니다. 떨어지지 않는 곳을 찾아서 말이죠.

〈도쿄권 노선 거리별 역 주변 주택지 평균공시지가 변화율(98~2006)〉

거리/노선	도심부	남부	서부	북부	동부
5km미만	+8.7				
5km~10km	−4.6	−12.2	−8.4	−21.9	−26.4
10km~15km		−10.3	−14.1	−21.8	−28.3
15km~20km		−26.5	−13.7	−22.2	−32.1
20km~25km		−23.9	−21.6	−21.6	−34.6
25km~30km		−24.9	−23.9	−23.9	−37.8
30km~35km		−39.2	−32.0	−32.0	−44.9
35km~40km			−42.0	−42.0	−53.2
40km~45km			−46.3	−46.3	−57.6
45km~50km			−48.3	−48.3	−46.4
50km~55km			−59.6	−59.6	−47.9
55km~60km					−55.1

대한민국 부동산의 미래

일본의 부동산은 떨어졌습니다. 앞의 도표를 보면, 도쿄 도심에서 멀어질수록 더 심하게 떨어집니다. 진한 바탕 부분이 도쿄 중심에서 30km 떨어진 지점, 바로 다마신도시의 시작점입니다. 신도시들은 죄다 떨어졌습니다. 다마신도시가 가장 도쿄에서 가깝습니다. 우리나라로 보면 강남에서 동탄, 시청에서 광교 정도 거리입니다.

그러나 오른 곳이 한 군데 있지요. 도쿄의 중심부입니다. 서울로 보면 한강 정도로 한정될 것입니다. 당장은 아니겠지만 앞으로 이런 현상은 점점 더 심해질 것입니다.

물론 반대의 경우도 있습니다. 런던, 프랑스, 미국, 캐나다가 그렇습니다. 이들의 특징은 2차 대전 승전국입니다. 떨어지거나 보합을 유지하는 나라는 이탈리아, 독일, 일본입니다. 2차 대전 패전국

〈세계의 주요도시 집값〉

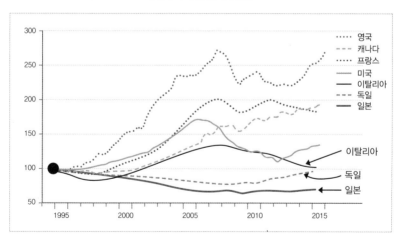

입니다. 승전국들이 오른 이유는 무엇일까요? 외국인들이 부동산을 많이 샀기 때문입니다. 중국, 러시아, 아랍 등이 런던의 부동산을 사는 바람에 올랐습니다. 미국과 캐나다도 마찬가지입니다.

독일의 경우는 좀 특이하게도 떨어졌다가 다시 오르고 있습니다. 왜 그럴까요? 독일은 경제안정과 더불어 이민정책을 쓰고 있습니다. 시리아 난민도 제일 많이 받고 있지요. 반면 민족주의를 주창했던 이탈리아, 일본은 이민정책을 철저히 배제했고 그 결과 부동산 가격은 바닥을 치고 말았습니다.

우리나라는 이들 중 어디에 가까울까요? 외국인이 부동산을 매력적으로 보고 사들이는 나라일까요? 정부에서 이민정책을 적극적으로 추구하는 나라일까요? 우리나라는 일본과 동조화될 가능성이 큽니다. 이민은 받아들이지 않을 가능성이 크고, 외국인도 적극적으로 우리나라의 부동산을 사들이지 않을 가능성이 크지요. 중국과 통일 등의 변수가 있지만, 현재로는 일본처럼 될 가능성이 커 보입니다. 그러니 부동산을 사더라도 차별화해야 합니다. 다만 통일이 되거나 중국인을 비롯한 외국인들의 매수가 이어지면 우리나라 부동산 가격 상승에 청신호가 켜진다고 볼 수 있습니다. 이에 대해서는 '최상의 시나리오' 편에서 자세하게 살펴봅시다.

최악의 시나리오 4
-일본과 유럽의 집값은 왜 천양지차가 되었나?

일본의 부동산은 폭락했는데 런던을 비롯한 서구는 왜 부동산 가격이 폭락하지 않았을까? 같은 베이비붐 세대를 겪었고 동일하게 노령화가 진행되었는데 왜 서구는 떨어지지 않았고 일본만 급락했을까요? 서구 선진국은 주택이 남아돌자 더 이상 짓지 않았기 때문입니다. 반면 일본은 주택 건설을 멈추지 않고 계속 지었지요. 일본은 1990년대 이후 계속된 장기불황으로 경기가 얼어붙었습니다. 디플레이션이 진행되어 돈이 돌지 않았습니다. 그래서 일본 정부는 케인즈의 방식을 따랐습니다. 대공황 시절의 미국처럼 사회간접자본을 확충하는 것이었습니다. 건설은 외부로 돈이 나가는 사업이 아니니 국내경기를 살릴 수 있습니다. 미국은 댐을 지었지만 일본은 주택과

도로를 지었습니다.

여기서 문제가 발생한 것입니다. 사람이 살지 않는 산꼭대기에도 도로를 놓았고 빈집이 늘어나는데도 매년 수십 만 채씩 지었습니다. 그 결과 신도시에도, 도쿄 도심에도 집들이 남아돌게 되었습니다. 결국 베드타운인 신도시는 노인들의 도시로 전락하고 직장이 있는 도쿄는 집값이 보합이거나 오히려 뛰었습니다. 결론적으로 도쿄 외의 도시는 모두 절멸했습니다.

반면 유럽은 강력한 주택보급 억제책을 시행하고 있습니다. 영국과 독일 등의 일부 지방정부는 빈집 문제를 해결하기 위해 빈 땅에 주택 신축을 제한하는 등의 강력한 정책을 시행합니다. 일본처럼 주택을 마구 공급하지 못하게 막은 것이지요. 물론 런던이나 파리는 문화유산이 대부분이라 재건축이 어려운 측면도 있습니다. 맨해튼, 뉴욕은 빈 땅이 거의 없으며 땅값도 엄청나게 비쌉니다. 그래서 일본처럼 엄청난 주택공급이 불가능합니다. 각기 다른 정부 정책에 따라 일본은 신도시 멸망과 도쿄 도심의 명맥 유지, 런던을 비롯한 유럽 도시들은 집값 폭등 현상이 일어났습니다.

일본, 빈집 800만 채 넘지만 도쿄 집값 떨어지지 않아

매년 70만 가구 이상 신축

'빈집 100만 가구 시대'에 대응하기 위해선 정부가 주택 정책

의 체계를 재정비해 옛 도심 재생에 재원과 역량을 집중해야 한다고 전문가들은 조언하고 있다. 국토교통부나 지방자치단체에서 주택 건설 공급, 신도시·택지 개발, 도시재생·주택 정비 등이 각자 조직으로 나뉘어 따로 돌아가고 있어 종합적인 상황 대처가 어렵다는 지적이다.

조주현 건국대 부동산학과 교수는 "도심과 외곽의 주택 수요와 공급의 불일치로 인한 비효율을 완화하기 위해선 옛 도심 재생이 시급하다"며 "신도시·택지개발 부서 등에선 별도의 논리와 목표에 따라 도심 외곽에서 신규 택지 조성에 힘쓰는 등 조직이 각자 움직이고 있다"고 꼬집었다.

전문가들은 다만 정부가 빈집 증가를 막기 위해 신규 주택 공급을 전반적으로 위축시켜선 안 된다고 강조하고 있다. 영국과 독일 등의 일부 지방정부는 빈집 문제를 해결하기 위해 빈 땅에 주택 신축을 제한하는 등의 강력한 정책을 시행하고 있다. 김찬호 주택산업연구원 선임연구원은 "도심에서 빈집으로 버려지는 주택은 대부분 최소한 주거기준에도 못 미치는 열악한 수준"이라며 "삶의 질을 위해서라도 도심에서 양질의 주택 공급은 지속돼야 한다"고 말했다. 그는 또 "빈집이 800만가구가 넘는 일본에서도 매년 70만~90만가구의 신규 주택이 새로 지어지고 있다"고 설명했다.

전문가들은 빈집 증가세를 '주택시장 비관론'으로 이해하는 것도 경계해야 한다고 입을 모았다. 김승배 피데스개발 사장은 "서울로 출퇴근하는 경기도 거주자, 신혼부부 등 서울에서 아파트를 원하는 수요는 많지만 공급은 모자라 매년 2만 가구 정도의 수급 불균형이 나타나고 있다"고 말했다.

(한국경제신문 2016년 1월 27일자)

왜 일본은 사람이 살지 않는 곳까지 건설을 강행했을까요? 내수경기의 회복을 꾀했기 때문입니다. 제조업은 정부가 지원해도 국내에 공장을 짓지 않습니다. 인건비가 너무 높기 때문입니다. 디자인이나 연구개발만 국내에서 진행하고, 정착 신규공장 건설은 인건비가 싼 제3국으로 방향을 선회합니다. 그러니 제조업 지원으로 국내 일자리가 늘어날 리 없습니다. 서비스업, 금융업, 스타트업도 크게 다르지 않아서 일자리 창출 효과가 너무 미미합니다. 그러나 건설업은 일자리 창출이 큽니다. 지자체가 경기활성화를 목표로 했을 때 가장 큰 효과를 발휘하는 것이 건설업입니다. 투자금도 해외로 빠져나가지 않고 오롯이 국내에 머물고요. 그래서 정부도 기업도 민간도 모두 건설을 원합니다.

그러나 이러한 대규모 주택건설의 결과는 인구의 정점을 찍고 노령화로 향하는 나라에서는 치명적입니다. 일본을 따라가는 우리나라는 어떻습니까? 2015년 부동산 경기가 살아나는가 싶더니 엄청난 주택공급이 있었습니다. 죄다 신도시의 빈 땅을 이용한 공급이었습니다. 동탄2는 벌써 사업을 포기하는 곳이 생겨났습니다. 내수경기를 살리려면 건설밖에 없다고 생각하는 듯 케인즈식, 일본식으로 대량공급을 진행합니다. 경기 살리는 양적완화는 꿈도 꿀 수 없으며 민간 건설사의 주택공급을 막을 길도 없습니다.

이처럼 우리나라는 일본을 쫓아가고 있습니다. 2016년 2월 수도권 규제정책의 일환으로 대출규제가 시작되었습니다. 그 여파로 주택건설사 몇 개가 부도나고, 대출이 막힌 사람들의 물건이 경매로 나오며, 부동산 빙하기가 와서 도저히 공급이 불가하다면 그나마 부동산에 미래가 있을 것입니다. 하지만 그런 일이 일어날까요? 내수를 살리려면 댐이나 다리, 항만, 산단 등 사회간접자본을 건설하고 주택은 짓지 못하도록 강력히 규제해야 합니다. 또한 외국인이 주택을 살 수 있도록 규제를 풀어야 합니다. 특히 중국인이 사면 영주권을 주는 제도를 활용할 만합니다. 유럽이나 호주처럼 말입니다.

하지만 그런 일이 일어날 확률은 거의 없습니다. 건설사들은 수도권, 지방을 가리지 않고 계속 주택을 공급할 것입니다. 이를 지속하면 결국 일본처럼 신도시는 몰락할 것입니다.

최악의 시나리오 5
−세계경기의 위험, 월가의 음모론과 우리나라의 부동산경기 전망에 관하여

〈1971년 이후 미국 연준 기준금리와 신흥국 금융위기의 역사〉

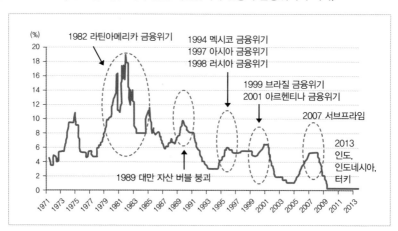

자료: 블룸버그, 중국경제금융연구소

왼쪽 도표는 미 연준의 금리와 신흥국의 위기에 대한 결과를 그래프로 나타냅니다. 인구가 감소하면 부동산 가격이 떨어지고 인구가 증가하면 부동산 가격이 올라간다고 가정하고, 인구 감소를 부동산의 큰 위기로 보고 있습니다. 그러나 사실 가장 큰 위기는 세계경기의 위기죠.

도표를 자세히 보면 우리나라의 위기가 미연준의 금리인상 시기와 절묘하게 맞닿아 있음을 알 수 있습니다. 한편에서는 위기가 오니 FRB(미연방준비제도이사회;미국의 중앙은행)가 어쩔 수 없이 금리를 올렸다고 생각할 수 있습니다. 그러나 금리가 오르니 위기가 온다고 보는 것이 맞습니다.

음모론의 관점에서 보면 신흥국의 위기는 월가의 농간이며 월가는 주기적으로 신흥국의 국부(國富)를 강탈합니다. 플라자 합의 이후 일본이 그랬으며, 1980년대 후반 소련이 붕괴했고, 1989년 대만의 자산버블이 그랬고, 1990년대 후반 아시아 외환위기가 그랬다고 말이지요.

1971년 브레턴우즈 체제에서 유지되던 금환본위제의 폐지 이후 미국의 달러는 금과의 태환에서 벗어납니다. 브레턴우즈 체제의 핵심은 달러와 금과의 연동입니다. 즉 미국의 FRB가 금을 보유한 만큼 달러를 찍어낸다는 체제입니다. 달러를 아무리 많이 찍어내려 해도 자국이 보유한 황금 이상의 달러를 찍을 수 없습니다. 그로 인해 달러의 가치가 떨어지지 않는 장점이 발생합니다. 달러를 무한정 찍어내면 독일의 바이마르 공화국 화폐처럼 하이퍼인플레이션의 위기에 봉착할 수 있습니다. 바이마르 공화국 마르크화의 하이퍼인플레이션이 얼마나 심했냐면, 벽지를 사느니 돈으로 벽지를 바르는 편이 나을 정도였다고 합니다. 화폐는 교환 가치가 있어야 안정성이 확보됩니다. 만약 교환 가치를 무시하고 무한정 화폐를 무한정 찍어내면 바이마르 공화국의 마르크화처럼 됩니다.

화폐의 생명은 신용입니다. 처음 화폐의 시작은 중세 시대 전당포와 고리대금업을 하던 유대인의 금 보관증에서 비롯되었다고 합니다. 전당포에 A란 사람이 금을 맡기면 유대인은 금 보관증을 써주었고, 무거운 금을 위험하게 가지고 다닐 필요 없이 금 보관증만 가지고 다니면 되니 편리했습니다. 그러다가 금 보관증을 주고받으면서 재산의 교환이 이루어졌고 사람들은 그 편리함을 알게 되었습니다. 금을 보관하고 있던 전당포 주인도 맡긴 사람들이 일시에 금을 전부 찾아가지 않는다는 것을 알게 되자, 자신이 맡고 있던 금을 빌려주면서 고리대금업을 시작합니다. 그 전에는 전당포 주인이 금을 맡으면서 보관료를 받았지만, 전당포 간의 경쟁이 심해지자 오히려 자신에게 금을 맡기는 사람에게 이자를 주는 체제로 변합니다. 은행과 대부업의 시초입니다.

그러면 금을 맡긴 손님이 자신의 금을 찾아갈 확률은 어느 정도였을까요? 당시 10% 미만이었다고 합니다. 즉 손님이 맡긴 총량의 황금 중 10% 정도만 돌려줄 준비를 하고 나머지 90%는 고리대금업으로 사용할 수 있다는 의미입니다. 현재의 은행지급준비율이 10% 내외인 것도 이런 이유입니다. 이런 연유에서 금 보관증이 화폐의 시초라고 할 수 있습니다.

이처럼 화폐는 종잇조각에 불과하고 화폐 뒤에 황금이라는 실물이 있어야 신용이 담보됩니다. 그래야만 비로소 화폐의 기능을 할 수 있습니다. 이것이 금본위제의 기본 이해입니다. 그런데 미국은 어떻게 금환본위제인 브레턴우즈 체제를 종식시키고 무한정 달러를 찍어내게 되었을까요? 그 이유는 미국의 달러가 기축통화(나라 간 결제나 금융거래의 기본이 되는 통화)이기 때문입니다. 미국은 이렇게 달러를 찍어내어 무엇을 결제했을까요? 석유입니다. 1970년대 초반 미국과 사우디아라비아는 비밀협약을 맺습니다. 미국은 사우디 왕가의 존속을 보장하고 사우디는 석유의 결제를 달러로만 할 것을 결의합니다.

사우디의 거의 모든 유전 지대는 수니파인 사우디 왕가 쪽이 아닌 시아파 장악지역입니다. 시아파는 사우디와 앙숙인 이란인들입니다. 이러한 사실을 안 미국이 바레인에 군함을 주둔시키며 군사적으로 유전 지대 보호와 그들의 소유권을 인정합니다. 물론 미국도 이를 통해 안정적인 석유 수급권을 얻습니다. 최근 이란의 경제제재가 풀리고 미국이 군사적 개입을 중단하면서 이 지역의 긴장감이 고조되고 있습니다.

미국과 사우디아라비아의 협약으로 인해, 모든 국가들은 없어서는 안 되는 연료인 석유를 사려면 미국 달러를 보유하고 있어야만 합니다. 달러가 없으면 온 나라가 블랙아웃(정전)이 되는 상황에 놓인 것입니다. 그래서 미국은 달러를 아무리 많이 찍어내도 하이퍼인플레이션에 빠지지 않는 '신의 한 수'를 소유하게 되었습니다. 향후 달러는 석유뿐 아니라 모든 물품의 국제거래에서 통용됩니다. 이것이 달러의 기축통화화입니다. 달러 없이는 아무 물품도 살 수 없는 것이 전 세계의 달러화 블록 편입입니다.

그 당시 공산권은 소련의 루블화 블록에 속해 있었습니다. 하지만 공산권이 무너진 지금 전 세계는 달러블록에 속해 있다고 볼 수 있습니다. 그러니 이때부터 달러는 미국이 보유하고 있는 금이 담보가 되는 것이 아니라 오히려 달러, 정확히 말하면 미국의 국채가 담보물이 됩니다.

브레턴우즈 체제 이전에는 물품을 미국에 수출한 신흥국이 미국 달러를 미국에 주면 달러만큼의 금을 교환해 주는 방식이었다면, 이제는 신흥국이 물품을 미국에 가져다주면 미국은 윤전기를 돌려서 찍은 달러를 줍니다. 미국에 가장 많은 수출을 하는 나라가 중국이니 미국 국채를 제일 많이 들고 있는 나라도 중국이지요. 사실상 달러는 주식과 같아서 상장 폐지가 되면 주식이 휴지조각이 되듯이 미국이 디폴트 선언을 하면 달러는 휴지조각이 됩니다. 물론 그럴 가능성은 거의 없지요.

이제 미국이 어떻게 신흥국을 강탈했는지 예를 통해 살펴봅시다.

신흥국이 미국에 자동차를 수출합니다. 물론 돈은 달러로 받습니다. 수출로 인해 달러가 들어오니 신흥국의 무역수지가 흑자로 돌아서고 미국은 반대로 적자입니다. 계속된 수출호조로 신흥국의 경기가 살아납니다. 몇 년간 이런 일이 지속되면 미국의 무역적자 폭이 커집니다.

미국은 무역적자여야 정상입니다. 그래야 달러가 풀리고 그 돈으로 다른 나라들이 거래를 할 수 있습니다. 만약 미국이 계속 흑자라면 다른 나라로 돈이 나가지 못하니 달러가 순환할 수 없습니다. 달러가 없어서 결제를 못하니 기축통화로써의 가치가 없어지고 세계는 돈이 돌지 않아 불황에 빠집니다. 그래서 미국은 무역적자를 이유로 신흥국에 금융시장개방과 신흥국의 고환율을 요구합니다. 일본은 플라자 합의 이후 금융시장 개방과 달러 대 엔화의 비율을 두 배로 올립니다. 이러면 두 가지 일이 동시에 발생합니다.

첫째는 국제투기세력인 핫머니[국제금융시장을 이동하는 단기성 자금(Hot Money)]가 들어옵니다.

둘째는 달러가 많이 들어오니 자국 돈의 가치가 오릅니다. 신흥국에는 인플레이션이 일어납니다. 그래서 일본의 부동산 버블이 발생한 것입니다. 1980년대 후반에는 도쿄의 땅을 팔아 미국 전체 땅을 살 수 있다는 말까지 나왔습니다. 엔화 자금이 미국의 주요 건물과 영화사를 비롯한 회사들을 집어 삼킵니다. 일본의 자산 버블이 극에 달해 있을 때였습니다.

FRB는 기회를 보다가 때가 되면 자국의 경기호조를 근거로 금리를 급작스럽게 올리기 시작합니다. 한 번 올리면 여유를 두고 올리는 것이 아니라 분기마다 급격하게 올립니다. 금리가 오르면 핫머니가 일시에 신흥국에서 빠져나가 미국으로 돌아갑니다. 이때 신흥국이 같이 금리를 올리더라도 소용없습니다. 미국의 금리인상보다는 미국 통화의 강세 때문입니다. 금리는 올려봐야 5% 남짓이지만 신흥국 통화는 10%, 20% 급격하게 떨어집니다. 그러니 신흥국에 핫머니가 남아 있을 이유가 사라집니다.

그와 동시에 신흥국은 달러 부족으로 신용등급이 하락하고 신용등급 하락을 이유로 단기자금의 만기가 도래했을 때 일시에 상환하라는 압박을 받습니다. 결국 신흥국은 경제위기에 빠집니다. 신흥국이 여기서 환율을 방어한답시고 핫머니가 빠져나갈 때 외환보유고를 푼다면 사태는 더욱 심각해집니다. 1997년 우리나라가 그랬습니다. 달러당 800원을 방어해야 2만 불 간다면서 외환보유고를 전부 바닥나도록 사용했지요.

결국 신흥국의 외환보유고를 손바닥 꿰뚫듯 보고 있던 헤지펀드 (Hedge Fund; 단기이익을 목적으로 국제시장에 투자하는 개인모집 투자신탁)와 월가의 큰손들은 도저히 빠져나올 수 없을 정도의 자금을 담갔다가 일시에 빼는 수법으로 신흥국을 디폴트[채무불이행(Non Payment) : 민간 기업이 공채나 사채, 은행 융자 등을 받았는데 이자나 원리금을 계약대로 상환할 수 없는 상황, 또는 정부가 외국에서 빌려온 차관을 정해진 기간 안에 갚지 못하는 경우]

에 빠뜨립니다. 그러면 이때 IMF(국제통화기금)가 구원투수처럼 개입하여 외화를 빌려주는 대신 가혹하리만큼 혹독한 조건을 내걸어 국유재산 민영화 요구 및 국부, 민간기업의 구조조정을 요구합니다.

신흥국은 그들의 요구를 들어주지 않을 수 없습니다. 기축통화(달러)가 없기 때문에 석유를 사올 수 없어 온 나라는 블랙아웃 상태에 빠지며, 모든 기업과 가구들은 아무것도 할 수 없는 올스톱 상태가 되기 때문입니다. 그러니 할 수 없이 IMF가 요구하는 것을 모두 수락해야 하고, 월가의 탐욕스러운 헤지펀드들은 신흥국 국유기업(통신, 철도, 석유, 항만, 공항 등)들이 민영화된 상태에서 헐값에 사들입니다.

어차피 신흥국 내부에는 이미 달러가 없기 때문에 좋은 물건이 헐값에 나와도 살 수가 없습니다. 게다가 민간기업 중 알짜기업(은행, 대기업 등)과 각종 부동산(오피스 빌딩 등)까지 집어 삼킵니다. 신흥국이 수십 년 동안 미국에 수출하면서 벌어들인 국부가 순식간에 미국으로 이동하는 순간입니다.

미국은 윤전기로 달러를 무한정 찍어내서 소비하고 이러한 양털깎이 수법을 통해서 신흥국의 부를 빨아들이는 수법을 사용하여 다시 흑자로 돌아섭니다. 적자가 된 신흥국은 그후 통화약세로 수출경쟁력이 생기며 수출 재개로 이어집니다. 이러한 패턴은 1971년 브레턴우즈 체제 이후 몇 년에 한 번 꼴로 반복됩니다.

우리는 1997년 IMF 위기를 겪었고, 2008년에는 미국 서브프라임 모기지 사태의 영향을 받았습니다. 1987년에는 경제 기초 여건이 약한 우리나라의 아파트값이 먼저 폭락했고, 1989년은 대만의 자산버블 폭락과 일본의 잃어버린 20년의 전조가 있었던 해이기도 합니다.

이러한 국제정세를 모른 채 국내 부동산만 쳐다본다면 10년 주기설과 같은 근거 없는 차트에 현혹될 수 있습니다. 저금리가 지속된다는 것은 자산의 버블이 만들어진다는 것이고 자산의 버블이 만들어지면 언젠가는 그 버블이 터질 수밖에 없습니다.

나라는 외환보유고를 비축해서 핫머니에 대비해야 하며 자산시장을 철저히 분석해서 핫머니들이 발붙일 수 없도록 그들을 감시하고 설사 그들이 활동하더라도 조기에 차단할 수 있어야 합니다.

개인은 부채를 줄이는 것이 외부충격에서 벗어날 수 있는 유일한 길이지만 레버리지를 이용하지 않고는 가난한 자가 부자가 될 수 없습니다. 그러니 최대한 오르면 팔고 떨어지면 사는 패턴을 반복하여 자산을 우량화하고 대출 비율을 줄이려고 노력해야 합니다.

최상의 시나리오 1
−외국인(중국인)의 국내 부동산 매입 허용,
폭등의 촉발제가 될 것인가?

먼저 기사 한 토막을 봅시다. 중국인들이 우리나라의 부동산을 사고 있다는 내용입니다.

제주 이어 서울 부동산 쇼핑 나선 중국 큰손들

서울 영등포구 지하철 대림역 12번 출구를 나서면 특이한 점이 눈에 들어온다. 20년은 족히 돼 보이는 허름한 3층짜리 건물들이 출구에서부터 100여m 정도 이어지는데 유독 건물 외벽에 한자로 적힌 붉은색 간판이 즐비하다.

중국 대도시의 골목길과 크게 다르지 않은 모습이다. 양꼬치

집 사장인 재중동포 이모(60)씨는 "건물주들이 중국인으로 바뀐 뒤 생긴 현상"이라고 했다. 이 지역에선 건물을 팔고 타지로 나가는 한국인이 늘고, 덩달아 부를 축적한 중국인의 수요가 많아졌다는 것이다. 인근 부동산중개업소 사장은 "최근 들어 중국인들의 주택·상가 매입 건수가 증가해 부동산 가격이 폭등하다 보니 오히려 돈 없는 재중동포들이 월세 인상에 울상을 짓고 있다"며 "2,3년 전까지 7,000만 원이던 대림역 인근 상가의 권리금이 1억 원까지 치솟았다"고 말했다.

우리나라 땅을 매입하는 중국인들의 '부동산 쇼핑'이 제주도를 넘어 수도 서울로 번지고 있다. 이들이 사들인 토지는 최근 4년 새 5배 이상 급증했고, 단순한 주거목적을 넘어 투자나 중국인 관광객 유치사업을 위해 서울 부동산을 대거 사들이고 있다. 아직까지 서울의 집값을 흔들 수준은 아니지만 이들의 서울 부동산 공습이 확대되면 임대료 상승 등 부동산 시장의 혼란을 야기할 수 있다는 우려도 나온다.

25일 서울시가 공개한 외국인토지취득 신고내역 자료를 분석한 결과, 외국인이 서울의 토지를 사들인 면적은 2010년 17만1,890㎡에서 2014년 25만6,163㎡로 늘었다. 국가별로는 미국 국적자들의 취득 면적이 13만597㎡(2014년 기준)로 단연 넓다. 그러나 증가세를 보면 얘기가 달라진다. 미국인은 취득 면적이

2010년(12만2,280㎡)과 비교해 소폭 증가한 반면, 중국인은 3,942 ㎡에서 2만379㎡로 5배 이상 폭증했다. 중국인들은 올해 들어서도 6월까지 이미 1만775㎡의 토지 취득을 신고해, 이런 추세라면 지난해 수치를 뛰어 넘을 것으로 예상된다.

특히 중국인 밀집지역을 중심으로 토지거래가 활발한 점이 눈에 띈다. 서울의 '차이나타운'으로 불리는 영등포·구로구는 지난해 중국인이 매수한 토지 면적이 각각 1,818㎡와 2,829㎡로 서울 자치구 중 가장 많았다. 공인중개사 김모(49)씨는 "영주권 혜택이 있는 제주도의 투자 열기가 주춤하고, 강남 고급아파트나 중국인이 처음에 많이 정착했던 마포구 연남동의 땅값이 오르자 중국 자본이 자국 상권이 형성된 이곳으로 눈길을 돌렸다"고 말했다. 대림2동의 재중동포 비중은 전체 주민의 60%를 넘는다. 여기에 올해 초 서울시가 이 지역을 인천에 이은 '제2의 차이나타운'으로 조성한다는 소문이 돌았던 점도 중국인들의 토지 매입을 부추겼다는 설명이다.

중국 자본이 한 발 더 나아가 관광지 주변 땅을 매입해 아예 관광업을 주도하려는 움직임도 나타나고 있다. 중국인 관광객들의 필수 방문지인 명동이 속해 있는 중구는 지난해 1,628㎡의 토지를 중국인이 매입했다. 4년 전에 비해 무려 15배 증가한 규모다. 함영진 부동산114 리서치센터장은 "관광지가 밀집해 있는 서울 4대문 안의 부동산을 취득해 자국민을 대상으로 서비스업을 시작하는 중국인 투자가 늘고 있다"고 분석했다.

부동산 전문가들은 일단 서울의 경우 중국인의 토지 취득이 대지보다 건물 매입에 집중된 데다, 전체 면적(605.25㎢)에 비해 중국인 소유 토지(13만5,485㎡)가 극히 일부분이라는 점을 들어 제주도와 같은 난개발 문제는 발생하지 않을 것으로 내다보고 있다. 박원갑 KB국민은행 부동산수석전문위원은 "외국인 투자는 자연스러운 추세이고 투자가 늘수록 서울이 안전한 도시라는 사실을 입증하는 장점도 있다"고 말했다.

다만 정부나 지방자치단체가 이대로 외국인의 토지 취득을 방치한다면 임대료 상승 등의 부작용이 불거질 수 있다는 의견이 적지 않다. 경제정의실천시민연합 최승섭 부동산감시팀 부장은 "부동산 투자 활성화를 위해 지자체가 외국 자본을 무분별하게 수용할 경우 단기 투자로 인한 피해가 자영업자에게 미칠 수 있다"고 진단했다.

(한국일보 2015년 10월 26일자)

중국인들이 서울 부동산을 사면 절대로 부동산을 팔면 안 됩니다. 오히려 따라 사야 합니다. 캐나다, 런던, 시드니 등 모든 도시들의 부동산 가격이 그 이유 때문에 폭등했으니까요. 캐나다의 투자이민 제도는 중국인들 때문에 폐지되었습니다.

중국인들은 중국 부동산 가격을 터무니없이 올려놓았지만 사실상 소유권이 없습니다. 장기간 임대할 뿐입니다. 게다가 현재 집권 4년차인 시진핑은 4년 내내 사정개혁만 하고 있습니다. 그런데 중국은 한 번 주석 자리에 앉으면 10년 동안 합니다. 그러니 앞으로 6년은 계속되겠지요. 돈을 번 사람들은 당 간부이거나 당과 연결된 인물인데, 이들이 사정 대상에 걸리면 사정없이 목이 날아가고 재산은 몰수됩니다. 그러니 중국 부동산에 돈을 묶어 놓는 것은 위험하다고 느껴 대신 해외에 많이 투자합니다. 사정 대상에 걸린다 해도 자녀를 포함한 일가친척이 먹고 살려면 어쩔 수 없습니다.

그럼 캐나다는 비교적 오래된 투자이민 제도를 왜 폐지했을까요? 캐나다는 80만 캐나다 달러(한화 약 8억) 가까이 되는 돈을 주면 즉시 영주권을 발급합니다. 그리고 중국인 중에는 영주권만 받을 수 있다면 투자할 사람들이 매우 많습니다.

캐나다는 넓은 땅에 사람이 별로 살지 않는 국토의 특성상 부동산 가격이 크게 움직이지 않았습니다. 그러나 중국인이 부동산을 사면서 이야기는 달라집니다. 처음에 중국인들이 캐나다의 부동산을 살 때는 좋았겠지요. 부동산이 오르니 경기도 활성화되고 주택건설도 이어지며, 골목상권이 살아나고 덩달아 건설관련업도 활황을 띄게 되니까요. 그러나 계속 부동산을 사고 오르면 또 다른 중국인이 사기를 반복하니 주택가격은 천정부지로 뛰어오릅니다. 여기서 손해를 보는 쪽은 캐나다 본국에 사는 사람들입니다.

그들이 중국인에게 헐값에 넘긴 부동산은 터무니없이 올랐으니 이것만으로도 손해입니다. 게다가 중국인들은 그곳에서 거주하지 않고 임대를 놓습니다. 높은 부동산 가격에 걸맞게 계속 월세를 올리니까 캐나다 주민들은 월세에 등골이 휠 수밖에 없습니다. 급기야 캐나다 정부는 중국인 때문에 투자이민 제도를 없애고 말았습니다.

런던의 원룸 월세가 200만 원, 웬만한 아파트는 평균 월 500만 원입니다. 그래서 정작 런던 사람들은 우리나라로 치면 수원 정도에서 산다고 하더군요. 심지어 스페인에서 저가 비행기로 런던에 있는 직장에 출퇴근하는 사람도 있다고 합니다. 월세보다 항공료가 싸기 때문이지요. 런던 템스 강에는 보트 피플도 생겨났습니다. 주택에서 사는 것이 아니라 집처럼 꾸며놓은 배에서 생활합니다.

유럽의 모든 나라는 2차 세계대전을 겪었고 그들 또한 베이비붐 세대가 있습니다. 베이비붐 세대가 있다는 것은 그 세대가 지나면 급속한 노령화가 진행된다는 뜻입니다. 그런데 거꾸로 런던에서 들려오는 소식은 집값이 버블이다, 임대료가 천정부지다, 등입니다. 런던뿐 아니라 베이비붐을 겪은 독일, 미국, 캐나다, 호주 등의 집값도 전청부지로 오르고 있습니다. 〈이코노미스트〉의 자료는 이 사실을 명확히 보여줍니다.

〈이코노미스트 주요선진국 주택지표〉

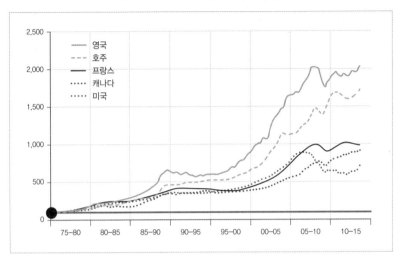

출처: http://www.economist.com/blogs/dailychart/2011/11/global-house-prices

베이비붐을 겪은 나라들 중 일본을 빼고는 영국, 호주, 프랑스, 캐나다, 미국 모두 올랐습니다. 저금리, 해외투자자(러시아, 중동, 중국 등)의 투자러시, 미국의 양적완화 등이 그 이유로 거론되고 있습니다. 그러나 어떤 곳은 오르고 어떤 곳은 떨어진 이유는 바로 중국인들 때문입니다.

그러니 중국인들이 사면 어떻게 해야 할까요? 같이 사든지, 갖고 있으면 절대 팔아서는 안 됩니다. 중국인들은 주요 도시의 부동산만 삽니다. 미국의 주요 도시, 영국은 런던, 프랑스 파리, 호주는 시드니 등입니다. 그러니 중국인들에는 서울이 1차 목표가 될 가능성이 큽니다. 의미는 다르지만 연쇄적 상승도 있을 수 있습니다. 서울에서 밀려난 서울 사람들이 수도권으로 몰리면서 지금의 전세난민처럼 수도권 주택 가격을 밀어 올릴 가능성이 있지요.

중국인들은 영주권을 주는 서울이 아니더라도 사야 하는 이유는 있습니다. 원스톱 관광 때문입니다. 제주도에는 '바오젠 거리'가 있습니다. 몇 년 전 바오젠 그룹에서 일본으로 여행을 가려다가 센카쿠 열도 분쟁으로 인한 반일 감정 때문에 제주도로 왔습니다. 몇 만 명이 한꺼번에 제주도로 몰려와 쇼핑과 숙박, 관광을 즐겼습니다. 그래서 그들이 놀던 곳을 아예 바오젠 거리라고 이름 붙였습니다. 중국 관광객들이 대규모로 몰려온다는 뉴스는 심심치 않게 등장합니다. 관광 규모와 그들이 쓰고 가는 금액은 상당하지요.

문제는 그 다음입니다. 중국인들이 하나둘씩 그 상가들을 사고 있었던 것입니다. 지금은 모두 중국인 소유가 되었고 이면도로에 있는 상가들까지 전부 중국인 소유가 되어가는 중입니다. 무슨 의미일까요? 한국으로 여행 온 수많은 중국인들은 쇼핑하면서 한국 가게에 돈을 쏟아 붓고 갑니다. 이는 중국인에게 또 다른 사업 기회입니다. 중국인들이 즐겨 찾는 곳의 상점, 호텔, 골프장 등을 모두 중국인이 사는 것입니다. 그러면 중국 관광객들이 한국에 입국은 해도, 정작 그들이 돈을 쓰는 곳은 중국인 소유의 상점입니다. 그곳에서 물건을 사고, 그들 소유의 호텔에서 자고, 그들 음식점에서 밥을 먹고 가는 것이지요. 한국 사람들은 그저 종업원이고 그마저도 최근에는 전부

조선족으로 바뀌었다고 하더군요. 원래 주인이었던 한국 사람들은 이미 중국인들에게 가게를 팔았습니다. 바오젠 거리의 상점들도 죄다 중국인들 소유라고 합니다.

미국에서 코리아타운이 무너지는 중이라고 합니다. 한국 사람들은 수십 년 동안 장사를 해도 건물을 사지 않고 임대만 하는데, 중국인들이 하나둘 코리아타운 건물의 건물주가 되어갑니다. 그리고 계약 만기가 돌아오면 연장을 거부하여 내쫓고 중국인을 세입자로 받아들인다고 하네요. 그래서 코리아타운은 차이나타운으로 교체되는 상황이라고 합니다.

만약 중국인들이 본격적으로 서울의 집과 상가를 사들인다면 그들은 아마 원스톱 쇼핑으로 전환하려 할 것입니다. 제주보다 서울로 관광을 오는 중국인들이 더 많습니다. 그러니 상점, 호텔, 주거용 건물 등을 죄다 중국인들이 사들이면 우리나라는 뒤늦게 캐나다처럼 중국인들의 소유권을 제한하려 할 수도 있습니다. 그러나 그때는 이미 늦습니다.

중국인들이 서울에 많이 투자하는 곳은 성산동이라고 합니다. 홍대가 공항철도를 타고 중국으로 들어가는 마지막 쇼핑지인데 홍대 근처의 상수동, 연남동 등은 이미 가격이 비싸고 대형버스를 댈 주차장을 확보하기가 어려워 사후 면세점을 하기 힘듭니다. 그러니 아직 개발이 덜 된 성산동의 단독주택을 사서 면세점을 짓고 그곳에 중국 쇼핑족을 잡아보겠다는 심산입니다.

고액투자 외국인에게 즉각 '영주권'

정부가 국내 콘도, 펜션, 골프빌라 등 부동산이나 공익사업에 고액을 투자하는 외국인에게 5년 투자 유지 약정만 하면 곧바로 영주권을 주기로 했다.

지금은 5억~7억 원 이상 외국인 투자자에게 일단 거주 자격만 부여하고 5년 투자 유지를 확인한 뒤 영주권을 주는데 고액 투자자에 대해선 영주권 발급 절차를 간소화하겠다는 것이다. '고액' 기준은 10억 원 이상이 유력한 것으로 알려졌다.

정부는 16일 정홍원 국무총리 주재로 외국인정책위원회 회의를 열고 외국인 투자 이민을 늘리기 위해 이 같은 '조건부 영주권제'를 도입하기로 했다. 이달 중 법무부, 기획재정부, 문화체육관광부 등 관계부처와 민간 전문가 협의를 거쳐 고액 기준을 확정한 뒤 출입국관리법 시행령을 고쳐 올 하반기에 시행할 계획이다.

"영주권 즉시 주면 투자 늘린다는 중국인 많아"

조건부 영주권제를 적용받기 위해서는 법무부 장관이 지정하는 콘도, 펜션, 골프빌라 등 부동산 관련 휴양시설이나 공익펀드, 낙후지역 개발사업 같은 공익사업에 투자해야 한다.

이규홍 법무부 외국인정책과장은 "부동산 투자 현장조사를 해보면 중국인 투자자 가운데 '영주권을 즉시 주면 돈을 더 투자하겠다'는 사람이 꽤 있다"며 "이런 외국인 투자자 유치를 늘리기 위한 조치"라고 설명했다.

특히 거주 자격은 2~3년 단위로 체류 기간을 연장해야 하고 위법시 강제 출국 가능성이 큰 반면 영주권은 이런 부담이 거의 없어 외국인 투자자들이 선호한다는 게 법무부의 설명이다.

정부는 고액 투자자에게는 부모 동반, 외국인 가사 보조인 고용 허용 등의 혜택도 주기로 했다.

한편 정부는 이날 회의에서 중국인 단체관광객과 우수 인재에게는 재외공관에서 받는 일반 비자보다 편한 온라인 비자를 발급해주기로 했다.

(한국경제신문 2014년 5월 16일자)

이처럼 우리나라도 캐나다처럼 고액투자 외국인에게 즉각 영주권을 주는 방안을 검토하고 있습니다. 지금은 경제자유구역에 제한되어 있지만 이를 국내 부동산으로 모두 풀어버린다면 우리나라는 중국에 의해 초토화될 것입니다.

하지만 중국인들이 산다고 하면 팔아서는 안 됩니다. 그와 반대로 오히려 사야 합니다.

최상의 시나리오 2
–남북통일, 부동산 시장에 태풍 일으킨다

통일 후, 한국 돈과 북한 돈의 가치 변화에 주목하라

짐 로저스라는 미국 투자자가 있습니다. 조지 소로스와 퀀텀펀드를 만들어 큰돈을 번 그는 젊은 나이에 은퇴하여 스포츠카로 애인과 함께 세계 일주를 즐기기도 했습니다. 그런 사람이 북한에 전 재산을 투자하고 싶다고 말했습니다. 그는 현재 싱가포르에 머물면서 북한 돈을 수집하고 있습니다. 싱가포르 선물시장에서 15%의 가격에 거래되는 북한 국채도 매입한다고 합니다. 북한 정권에서 갚지도 않고 갚을 생각도 없는 국채를 사 모으는 이유가 궁금하지 않을 수 없습니다. 왜 그럴까요?

통일이 되면 남한이 갚아줄 거라는 기대 때문입니다. 북한의 적화통일은 어림도 없고 남한의 흡수통일이 될 텐데, 남한 정부는 북한

정부를 흡수하면서 경제적인 빚도 같이 흡수하게 됩니다. 북한 국채를 갚지 않겠다고 선언하면 아마도 남한 정부의 해외재산은 몰수 또는 압류될 테고 국제적인 고립도 감수해야 합니다. 그러니 통일이 되면 북한 국채를 남한이 갚아야 합니다. 그래서 북한이 망할 조짐이 보이면 오히려 북한 국채가 오르는 기현상이 일어납니다.

통일이 되면 북한 돈을 어떻게 할지 고민해야 합니다. 남한 돈과 북한 돈을 일대일로 바꿔주는 것은 현재 통화가치를 보면 말이 안 되지요. 우리나라의 돈은 2016년 달러당 1100원~1200원 정도에서 움직이는 반면 북한 돈은 공식 환율로는 달러당 96원입니다. 남한 돈보다 10배 비쌉니다. 그러나 북한의 장마당(북한의 시장)에서의 거래 가격은 8000원 가까이 됩니다. 환율로는 10배 정도 북한 돈이 비싸야 하지만 시장에서 통용되는 것은 8배 싸게 거래됩니다. 북한 사람들은 저축할 때 인플레이션이 심한 나라들처럼 달러나 위안화로 저축한다고 하더군요. 외국 돈으로 저축해야 돈의 가치가 떨어지지 않기 때문입니다. 북한 돈의 가치가 꾸준히 떨어지는 만큼 북한 사람들도 자국 돈을 돈으로 취급하지 않습니다.

그러나 통일이 되면 북한 돈을 얼마나 많이 확보하느냐가 돈을 벌 수 있는 길이 될 것입니다. 통일 독일 후 '경제, 통화 및 사회통합 협약'으로 서독의 서독마르크화가 공동 통화로 인정되었으니 남한 돈이 그렇게 될 가능성이 큽니다. 게다가 동독마르크화가 1989년 당시 은행에서는 1:4~1:8 정도로 교환되었는데 실제 암시장에서는 1:30

의 환율로 교환되었습니다. 우리나라의 1:8보다도 훨씬 심한 경우이
지요.

그런데 통일 후 동독의 요청과 정치권의 호응으로 결국 1:1~1:2
의 환율로 교환했습니다. 동독마르크가 갑자기 엄청나게 오른 것입
니다. 왜 이런 일이 발생했을까요? 바로 동독 주민의 투표권 때문입
니다. 공산주의 치하에 있었던 그들의 사유재산이라고는 동독마르
크화와 집, 가전제품뿐입니다. 그런데 갑자기 통일되고 서독 사람
들과 유대인이 넘어와 원래 분단 전에 자기가 이 집을 소유하고 있
었다며 소송을 거니 자칫 길바닥에 나앉을 수밖에 없지요. 그렇다
면 그들의 재산은 동독마르크화밖에 없습니다. 이것을 30배 싸게 서
독마르크화로 바꿔준다고 하면 동독 주민의 폭동은 불 보듯 뻔하고,
그것을 주도한 정치세력은 동독 주민에게 한 표도 받을 수 없을 것
입니다. 전략적인 선택입니다.

통일 후 북한 주민이라고 다르지 않을 것입니다. 그들도 가진 것
이라고는 북한 돈이 전부인데 8배 싸게 바꿔준다고 하면 그것을 주
도한 정치세력은 끝장날 게 틀림없습니다. 현재 북한 주민들은 북한
돈을 돈으로 보지 않습니다. 경제관념이 약한 북한 주민 중 북한 돈
을 확보해야 한다고 생각하는 사람은 소수일 것입니다. 그러니 통일
이 되면 북한에 사는 친인척을 통해서 북한 돈을 모아야 합니다. 북
한에는 생필품이 부족한 만큼 생필품(의류, 가전제품 등)을 사서 보내고
친인척들로 하여금 주변사람들로부터 북한 돈을 싸게 인수해야지요.

그렇다고 돈을 무한정으로 바꿔주지는 않고 1인당 허용범위가 있습니다. 동독 주민의 나이에 따라 환율을 달리해서 14세까지는 최대 2천 동독마르크, 15~59세는 최대 4천 동독마르크, 60세 이상은 6천 동독마르크를 1:1의 환율로 서독 마르크화와 교환해 주었습니다. 그래도 1:8의 현재가치라면 1000만 원 투자해서 8000만 원 버는 것이니 엄청난 수익률입니다.

그러니 북한에 친인척이 많으면 좋을 것입니다. 없다면 주변에서 탈북자를 찾아 지인을 만드는 것도 방법입니다. 다만 지금은 위험합니다. 언제 통일이 될지도 모르고 지금도 계속 떨어지고 있으니 말입니다. 타이밍이 관건이고 가장 적당한 시기는 통일 직후일 것 같습니다. 통일 직후에는 일단 돈을 바꿔줄 시점이 정해졌으므로 시기에 관한 문제는 없기 때문입니다.

통일이 되면 트럭을 몰고 북한으로 넘어가 장사하는 것도 좋습니다. 물론 통제는 되겠지만 북으로 넘어가는 것이 불법은 아니기에 개별 방북은 가능할 것으로 보이며, 부피가 작고 많이 가지고 갈 수 있는 생필품(청바지 같은 의류나 과일, 화장품, 생필품, 드라마 CD 등)이 좋겠네요. 그리고 꼭 북한 돈을 매입해야 합니다.

독일이 통일되었을 때 바나나를 가득 실은 트럭이 동독으로 넘어왔다고 합니다. 그리고 예를 들어 바나나 값이 원래 1000원이면 주민들에게 1만 원을 받았다고 합니다. 동독 주민들은 동독마르크화를 돈으로 취급하지 않았으니 그냥 달라는 대로 줬다고 합니다. 물론 다른 통화는 받지 않았지요. 그래서 바나나 트럭이 돈 트럭이 되었다는 일화가 있습니다.

비무장지대 땅의 운명은?

비무장지대에 땅을 사는 사람들이 있습니다. 지뢰밭만 사는 사람도 있다더군요. 훨씬 더 싼 데다 원래 사람들이 다니던 인도여서 더 지뢰를 깔아 놨을 테니 통일을 대비해서 이런 땅을 사들인다고 합니다. 그러나 이는 돈이 안 될 가능성이 큽니다. 사실 통일 독일에서 동서독 경계 구간의 땅값은 많이 오르지 않았습니다. 동독에서 살다가 이민 온 사람의 인터뷰로는 오히려 대도시 인근의 경치 좋은 곳들이 올랐다고 합니다.

우리도 통일이 된다면 현재 우리가 매수할 수 있는 북쪽에서 가까운 남한 땅이 아닌, 평양이나 개성 같은 대도시나 그 인근의 땅들이 오를 가능성이 큽니다. 혹은 개발이 확실한 산업단지 인근의 땅들도 오를 수 있을 것으로 보입니다. 그러니 비무장지대는 오르지 않을 가능성이 큽니다. 또한 비무장지대는 세계인이 많이 찾는 만큼 DMZ생태공원으로 존치될 가능성이 높습니다. 즉 땅값이 상승할 수 없는 구조로 바뀐다는 의미입니다.

북한지역에 대한 토지투자 향방은?

통일 후 북한 토지에 관한 소유권 문제는 아주 복잡할 것입니다. 독일의 통일 후 동독 토지의 소유권에 관해서 반환소송이 250만 건이나 벌어졌을 만큼 이 문제는 간단하지 않습니다. 이것을 우리나라에 대입한 연구는 지금도 활발히 진행 중입니다.

동독은 소련에게 등기부등본 같은 관련 서류들을 강제로 빼앗긴 경험이 있습니다. 하지만 전부는 아니며 그중 2/3 정도가 남아 있었습니다. 그런데도 엄청난 소송이 벌어졌습니다. 하물며 우리나라는 그런 기록이 거의 남아 있지 않습니다. 북한 정부에 의해 무상몰수 무상분배가 이루어졌기 때문에 훨씬 복잡한 문제가 될 수밖에 없습니다. 혹여 소유권을 확실히 증명한다고 하더라도 특별법이 만들어져 수용 또는 보상 차원으로 끝날 가능성이 있습니다.

독일의 경우, 통일이 되자 서독에서 동독으로 건너온 사람들이 자신의 소유권을 주장했습니다. 하지만 그러면 살고 있던 동독 주민은 살던 집과 토지를 빼앗기고 길거리로 나앉을 수밖에 없고, 결국 엄청난 사회문제가 일어날 것은 자명합니다. 그러니 소유권 인정이 쉽지 않을 수밖에요.

우리나라도 통일이 되면 남한처럼 북한도 항구 근처에 대단위 산업단지가 조성될 가능성이 큽니다. 우리나라는 수출로 먹고사는 나라입니다. 경박단소의 반도체, 디스플레이, 휴대폰 등은 비행기로 실어 나르니 내륙(천안 탕정, 파주, 이천, 청주 등)에 있어도 됩니다. 그렇지만 자동차, 석유화학, 철강, 조선 등은 항구와 가까이 있을 수밖에 없습니다. 운송비와 시간의 낭비가 엄청나니까요. 배를 산에서 만들어 고속도로로 옮길 수는 없는 노릇입니다.

남한 기업이 북한에 산업단지를 조성한다면 평양과 가까운 남포항, 원산항, 나진항 등이 될 것입니다. 나진항은 특히 중국과 러시아, 최근에는 몽골까지도 임차를 요청할 만큼 전략적인 요충지입니다. 이런 곳의 인근이 아닌 외곽에 싸게 매입한다면 산업단지와 주거단지가 넓어지면서 수용을 노릴 수 있어 좋은 방법입니다.

통일이 되면 북한지역이 오를까, 서울과 수도권 지역이 오를까?

통일이 되면 북한에 많은 산업단지가 생기고 일자리가 발생할 거라고 생각할 수 있습니다. 그러나 그럴 일은 거의 없어 보입니다. 북한 개성공단 노동자의 인건비는 13만 원입니다. 중국의 인건비는 30만 원 정도, 베트남은 10만 원, 캄보디아나 미얀마 등은 8-9만 원 정도입니다. 그런데 지금 북한 공장에서 만들어내는 물건들의 질은 어떻습니까? 대동강 맥주 말고는 쓸 만한 것이 거의 없다고 보아도 무방합니다. 생필품을 비롯한 모든 물품이 남한에서 북한으로 넘어갈 것이고 북한의 공장과 공단은 거의 폐쇄될 것입니다. 반면 광물을 캐는 곳 등 일부는 살아남을 가능성이 큽니다.

문제는 또 있습니다. 북한 주민이 대한민국 주민이 된다는 사실이지요. 이는 그들의 임금을 최저임금에 맞춰줘야 한다는 뜻입니다. 최소 110만 원 정도는 주어야겠지요. 그러면 우리나라 기업들이 북한에 공장을 지을 유인이 사라집니다. 그 정도 인건비면 차라리 싼 동남아로 가는 편이 이득입니다.

독일 통일 후 동독에서도 비효율적으로 운영되던 산업기반이 완전히 무너졌습니다. 그럴 수밖에 없는 것이 동독의 공장은 비효율적이고 1930년대에 만들어진 기계도 있을 만큼 낙후되었기 때문입니다. 게다가 동독 주민의 엄청난 임금상승은 저임금으로 물건을 생산하던 동독의 산업기반을 완전히 무너뜨렸습니다. 그 이유로 기존의 동독 공장과 기업들은 초토화되었습니다.

그러니 동독에는 일자리가 없고, 당연히 동독 주민은 일자리가 풍부한 서독으로 1년에 20만 명씩 이주했습니다. 구동독 주민은 1989년 1870만 명에서 2007년 1670만 명으로 줄었습니다. 200만 명이 서독으로 간 것입니다. 동독의 대도시인 라이프치히는 공적자금을 투입하여 동독의 집들을 개보수했는데 그중 20%가 비어 있었습니다. 동독 전체를 보면 100만 호가 비어 있으며, 이중 30만~40만 호는 향후 공적자금을 투입해서 제거한다고 합니다.

이러한 독일의 경우를 우리 상황에 대입해 봅시다. 통일 후 북한 주민의 이탈과 일자리가 풍부한 서울과 수도권의 쏠림 현상은 매우 심해질 것입니다. 이주 오는 사람들은 일할 수 있는 젊은 청장년층으로 전망합니다. 현재 우리나라의 지방에도 청년층이 적습니다. 서울 및 수도권의 대학으로 진학한 사람들은 좀처럼 내려오지 않으며, 지방에서 대학을 졸업해도 일자리가 없어 결국 서울로 올라오는 사람들이 많기 때문입니다. 이로 인해 서울과 수도권의 부동산은 더욱 부족해질 것으로 전망되며 전월세의 상승으로까지 이어질 가능성이 큽니다.

통일이 되면 수도권의 부동산은 폭등할 것으로 보입니다. 최악의 시나리오에서도 최상의 시나리오에서도 오르는 곳은 서울과 서울에서 가까운 곳입니다.

대한민국 부동산의 미래

최악과 최상의 시나리오에서
모두 살아남을 곳은?

최악의 시나리오 결론은 일본의 부동산처럼 우리나라의 부동산도 몰락한다는 가정입니다. 몰락한 일본의 부동산 중에도 도쿄는 유일하게 올랐을까요? 다마신도시를 비롯한 신도시는 몰락했지만 도쿄는 임대료도 분양가도 올랐습니다. 직장이 많아 신도시 인구를 흡수했기 때문입니다.

평택에 삼성전자가 공장을 짓는다고 하자 일자리 창출의 기대감에 부동산 가격이 뛰었습니다. 그러나 2008년 금융위기 당시 천안의 1000세대 아파트 단지 중 800세대가 비는 초유의 사태가 벌어졌습니다. 삼성전자가 오래된 반도체 라인을 뜯어서 중국으로 옮겨갔고 공장 신증설은 올스톱되었으며 협력업체, 비정규직의 일자리가 크게 감소했기 때문입니다.

그러나 서울은 이런 식의 주택 공실이 일어나지 않습니다. 이런 금융위기가 오더라도 주택이 대규모로 비는 일은 발생하지 않습니다. 그러므로 다마신도시의 몰락이 우리나라에서도 재현된다면 서울을 비롯한 1기 신도시는 그나마 버틸 것이고 그중 서울의 부동산은 오히려 신도시의 몰락을 기회삼아 더 오를 수 있습니다. 그러나 2기 신도시는 직격탄을 맞을 것입니다. 2기 신도시 구성원들은 서울에 직장을 둔 청장년층이 대부분이며, 근처에 대규모의 일자리가 있지도 않기 때문입니다. 그래서 불황에도 버틸 부동산 투자는 서울과 1기 신도시입니다.

최상의 시나리오 결론은 무엇일까요? 우리나라 전역이 오를 수도 있지만 외국인들이 사는 곳이 오르고, 통일해도 수도권이 오르는 것이겠지요. 그렇다면 최악의 시나리오와 최상의 시나리오 중 교집합은 무엇일까요? 바로 서울과 수도권의 1기 신도시입니다.

Part 4

부동산
투자의
미래

월수익률 계산법

부동산 투자 얘기를 하기 전, 앞서 언급한 수익률 계산법을 다시 짚어봅시다.

매매가 1억5천만 원짜리 상가를 사서 백만 원을 월세로 받는다고 가정하면, 전통적인 수익률 계산은 이렇습니다.

> 연 수익률=(월세×12)/매매가×100
> 즉 (12,000,000원/150,000,000원)×100=8%

이 상가의 연 수익률은 8%입니다. 이 계산법을 모르면 실제 임장에 가서 부동산 업자가 "이 물건은 수익률이 6%니 좋은 겁니다"라고 말했을 때 그 뜻을 정확히 이해하지 못할 수 있습니다. 꼭 알아야 합니다.

그런데 이렇게 수익률을 계산하면 문제가 있습니다. 실투자금 대비 얼마의 수익률이 나오는지 알 수 없다는 것입니다. 그래서 제가 나름대로 실투자금대비 수익률 계산법을 만들었습니다. 융자를 얼마 받았는지, 관리비는 물어준 것이 있는지, 취등록세는 얼마가 들었는지, 금리는 얼마인지 등을 모두 포함했습니다. 이 변수들을 모두 집어넣고 다시 수익률을 계산해 봅시다.

매매가	대출금(80%)	이자(4.5%)	보증금	취등록세
150,000,000	120,000,000	450,000	20,000,000	8,400,000
선투자금	실투자금	월세	순이익금	월수익률 ((순이익금/실투자금)×1000)
38,400,000	18,400,000	1,000,000	550,000	29.89%

전통적인 수익률에서는 감안하지 않았던 대출금, 이자, 보증금, 취등록세, 실투자금, 월세 등의 변수를 넣으면 수식은 다음과 같이 바뀝니다.

> 월 수익률=(순이익금/실투자금)×1000

연 수익률 8%의 물건이 월 수익률 29.89%로 바뀌었습니다. 계산법이 바뀌었을 뿐 수익이 늘어난 것은 아닙니다. 전통적인 수익률 계산법으로는 실투자금 대비 월 얼마를 벌 수 있는지 알 수 없기 때문에, 부득이하게 월 수익률이라는 개념을 만든 것입니다. 저의 가장 큰 관심사가 월 수익률이며 실제 투자한 금액 대비 이익이 얼마인지가 중요하기 때문입니다. 위의 수식은 전통 방식이 아니기 때문에 부동산중개업소에 가서 이 계산법을 말하면 알아듣지 못할 수 있습니다.

참고로 연 수익률이 6%면 좋은 부동산이고 저의 계산법으로 20%의 월 수익률이 나오면 좋은 부동산이라 칭합니다. 이 책에서는 전부 월 수익률 개념으로 계산했으니 이를 참고하면 이해하기가 쉬울 것입니다.

어떻게 새로운 투자처를
찾을 것인가?

투자를 하다보면 흐름이 바뀔 때가 있습니다. 2000년 이전은 경매의 시기였고 2002년까지는 분양권 투자의 시기, 2006년까지는 재건축 투자, 2008년 3월까지는 재개발투자의 시기, 2008년 6월까지는 오피스텔 투자의 시기, 2008년 6월 이후는 지방 투자의 시기, 2012년은 수도권 투자의 시기, 최근에는 서울 투자 시기로 나눌 수 있습니다. 이처럼 시기를 구분 짓는 기준은 무엇일까요? 현재 가장 핫(Hot)한 투자처가 그 흐름의 중심일까요?

그렇지 않습니다. 경매법정에서 감정가 100%에 입찰 열댓 명, 심지어 수십 명씩 몰려 들어가서 치고받을 때가 아니라는 얘기입니다. 실제 재개발이 가장 핫했을 때는 2008년 3월 이후입니다. 당시 경매법정에서 투자자들이 수도권의 빌라를 잡느라 난리가 아니었습니다. 감정가 100%에 열댓 명이 130%, 140%에 낙찰을 받는 시기였습니다.

저는 사람들이 본격적으로 몰려들기 전을 투자 시기로 봅니다. 현재 가장 핫한 물건과 장소는 이미 경매법정에서 폭발적으로 거래 중입니다. 지금은 이 물건과 장소에 투자해서는 안 됩니다. 대신 앞으로 투자할 새로운 곳을 찾아야 합니다.

어떻게 찾아야 할까요? 그리고 어떻게 해야 할까요? 새로운 투자처를 발굴하고 투자하고 팔기까지의 과정을 알아봅시다.

자료를 모으라

미래에서 오지 않은 이상 방에 앉아서 좋은 투자처를 알아내기란 불가능합니다. 그래서 자료를 모아야 합니다. 여러 방법 중 경매 사이트를 통해서 자료를 모으는 방법이 있습니다.

현재 싸게 낙찰되고, 수익률이 좋고, 전세가가 높고, 실투자금이 적게 들며, 공실이 나지 않고 향후 오를 만한 곳이 어디인지 조사해야 합니다. 일례로 저는 지방 투자의 시기일 때 지방으로 내려가기 전에 미리 수백 개의 경매

물건을 뽑아 데이터를 만들었습니다. 어느 지역이 GRDP(지역총생산)이 높은지, 인구가 많은지, 산업단지가 많이 분포되어 있는지, 그 산업단지에는 얼마나 많은 기업이 들어가 있는지, 그 기업들은 얼마나 크며 면적은 얼마인지 등 수많은 자료들을 인터넷으로 찾아 엑셀로 정리하는 작업을 거쳤습니다.

그러자 천안, 당진, 서산, 군산, 목포, 광양, 순천, 여수, 마산, 부산, 울산, 포항, 구미 등으로 좁혀졌습니다. 산업단지를 끼고 있는 자족도시들이고, GRDP와 인구유입이 높으며, 향후 발전 가능성이 있는 곳이었기 때문입니다.

본격적으로 내려가기 전에 현재 낙찰 중인 주거용·상업용 부동산들의 자료를 다 뽑아서 정리했습니다. 그 지역에서 나오는 아파트, 빌라 및 상가 등의 실제 낙찰가를 토대로 월세를 집어넣어 현재 수익률은 어떻게 되는지 자세히 살폈습니다.

이전에는 아파트 투자를 위해 수도권 아파트들을 도시별로 정리하고 낙찰가와 대출금액, 월세보증금과 월세 등의 데이터를 넣어서 전부 뽑기도 했습니다. 자료를 많이 모아 놓으면 막연히 했던 생각과 다른 결과가 나오는 경우가 많습니다. 고정관념으로 갖고 있던 상식이 대부분 깨집니다.

일례로 지방 중에서 GRDP가 가장 높은 곳은 울산입니다. 그러면 울산 부동산 투자 수익률이 좋겠다고 생각할 수 있지만 막상 수익률이 좋은 곳은 서산이었습니다. 울산은 돈과 인구가 많지만 그만큼 공급이 많아서 수익률이 높지 않은 반면 서산은 인구는 많지 않았지만 공급이 많지 않아서 수익률이 높았던 것입니다.

자료를 많이 모으면 오류를 범할 확률이 적고 뜻밖의 장소나 물건을 찾을 수 있으며, 객관적이고 명확한 수치를 알 수 있는 가능성이 높아집니다.

두 번째는 주변에서 투자에 대해 많이 아는 사람을 만나고 모임을 찾는 일입니다.

재개발이 끝났는데 막상 투자처를 찾지 못한 적이 있었습니다. 그런데 제가 자주 가는 카페의 글에서 오피스텔 투자 성공기를 읽었지요. 재개발 빌라 말고 다른 투자처와 물건이 있다는 것을 알게 되었고 위에서처럼 자료를 모으는 작업을 시작했습니다. 실제로 오피스텔을 찾아보니 서울 강서구의 오피스텔이 인천의 낡은 재개발 빌라보다 훨씬 싸게 낙찰되고 있다는 사실을 알게 되었습니다. 그래서 경매 사이트를 통해 낙찰가와 대출액, 월세보증금과 월세 등을 찾아 수익률을 분석했지요. 그러면서 서울과 수도권의 모든 오피스텔을 찾아 수익률 비교분석을 위해 전부 데이터화했고, 그중에서 가장 싸고 가장 수익률이 높은 지역을 찾을 수 있었습니다.

이처럼 투자를 잘하는 주변 사람을 만나거나 모임을 찾는 것은 좋은 방법입니다. 그러나 주의해야 할 점이 있습니다. 자료는 스스로 만들어서 판단도 스스로 해야 한다는 사실입니다. 수많은 사이트와 투자 전문가라는 사람들은 과거 성공했던 방정식에 얽매여 있는 경우가 많습니다. 지금은 수도권에 투자해야 하지만 정작 부동산 투자 카페를 보면 지방 투자 카페가 활성화되어 있습니다. 그전에 수도권에 투자했던 재개발, 재건축, 경매 등의 카페는 이미 가격과 수익률이 많이 떨어져서 회원이 모두 떠났거나 카페 자체가 없어졌습니다. 현재 남아 있는 카페는 그래도 수익이 좀 나는 지방 투자 카페일 뿐이지요. 역설적이게도 지금 모임을 통해 투자처를 알아본다면 지방 투자 카페를 찾아갈 가능성이 높으며, 그들이 추천한 지방의 소규모 아파트에 투자할 가능성이 큽니다. 그러니 주변의 전문가, 책이나 투자 카페의 주장 등을 마지막으로 나 자신이 검증해야 합니다.

그래서 초보 시절에는 남을 따라서 투자할 가능성이 높으며 흐름을 제대로 읽지 못할뿐더러 스스로 판단해서 투자하기가 너무 힘듭니다. 그들이 말하는 투자 정보를 취합하여 객관적인 데이터로 만들어 비교분석하고 이 시대 최고의 투자처가 어디인지를 알아내는 것은 누구도 아닌 나 자신의 책임입니다.

앞으로 어떻게 투자해야 할지 모르겠습니까? 그렇다면 일단 자료를 많이 모으고 그것들을 통해 객관적인 비교분석자료를 만드세요. 수익률, 공실률, 지역분석, 인구분포, 기타 등 판단에 필요한 모든 것을 끝없이 모으는 작업이 매우 중요합니다. 자료를 많이 모으면 그것을 통해 생각의 범위도 넓힐 수 있습니다. 수도권 아파트와 빌라의 1년간 데이터를 모두 찾아서 정리를 했다고 가정합시다.

사건번호	주소	동	주택명	전용면적	낙찰가
2012 타경 9913 (임의)	(404-828) 인천광역시 서구 석남동 557-16 효진 그린빌 3층 301호	석남동	효진 그린빌	21.82	76,700,000
평당 가격	대출금(80%)	이자(4.5%)	보증금	취등록세	선투자금
3,515,124	61,360,000	230,100	25,000,000	2,994,200	18,334,200
실투자금	월세	순이익금	수익률	신축년도	
-6,665,800	200,000	-30,100	5%	2003-07-23	

이런 식으로 사건번호, 주소, 동, 주택, 전용면적, 낙찰가, 전용면적당 낙찰가격, 기존의 월세보증금, 월세, 수익률 등을 엑셀 파일로 작성합니다. 그리고 각 수도권 도시별, 동별로 정리합니다. 그러면 데이터를 통해서 각 도시별로 경매주택이 가장 많이 나오는 동네, 평당 가격이 가장 낮은 동네, 수익률이 가장 좋은 동네, 월세 비율이 가장 높은 동네, 전세나 위장임차인이 많은 동네, 신축이 많은 동네 등 많은 것을 알 수 있습니다. 그런 후 자료들을 활용해서 가장 싸게 낙찰을 받으면서도 월세와 수익률이 좋은 동네를 찾을 수 있습니다. 또한 '2000만 원에 40만 원 정도 월세가 나오는 동네는 얼마에 낙찰받으면 내 돈을 크게 들이지 않으면서 빌라를 늘려갈 수 있구나' 등을 알게 됩니다. 자료를 통해서 목적이 생기는 것입니다.

자료 없이 막연하게 생각할 때에는 그저 역세권이 가장 수익률이 좋고 발전 가능성이 높을 것 같지만, 알고 보니 엉뚱한 동네가 베스트일일 때가 있습니다. 현재의 가치인 수익률과 평당 가격뿐 아니라 미래의 가치인 지하철이나 각종 발전 계획을 더하여 더 좋은 동네가 어디인지 찾을 수도 있습니다.

머리만 이리저리 굴려서 막연히 '여기가 괜찮겠다'라고 생각한다면 결코 좋은 투자처를 찾을 수 없습니다. 그런 상태로 현장을 방문해 봐야 시간과 비용만 낭비할 뿐입니다. 상당량의 데이터를 미리 축적하고 그 데이터들을 분석한다면 더 올바른 결론을 도출할 수 있습니다. 빌라뿐 아니라 아파트 등 주거용 부동산, 상업용 부동산을 찾을 때도 마찬가지입니다. 데이터를 수집하여 정리하고, 페이퍼워크를 하고, 심사숙고한 후 현장을 가야 시간과 비용을 절약할 수 있습니다. 현장에 가기 전 더 많은 생각과 자료를 통해서 현장에서 무엇을 얻을 수 있는지, 무엇을 알아봐야 하는지 파악할 수 있습니다.

세 번째는 책과 신문 등을 통해서 자료를 모으는 것입니다.

물론 책으로 출간될 즈음은 이미 트렌드가 지난 자료가 대부분일 것입니다. 그러나 처음 투자를 시작한 사람들이나 이제 막 입문하려는 사람들은 관련 도서를 읽으면서 마인드를 키우고, 남들이 자료를 어떻게 수집했나를 알 수 있기 때문에 좋은 기회입니다.

신문, 방송 등을 통해서 현재의 흐름을 짚어나가는 것도 좋은 방법입니다. 그러면 실수를 많이 줄일 수 있습니다. 전문가를 비롯한 타인의 생각과 간접 경험을 읽고 듣다 보면 무지로 인하여 경제적으로 큰 손실을 보는 비극을 피할 수 있습니다.

많이 읽고 많이 생각해야 합니다. 많은 자료를 모으고 사람을 만나고 책을 읽고 투자에 대한 생각이 떠오를 때까지 데이터 수집을 게을리 하면 안 됩니다.

모으세요. 아는 만큼 보입니다.

생각하라

수많은 데이터를 가지고 있다면 그것을 통해 어떤 곳을 갈 것인지 정해야 합니다. 세상에 떠도는 정보는 너무나 많지만 대부분 불확실한 정보입니다. 그중 하나의 확실한 투자처를 찾는 것이 목표가 되어야 합니다. 대부분의 정보가 확실하다는 안일한 생각을 버리고, 불확실한 정보의 바다에서 확실한 정보를 추려낸다는 자세를 가져야 합니다.

이러한 생각의 기초는 유추나 연관, 비교 등입니다. 수익률, 접근성, 미래발전성 등을 놓고 유추, 연관, 비교하여 판단이 가능합니다. 예를 들어 설명하겠습니다.

2008년 3월부터 6월까지 서울의 오피스텔이 5000만 원이고, 대출받고 월세 놓으면 실투자금이 전혀 들어가지 않으며, 월세는 15만 원 정도 나온다고 합니다. 반면 현재 수도권의 낡은 빌라는 지분이

10평 정도도 안 되는데 1억3천만 원에 낙찰되고 있으며, 전세를 놓아도 4000만 원을 넘기기 힘들어 실투자금이 거의 9천만 원 정도 들어간다고 합니다. 이처럼 정반대인 두 가지 물건 중 어디에 투자해야 할까요?

지금 생각하면 당연히 오피스텔이지만 그때 그 시절이라면 아무도 오피스텔에 선뜻 투자하지 못했을 것입니다. 당시 오피스텔은 떨어지는 중이었고 빌라는 끝없이 올라서 수많은 사람들이 몰려들던 시절이었으니까요. 오피스텔은 1억1천에 분양했는데 현재는 5500만 원까지 떨어졌고, 빌라는 5천만 원 정도였다가 1억3천 정도까지 올랐으며 앞으로 2억까지는 오른다고 합니다.

4.1대책을 발표하기 전까지 수도권의 아파트는 추락을 거듭하고 있었습니다. 서부라인(의정부, 파주, 고양, 김포, 인천 등)의 아파트 등은 24평형이 낙찰가 9000만 원까지 떨어졌고 32평은 1억2천 정도까지 떨어졌습니다.

"지방의 세종시 아파트가 분양 경쟁률이 세다. 지방의 아파트 작년 오름폭이 높다."

위의 내용처럼 지방과 수도권 아파트에 관한 정반대의 사실이 있습니다. 그렇다면 어디에 투자해야 할까요? 한 가지 정확한 사실이 있습니다. 하나는 바닥을 향해 떨어지는 중이었고 하나는 오르는 중이었습니다.

"생각하라"는 주제는 수없이 많은 의미를 담고 있습니다.

판단하라, 유추하라, 결정하라, 연관 지으라, 비교하라 등입니다.

수도권 중심 지역의 상가가 있습니다. 역세권이며 각종 편의시설이 모여 있고 주변에 관공서(시청, 법원 등)가 있으며 민간 기업들로 둘러싸여 있습니다. 낙찰가는 2억인데 보증금 2000만 원에 월세 150만 원 정도 나온다고 합니다.

수도권에 한 아파트가 있습니다. 아주 좋은 조건의 아파트는 아닙니다. 역세권도 아니고 학군이나 편의시설도 그냥 보통입니다. 32평형인데 낙찰가는 2억이라고 합니다. 보증금 2000만 원에 월세는 80만 원 정도 나온다고 합니다.

둘 중 어떤 것이 좋을까요?

물론 정답은 없습니다. 자료를 모으고 그를 토대로 심사숙고해야 합니다. 모든 가능성을 열어 두고 판단해야지요.

지금 내가 알고 있는 사실은 나만 아는 새로운 것이 아닙니다. 알 사람들은 다 아는 것이고, 시장도 이미 포화 상태이기 때문에 이제 들어간다 해도 그리 먹을 것이 많지 않습니다. 새로운 길을 찾아야 합니다. 고정관념만으로 막연히 생각하거나, 자신의 경험만을 판단의 기준으로 삼는다면 아무것도 제대로 할 수 없습니다. 지금까지 펼쳐졌던 과거는 과거일 뿐이고 향후 미래의 일은 과거의 경험으로는 알 수 없기 때문입니다.

실천하고 검증하라

일단 저질러야 알 수 있습니다. 물건을 하나라도 사봐야 이것이 좋은지 나쁜지 판단할 수 있습니다. 안타깝게도 그렇습니다. 여기에는 두 가지 패턴이 존재합니다.

첫째, 경매 책도 안 읽고 그냥 경매법정에 가서 내 돈 지르고 단박에 빌라 10채 사는 사람.

둘째, 책을 수백 권 읽고 카페의 경험담도 모조리 읽고 자료를 엄청나게 모으고 웬만한 강의는 다 듣고 다니고 재테크 모임은 매번 나가서 머릿속의 내공은 도사수준인데 정작 한 번도 경매법정에서 입찰을 못해본 사람.

물론 전자가 낫습니다. 자본주의 사회는 이론이 아닌 실제로 돌아가는 사회입니다. 내 소유의 부동산이 있어야 세금도 내고 양도차익도 발생합니다. 그것이 없다면 아무 소용이 없습니다.

그러나 이는 후자보다 낫다는 뜻입니다. 경험 부족, 지식 부족으로 인한 재산의 손해는 모두 내 책임이며 내가 치러야 하는 일입니다. 그러나 그렇더라도 실행에 옮기지 않는 후자보다는 백 배 낫습니다.

물론 가장 좋은 경우는 후자의 패턴을 선행한 후에 전자를 행하는 것입니다. 즉 자료를 모으고 생각하고 현장에 직접 가서 부동산을 사는 사람이지요.

주택을 사고팔아 보면 처음 가졌던 막연한 두려움이 옅어지고, 이렇게 하면 되는구나 하는 것을 경험으로 알 수 있습니다. 이전에 책으로만 접하고 타인을 통해 간접 경험한 지식들을 실제로 체득하면서 이렇게 하면 되고 저렇게 하면 안 된다는 것을 알게 됩니다.

실제 현장에 가서 보면 각 건별로 부동산이 다르고 세입자의 유형도 천차만별이며 벌어지는 일이 다르고 중개업소가 다르고 일의 패턴이 다르다는 것을 알 수 있습니다. 이런 데이터들을 수집하고 생각해서 가장 수익률이 좋고 월세도 잘나가고 향후 발전 가능성도 있는 동네가 있다고 판단이 나오면 그 현장에 갑니다. 자료를 모으고 생각한 대로 역시 좋은 지역이었습니다. 그러면 그 부동산을 사면 됩니다.

그러나 부동산을 사기 전에 '이 지역은 아니다. 이 물건은 아니다'라고 생각할 수 있습니다. 현장에 가서 직접 보니 생각보다 너무 낡았다거나, 주변에 혐오시설이 있다거나, 공급이 꾸준히 이뤄지고 있어서 향후 수익률의 감소가 예상되거나, 너무 외진 시골이라거나, 세입자를 만나보니 너무 질이 나쁘다거나, 부동산 업자와 이야기해보니 "동네가 별로 안 좋고 공실도 많고 당신이 가지고 있는 자료는 틀린 자료"였거나, 편의시설이 너무 부족하거나, 교통이 너무 불편하거나 등등 이유는 수없이 많을 수 있습니다.

그밖에도 현장에서만 느낄 수 있는 것은 매우 많습니다. 현장에서도 철저히 조사를 해야만 부동산을 사기 전에 하자를 발견할 수 있습니다. 멋모르고 잘못 샀다가 나중에 땅을 치고 후회하는 일을 겪어서는 안 됩니다.

또한 이미 부동산을 산 후에 '이 부동산은 아니다. 이 지역은 아니다'라고 생각할 수도 있습니다. 철저하게 자료를 모으고, 그것을 토대로 베스트인 지역과 물건을 고르고, 현장에 가서 철저하게 임장활동을 하고, 부동산 업자를 만나고 대화하고, 결론적으로 판단했을 때 괜찮다고 여겨서 부동산을 샀는데도 결국 잘못 샀다고 생각할 수 있습니다.

인간은 신이 아니기 때문에 실수를 합니다. 그 실수를 통해 얻은 경험은 앞으로도 부동산 투자를 하는 데 있어 큰 자산이 될 것입니다. 그렇지만 어쨌든 실수는 뼈아픕니다. 별것 아닌 일이면 다행이지만 수습이 어려운 상황이라면 막대한 재산상의 손실이 발생할 수도 있습니다.

우선 재산의 손실이 발생하는 경우는 잘못된 부동산을 사는 실수를 저질렀을 때입니다. 이 글을 쓰는 이유이기도 합니다. 저의 경험을 통해 저는 물론 다른 사람들도 그러한 실수를 하지 않으면 좋겠습니다.

'오래된 빌라의 꼭대기 층을 샀는데 옥상 방수를 하지 않아 물이

줄줄 새서 세입자에게 수시로 전화가 왔다. 다시는 오래된 빌라 꼭 대기 층은 사지 않겠다.'

'반지하 빌라를 샀는데 장마철에 세입자의 집이 홍수가 되었다. 반지하 다시는 사지 않겠다.'

'부동산 중개업소도 없는 외진 곳에 있는 아파트를 샀다. 집이 나가기만 하면 수익률이 엄청 좋은데 공실로 몇 달씩 간다. 단지 내에 중개업소가 없으면 공실이 많이 나는구나.'

'창이 없어 빛이 안 들어오는 부동산을 샀는데 공실이 계속된다. 부동산은 무조건 빛이 들어와야 하는구나.'

'엘리베이터 없는 6층의 아파트를 샀는데 공실이 계속된다. 이런 곳은 6층보다 1층이 낫구나.'

이런 예는 수없이 많습니다. 이러한 실수를 하지 않으려면 간접경험을 많이 해서 학습해야 합니다. 이미 저질렀다면 다시는 같은 실수를 반복하지 않아야겠지요.

가장 먼저 이러한 실수가 나오게 된 배경이 무엇인지 알아야 합니다. 내가 임장활동을 할 때 놓친 부분은 무엇인지 파악하는 것도 중요합니다. 시세조사를 잘못했다거나 귀찮아서 대충했을 수도 있습니다. 부동산의 하자는 꼼꼼히 살펴봤는지, 주변의 교통여건은 제대로 조사했는지 등, 어느 부분을 잘못 판단하여 실수를 했는지 찾아내어 반성해야 합니다.

트렌드를 잘못 읽은 실수도 있습니다. 일례로 재개발 투자를 해야 하는 시점에서 수익성부동산인 오피스텔을 사는 경우입니다.

2007년 재개발 투자 초기 시장에서는 재개발 빌라를 사고팔아 투자수익을 올리고 있는데 나는 엉뚱하게 서울의 오피스텔을 사는 것이지요. 이것이 왜 잘못된 투자냐면 재개발 투자시장은 거의 한 달이나 두 달에 한 번씩 공청회를 하면서 급격히 반등할 때였습니다. 한 달 내의 투자수익이 경우에 따라서는 몇 천만 원이 되기도 했습니다. 그러나 오피스텔은 40만 원이 임대소득이라고 치고 이자로 빠져나가는 비용이 25만 원이라고 친다면, 한 달에 올릴 수 있는 수익은 15만 원 정도인 셈이지요. 게다가 당시 오피스텔은 분양가가 1억이라면 5천만 원 정도까지 떨어질 때여서 임대소득은 고사하고 매매손실이 마이너스가 될 수도 있는 시점이었습니다.

이처럼 트렌드 읽기에 실패하면 재산상으로 가장 큰 이득을 올릴 수 있는 기회를 잃어버리고 오히려 부동산의 하락으로 큰 손실을 입을 수도 있습니다. **여기서 트렌드를 읽는 투자의 핵심은 저평가입니다. 최소비용을 투자하여 최대의 효과를 얻으려고 노력해야 합니다. 단순하지만 가장 중요한 투자의 지침입니다.**

팔아라

자료를 모으고 생각하고 트렌드를 제대로 읽어내어 현장을 철저히 파악해 투자했습니다. 그러다 보면 투자에 성공하겠지요? 자, 이제는 팔아야 합니다. 부동산 투자는 오르면 팔고 다시 새로운 곳, 새로운 종목으로 갈아타야 합니다. 그 이유는 다음과 같습니다.

첫째, 새로운 투자처를 찾을 수 있기 때문입니다.

싸게 사서 비싸게 살 수 있는 곳을 찾았다면 팔아야 합니다. 흐름은 바뀌는 것이고 세상은 돌고 돕니다. 어제의 미운 오리새끼가 오늘의 백조가 되기도 합니다.

수익률은 고사하고 매매가가 급격히 떨어져서 재산상의 손실이 막대했던 수도권의 아파트가 지금은 수익률도 나오고 향후 매매가도 오르는 상품이 될 수도 있습니다. 그러면 지방의 부동산을 정리하고 수도권의 부동산을 사는 것이 싸게 사는 일입니다. 지방의 부동산을 계속 가지고 있다가 향후 지방의 약점인 공실 발생과 매매가 하락이 발생하지 않는다는 법은 없습니다. 예전에 빌라를 수백 채 사놓고 팔지 않았다가 지금은 수리비만 매달 수백만 원을 지불하는 재앙을 만날 수도 있습니다.

그러니 일단 올랐으면 새로운 투자처를 찾고 그 투자처를 찾는 즉시 오른 지금의 부동산을 팔고 떠나야 합니다.

둘째, 내가 산 부동산이 완전한 형태의 수익성 부동산이 아닐 수 있기 때문입니다.

지금까지의 트렌드를 살펴봅시다. 재건축 아파트, 재개발 빌라, 오피스텔, 지방 부동산, 수도권의 아파트 등은 저마다 약점을 가지고 있습니다. 재건축 아파트를 2000년대 초반에 사서 가지고 있었다면 현재 손해가 막심할 것입니다. 물론 극히 초반에 잘 샀다면 당시보다 절대 가격은 올랐겠지만 지금은 수리비, 분담금, 시공사와의 갈등, 인허가 등으로 인해 스트레스 지수는 높아지고 있을 것이 자명합니다.

재개발 빌라는 재건축 아파트보다 사정이 더 심각합니다. 한창 활황일 때는 반지하 빌라도 1억에 팔렸지만 요즘엔 아무도 거들떠보지 않습니다. 무엇보다 앞으로 재개발이 된다는 보장도 없습니다.

오피스텔은 지하철이 들어와 역세권이 된 지역이라면 전보다 월세가 10만 원 정도 올랐습니다. 월세 잘나가는 것 빼고는 내가 오피스텔을 팔지 않는 한 큰 이익은 없습니다. 그 전부터 서울의 오피스텔은 공실 없이 잘 돌아갔으니까요.

부동산 임대사업자가 목표라면 위의 주거용 부동산은 완전한 형태의 수익성 부동산이 아닙니다. 완전한 수익성 부동산이라면 서울의 역세권 빌딩 정도입니다. 수익률은 떨어지지만 불황에도, 향후 인구 감소 시기에도 최후까지 살아남을 가장 완벽하고 안전한 부동산이자 투자처는 서울의 역세권

빌딩입니다. 그곳으로 가야 하기에 트렌드를 따라 투자하지만 더 완전한 수익성 부동산을 찾아가는 과정이라고 생각합시다.

셋째, 나는 돈이 없는 사람이기 때문입니다.

처음부터 부자였다면 위에서 말한 서울의 역세권 빌딩을 사고 그저 임대소득으로 편안히 살면 됩니다. 그러나 대한민국 99%의 서민들이 그럴 수 있겠습니까? 삼신할미의 랜덤으로 로또 맞은, 선택받은 1%를 빼고는 누구도 처음부터 돈이 많지 않습니다. 그래서 우리는 평생 일을 해야 하는 운명을 가지고 태어났습니다.

돈이 없으니 돈을 벌려면 위의 사이클을 돌려야 합니다. 자료를 찾고, 생각하고, 사서 오르면 팔고, 새로운 투자처를 찾는 노력을 지속해야만 내 자산을 불릴 수 있습니다. 비록 힘들고 고단할지라도 새로운 곳을 찾아 떠나야 하는 것은 운명입니다.

그러나 미래를 위해 현재를 희생하지는 말아야 합니다. 투자처를 찾고 자료를 찾고 생각하고 현장에서 느끼고 사고파는 일 속에서도 얼마든지 행복을 찾고 성취감을 이룰 수 있습니다. 현재의 삶에서도 행복을 찾는 우리가 됩시다.

부동산 투자에서
잊어서는 안 될 5가지

부동산 투자를 할 때 무엇을 우선 고려해야 할까요? 이번에는 중요도의 순서를 살펴보겠습니다.

공실

공실의 중요성은 두말할 나위가 없습니다. 아무리 수익률이 좋아도 공실이 나면 소용이 없습니다. 공실이 나면 일단 스트레스가 쌓입니다. 밤에 잠이 안 옵니다. 상가가 되었건 주택이 되었건 간에 말입니다. 그러니 처음부터 공실이 되지 않을 조건을 찾아야 합니다.

주택이라면 상가보다는 걱정이 덜하겠지만 주택도 트렌드를 읽지 못하는 반지하 같은 곳을 사면 공실이 날 수 있습니다.

그렇다면 공실은 왜 발생할까요?

① 물건을 잘못 산 경우입니다.

예를 들면 고바위(언덕 또는 얕은 산)에 물건을 산 경우, 반지하의 물건을 산 경우, 사람이 없는 곳의 물건을 산 경우, 너무 외진 곳의 물건을 산 경우 등 매우 많습니다.

② 수익률을 잘못 계산한 경우입니다.

주로 상가일 때 많이 발생합니다. 처음 상가를 분양 받고 터무니없는 월세를 받다가 세입자가 나가면 상가세를 맞추지 못하는 것입니다.

5억짜리 상가를 샀는데 5000만 원 보증금에 월 400만 원씩 받다가 세입자가 나가고 주변 부동산에 알아보니 그 상가는 2000만 원에 월 100만 원 세를 놓으면 잘 놓는 것이라는 말을 들었습니다. 이럴 경우 월세가 이자보다 적으니 도저히 그 금액으로는 세를 내놓지 못합니다. 그래서 공실로 놓아둡니다.

실투자금

공실은 무조건 없다고 친다면 그 다음에 생각해야 할 것은 실투자금입니다. 실투자금과 수익률 두 가지 경우를 놓고 비교해 보았는데, 아무래도 실투자금이 우위입니다.

예를 들어 살펴봅시다.

재개발 투자시기의 빌라 매매가가 5000만 원입니다. 전세는 4000만 원이었습니다. 그런데 수리를 깔끔하게 잘해 놓아서 주변의 집들보다 깨끗하니 들어오려는 사람들이 많아 전세금을 5000만 원 이상받았습니다. 그러니 실투자금은 제로(0)입니다.

자본주의 사회에서 부자가 되려면 규모의 경제를 펼쳐야 합니다. 이럴 때는 돈이 들지 않는 무피투자가 가장 좋은 방법입니다. 물론공실이 없다는 것을 전제로 해야 합니다. 2년 동안 전세를 놓았는데 2년 후 세입자가 나가고 다른 세입자를 구할 수 없을 정도가 되면 난감한 상황입니다. 그래서 매년 새로운 집이 엄청난 규모로 지어지면구미 지역 같은 곳에서는 이런 투자를 할 수 없습니다. 새집이 더는등장하기 힘든 서울과 일부 경기 지역 등에서는 가능합니다. 빠른시일 내에 매매가 가능한 시점(공청회에서 재개발 구역으로 지정된다는 발표 등)이 온다면 괜찮습니다만 현재는 그런 상황이 아니니 공실 없는 지역이어야 합니다.

그래서 첫째가 공실, 둘째가 실투자금입니다.

실투자금은 수익률을 무한대로 바꾸어 주기도 합니다. 예를 들어 1억짜리 상가를 샀습니다. 대출을 9천만 원 받았습니다. 이자는 연 4.5%, 약 35만 원 정도입니다. 그런데 월세 보증금 2000만 원에 월세 70만 원짜리 세입자가 들어왔다고 가정하면 취득세와 법무비를 내고도 몇 백만 원이 남고 월 순이익도 35만 원 정도입니다. 이러면 무한대의 수익률이 되는 것이지요.

이는 보증금을 많이 받는 우리나라 문화 때문에 발생하는 현상입니다. 외국에서는 이렇게 보증금을 많이 받는 경우가 없습니다. 우리나라에서만 독특하게 벌어지는 일입니다.

수익률

이제야 수익률입니다. 부동산 임대업에서 수익률이 중요하다지만 공실, 실투자금에 비교하면 수익률의 중요도는 세 번째밖에 안 됩니다.

전통적인 계산법으로 시중에서 연 8%면 수익률이 좋은 부동산이라고 하니 8% 이상 나는 부동산은 우량 부동산이라고 볼 수 있습니다. 그러나 앞서 언급한 대로 연 수익률 개념의 방식은 은행 대출을 이용한 레버리지 투자가 들어갔을 때는 수익률이 바뀔 수 있습니다. 게다가 실투자금이 얼마인지, 취득세는 얼마인지, 밀린 관리비를 비롯한 제반 비용은 얼마인지 등이 투입액에서 빠져 있으니 정확히 얼마가 들어갔고 얼마가 순이익이 되는지 알 수 없습니다. 계산법이 간편하고 알기 쉬우나 변수가 많다는 단점이 있습니다. 그래서 월 수익률 계산법을 활용하자는 것입니다.

단, 월 수익률 계산법을 들이밀면서 "수익률이 30%다, 40%다"라고 말하면 보통 사람들은 잘 이해하지 못합니다. 그러니 내가 투자할 때 활용하면 그만이고, 월 수익률 20% 이상이면 우량 부동산으로 간주하면 됩니다.

똑같은 물건이라 하더라도 대출금이 80%인지 90%인지, 이자가 4%대인지 5%대인지, 상가인지 주택인지, 보증금이 얼마인지 등에 따라서 수익률은 역동적으로 변합니다. 위 방식을 사용하면 얼마나 대출을 많이 받고 보증금을 많이 받고 이자가 적고 법무사의 법무비를 줄이는지에 따라 수익률이 좋아지는 것을 알 수 있습니다. 이 외에 밀린 관리비 등을 더 넣는 등 추가 비용을 계산하면 더욱 정확해집니다.

지난 매매가

가격이 많이 올랐다가 다시 많이 내린 상태의 부동산은 원래 저렴했던 부동산보다는 가격이 오를 개연성이 큽니다. 그래서 지난 매매가가 크게 올랐다가 빠진 상태라면, 만약 앞으로 오른다면 지난번에 올랐던 만큼의 가격까지는 아니더라도 조금은 더 오를 수 있는 희망이 있습니다.

예를 들어봅시다. 원래 1억짜리 빌라가 부동산 광풍이 몰아치자 2억까지 갔습니다. 그런데 부동산 거품이 빠지면서 8천만 원까지 떨어졌습니다. 그러면 앞으로 2억까지는 아니더라도 최소 1억 원 정도까지 오르겠다는 희망은 품을 수 있지요. 그러나 이러한 희망은 위의 세 가지 공실, 실투자금, 수익률 등을 만족하면 오래 버틸 수 있으니 오르면 좋고 아니어도 할 수 없다는 마음을 바탕에 두어야 합니다.

그러니 지난 매매가는 앞의 세 가지 요인, 즉 공실, 실투자금, 수익률에 비해면 크게 중요한 고려대상은 아닙니다.

지방의 경우는 이전에 오른 적이 없었지만 공실, 실투자금, 수익률을 고려하여 투자했기에 오래 버틸 수 있었고 수익률이 나는 시장이었으므로 지금까지 안 오르더라도 타격이 크지 않은 투자였습니다.

매매 여부

매매가 잘되는지 혹은 안 되는지입니다. 그러나 이는 정말 중요치 않은 체크포인트라 할 수 있습니다. 매매가 잘된다는 것은 거래가 잘된다는 말이며, 공실은 관계없지만 실투자금과 수익률이 현저히 떨어지기 때문입니다. 그러니 매매가 잘되는 것은 매수자의 입장에서는 그리 좋은 상황이 아닙니다.

이러한 상황은 소위 단타를 치기에 좋습니다. 그렇다고 큰돈을 벌기 힘들거니와 거래도 잘 이루어지지 않습니다. 운 좋게 한 채 샀다고 하더라도 다른 한 채를 사려고 하면 기존의 것보다 훨씬 많이 올라버리기 때문입니다. 그래서 다음 물건을 사야 하나 말아야 하나 걱정하고 있는 사이에 다른 사람에게 물건을 빼앗기기 일쑤입니다. 게다가 실투자금도 많이 들뿐더러 매매호가는 계속 높아지고 매도자는 매물을 거둬들여 시장에 물건이 없는 현상이 벌어집니다. 결코 좋은 상황이 아닙니다.

그럼에도 불구하고 사람들은 이러한 시장에서만 물건을 사려고 합니다. 사실은 가장 위험한 상황인데도 말입니다. 갑자기 오른 가격과 몰려드는 사람들 때문에 내가 물건을 비싸게 살 때 안심은 되지만 물건을 비싸게 사서 가격이라도 급락하면 100% 손해를 보는 상황으로 몰리고 맙니다.

그 외에도 여러 가지가 있으나 여기서 가장 염두에 두어야 할 세 가지는 공실과 실투자금, 수익률입니다.

부동산 임대사업의 성패,
공실과 레버리지에 달려 있다

공실은 투자에 있어서 가장 중요하고, 첫 번째로 고려해야 할 점입니다. 아무리 수익률이 좋은 부동산이라 해도 공실이 난다면 아무 소용없는 부동산이나 마찬가지입니다.

'무슨 부동산이 공실? 그냥 세놓으면 다 나가는 거 아니야?'

이렇게 생각한다면 엄청난 착각입니다. 대부분의 사람들은 부동산 중에서도 주택, 그리고 그중에서도 서울이나 수도권 아파트를 부동산으로 보는 경향이 있기 때문에 이런 생각을 하는 것입니다. 그러나 그런 부동산일수록 실투자금은 많이 들고 그에 비해서 수익률이 많이 떨어지는 것이 일반적입니다. 그러니 처음부터 부자가 아닌 다음에야 이런 부동산으로 돈을 벌어보겠다고 생각하면 매우 힘들어집니다. 그냥 전세 끼고 투자했다가 나중에 혹시 오르면 팔면 된다는 마음을 가지고 있다면 좋습니다.

안정성과 수익률은 반대로 움직입니다. 돈이 많이 들어가는 것은 수익률이 낮으며, 수익률이 높은 것은 공실이 날 가능성이 큰 것이 현실입니다. 그러나 돈이 없는 서민들의 입장에서는 강남의 아파트는 고사하고 서울에 있는 조그만 아파트에도 투자하기 어렵습니다.

자연스레 서민들이 투자하는 부동산은 주택으로 따지면 빌라가 될 것이고 지방의 아파트, 상가 등 남들이 관심을 기울이지 않는 곳에 투자를 해야 합니다. 그래야 수익률도 좋고 실투자금도 적은 부동산을 살 수 있습니다.

그런데 이러한 부동산은 공실이 날 수 있다는 점을 꼭 염두에 두어야 합니다. 그래서 공실에 관해 알아야 합니다.

공실은 사람들이 많지 않아서 발생하는 것입니다. 사람들이 많지 않은 이유는 수요가 일정한데 부동산이 과다하게 공급되는 경우가 있고, 부동산은 일정한데 수요가 급격히 줄어드는 경우가 있습니다.

과다공급

첫 번째는 과다공급입니다.

①수요보다 공급이 많아지는 과다공급

지방 대학가 인근의 원룸 같은 곳입니다. 지방의 대학은 시골에 지어진 곳이 많고, 이런 시골에는 빈 땅이 많습니다. 그러니 대학이 들어오면 수익형 원룸을 짓기 시작합니다. 여기서 멈추면 다행인데, 수익률이 떨어지고 공실이 생길 때까지 짓습니다. 그러다가 수익률이 떨어지고 공실이 슬슬 나오기 시작하면 뒤늦게 집짓기를 중단합니다.

투자자에게 분양을 해서 수익을 거둬야 하는데 수익은커녕 공실만 잔뜩 있다면 팔지도 못하고 들어간 투자금과 이자에 허덕이게 됩니다. 그러니 이들은 기가 막히게 수익률이 떨어지고 공실이 나는 시점까지 짓습니다.

그렇지 않고 집장사들이 공급을 중단하고 수익률이 일정하게 간다고 해도 안심할 상황이 아닙니다. 갑자기 대학이 기숙사를 지어버리면 과다공급의 폭탄을 맞게 됩니다. 서울의 대학들도 기숙사를 지어 학생들에게 주거지원을 하고 싶어도 인근 원룸주민들이 격렬히 반대하는 바람에 공사가 지연되는 경우가 있습니다. 그래도 서울은 그렇게 임대업자들이 시위라도 하면 표심 등의 이탈을 우려하기도 하지만, 지방은 상대적으로 이런 일이 비일비재하게 일어나 임대업자들이 하룻밤 사이에 날벼락을 맞습니다.

2기 신도시도 마찬가지였습니다. 최근에는 미분양이 없어지고 안정화되어가는 중이지만 처음에는 공실이 많았습니다. 이 역시 마찬가지로 실제 들어와 살 사람은 없는데 공급폭탄이 떨어지니 공실이 생기는 것은 당연한 수순입니다.

과다공급의 원인은 빈 땅이 많기 때문입니다. 더 이상 빈 땅이 없다면 과다공급에 따른 공실의 위험을 줄일 수 있습니다. 대표적인 곳이 서울입니다. 빈 땅이 없으니 늘리려 해도 기존의 건물을 철거하고 다시 지어야 합니다. 이러한 곳은 공급이 순식간에 늘어날 수 없기 때문에 철거와 공급이 균형을 이뤄 더 이상 공급이 크게 늘지 않는 대표적인 곳입니다.

빌라를 부수고 아파트를 짓는 재개발은 공급 증가를 불러온다고 알고 있지만 오히려 빌라가 많은 주택가가 더 공급이 많다는 사실을 아는 사람은 드물 것입니다. 미아뉴타운의 경우 재개발 전에는 주민등록 인구가 4만 명 정도였지만 뉴타운 이후에는 오히려 3만 명 정도로 25% 가까이 줄었습니다. 그러니 재개발 같은 경우도 공급 측면에서는 증가가 아닌 감소를 불러옵니다.

② 판단착오로 인한 과다공급

앞으로 지어질 도면만 보고 상가에 투자하면 반드시 낭패를 보고 맙니다. 상권 형성이 어떻게 될지 아무도 모르기 때문입니다. 신도시 상권 같은 곳이 대표적입니다. 신도시 상권 중 장사가 잘되는 상권 블록과 장사가 잘 안 되는 상권 블록이 길 하나를 사이에 두고 극단적으로 갈리는 경우가 있습니다. 그래서 상가 투자는 완전히 상권이 완성되고 난 이후 투자해야 한다는 말이 있습니다. 그러니 도면만 보고 "여기가 장사가 잘될 것 같다"고 넘겨짚어서는 안 됩니다. 상가 형성 후 사람들이 의외로 잘 다니지 않는 곳이 될 가능성이 항상 남아 있습니다.

구도심 상가들은 자연스럽게 사람들이 모이니 상권이 형성되어 공급이 수요를 창출해낸 경우입니다. 그러나 신도시 상가들은 상권을 계획하고 먼저 공급이 이루어지고 나중에 아파트 단지가 생기고 나서야 수요가 이어집니다. 즉 공급이 수요를 끌어내는 구조입니다. 하지만 사람들이 상가로 몰려들어야 하는데 어떤 이유에서건 신도시 상가를 가지 않는다면 이렇게 계획된 상권은 몰락할 수밖에 없습니다.

역세권 개발 상가도 마찬가지입니다. 역이 생기면 그 근처를 상업지구로 개발하는데 장사가 잘되는 곳보다는 안 되는 곳이 훨씬 많은 것이 현실입니다.

이 모두가 과다공급의 한 종류입니다.

공급은 일정하지만 수요가 줄어드는 경우

공급은 일정한데 수요가 갑자기 줄어드는 경우입니다. 대표적인 원인은 사람들의 이동입니다. 상권의 이동을 예로 들어보겠습니다.

한때 사람들이 홍수를 이루던 상권의 이동으로 말미암아 사람들이 빠져나가고 상가의 공실을 유발합니다. 상권의 이동은 왜 일어날까요? 여러 가지 이유가 있습니다. 모든 이유를 분석할 수는 없지만 몇 가지 대표적인 유형을 살펴봅시다.

① 유행의 이동

서울의 상권이 이런 방식으로 이동에 이동을 거듭합니다. 홍대 같은 곳은 공연 문화와 예술인들로 인한 문화가 상권을 형성하여 사람들을 끌어들이고 자연스레 상가의 권리금이나 월세가 오르는 효과를 불러옵니다. 돈 없는 예술인들은 다시 다른 곳으로 이동합니다. 그러면서 홍대 근처에 머물던 상권은 상수동이나 연남동으로 이동과 확장을 거듭합니다.

강남의 압구정에서 신사동 가로수길 등으로의 상권 이동도 마찬가지입니다. 유명 음식점이나 패션트렌드 등이 상권을 따라 이동합니다.

② 교통수단의 이동

서울 이외에서의 상권 이동은 지하철과 같은 교통수단의 이동이 크다고 볼 수 있습니다. 대표적인 예로 인천 구도심의 몰락이 있습니다.

동인천은 인천의 대표 상권이었습니다. 그러나 인천 지하철 1호선이 생기면서 국철 1호선 라인의 동인천, 제물포, 주안, 부평으로 대표되던 상권들이 예술회관, 부평, 계산동 상권으로 이동합니다. 단순히 인천 지하철 1호선이 건설되고, 오래된 구도심의 불편한 주차장과 노후화된 건물 때문에 깨끗하고 구획이 잘 정리된 새로운 상권으로 이동한 것이 아닙니다. 숨은 이유는 주거지 인근으로의 자연스러운 상권 이동입니다.

예전에는 동인천, 제물포, 주안 등지에 주거지가 밀집되어 있었지만 연수동과 부평, 계산동 등에 대규모 주거 단지가 조성되어 인구 이동이 일어났습니다. 주거 단지의 이동은 상권의 이동을 부르지 않았습니다. 어차피 인천 지역은 서울로 출퇴근하는 베드타운의 역할에서 크게 벗어나지 않았기 때문에 여전히 서울로 출퇴근하는 사람들은 국철을 이용했고 퇴근길에 동인천, 제물포, 주안, 부평에 내려서 주거지로 이동하는 퇴근 상권을 형성했습니다. 그러다 인천 지하철 1호선이 지어지고 나서 국철 1호선까지 타고 인천의 서쪽 끝까지 갈 필요가 없어진 것이지요.

당연히 사람들은 주거지로 바로 이동할 수 있었고 그 중간에 있었던 예술회관, 부평, 계산동 방향으로 상권이 이동했습니다. 가장 수혜를 본 곳은 부평입니다. 환승역세권으로 국철과 인천 지하철 1호선이 다니는 더블 역세권이 되어서 상권의 집객이 더 늘어났습니다.

그러나 최근 강남으로 한 번에 갈 수 있는 7호선 연장선이 생기면서 부천의 중, 상동 역세권으로 상권이 쏠리게 됩니다. 강남으로 출퇴근하면서 부평에 살거나 계산동 쪽에 사는 사람들이 더는 인천 지하철 1호선역인 부평역을 이용할 필요가 없어졌기 때문입니다. 그러면서 퇴근 상권인 부천의 중, 상동 상권이 인천의 상권까지 끌어들이는 효과가 나타났습니다.

수도권의 상권이 교통을 중심으로 이동하는 이유는 사람들이 서울로 출퇴근할 수밖에 없는 베드타운이기 때문입니다. 그러니 퇴근 상권이 발달할 수밖에 없고 가장 큰 교통수단인 지하철의 건설은 퇴근 상권의 변화를 가져오기 마련입니다.

요즘 구도심 재래시장을 살린다며 대형 마트의 휴무제를 실시하고 주차장의 현대화, 상가의 구조 변경으로 천문학적인 돈을 쓰고 있지만, 통계만 보면 재래시장의 매출은 오히려 더 감소하고 있습니다. 오히려 대형 마트 휴무일에는 사람들이 소비를 하지 않아 전체적인 소비의 감소 현상만 발생하고 있습니다.

재래시장 감소 요인을 대형 마트가 아닌 상권의 이동 측면에서 보면 어떨까요? 재래시장은 구도심에 자리 잡고 있는 반면 대형마트는 대부분 아파트 단지 등 주거시설이 밀집되어 있는 곳에 있습니다. 재래시장에 가려면 집 근처에 있는 대형 마트를 포기하고 일부러 차를 타고 가야 합니다. 주차장이 잘되어 있다 해도 대형 마트보다 먼 곳에 재래시장이 있으니 기름 값이 더 듭니다. 마치 퇴근하다 지하철에서 내리면 바로 술집이 있는데 일부러 차를 타고 집보다 훨씬 먼 구도심 상권으로 가서 술을 먹고 택시 타고 돌아오는 형국입니다.

직장의 이동

연세대학교는 인천 송도에 송도 캠퍼스를 지어서 1, 2학년들이 송도 캠퍼스에서 공부하도록 했습니다. 그 결과는 홍대 상권의 부흥과는 반대되는 신촌 상권의 몰락이었습니다. 지방 대학가 인근의 상권이 대학의 이전으로 인하여 완벽하게 몰락한 상황이 이러한 사례의 극단적인 경우입니다.

그렇다면 공실이 허용되는 범위는 어느 정도일까요? 1년 12개월 중 몇 개월 정도면 공실이 심한 상가 혹은 주택일까요? 심한 공실의 기준은 2개월입니다. 한 달 이내에 같은 조건으로 재임대를 놓을 수 있다면 대략 공실 없이 잘 돌아간다고 볼 수 있습니다. 두 달 이내에 같은 조건으로 재임대를 놓을 수 있다면 보통입니다. 그러나 석 달이 넘어가면, 그리고 월세 조건을 낮추어도 계속 비어 있다면 공실이 심한 경우입니다.

어떠한 경우라도 한 달이 넘지 않고 재임대를 다시 놓을 수 있다면 그곳에 있는 세입자는 몇 년간 계속 임차할 가능성이 높습니다. 임차인이 그곳의 사정을 잘 알고 있으니 임대료만 올리지 않으면 좋겠다고 생각하는 수준의 지역입니다. 전세 가격이 올라가는 서울의 아파트나 좋은 1급 상권입니다. 그러나 두 달이 넘어가도 재임대가 힘들고 지난 임대 조건에 비해 재임대 조건이 계속 나빠지는 경우라면 싼 가격이라도 빨리 팔고 새로운 곳을 찾아야 합니다.

공실이 나지 않으려면 공실이 나는 조건을 제거해야 합니다. 그러기 위해서는 과다 공급과 수요 감소를 예측해야 합니다. 부동산 하나를 잘 사서 평생 갖고 가는 것이 아니라 끊임없이 변하는 생물처럼 이동해야 하는 것입니다. 이동하는 사람들의 수요를 예측하지 않고 사고팔지 않으려면 매우 안정적인 곳에 사야겠지요. 그래서 서울의 강남이나 명동처럼 사람들이 많이 다니는 곳에 부동산을 사야 이러한 이동에 대해 어느 정도 자유로울 수 있습니다.

레버리지 투자

돈이 많지 않은 서민들은 레버리지 투자를 할 수밖에 없습니다. 예전에 한창 지방에 투자할 때였습니다. 목포에 갔는데 연산 주공아파트의 수익률이 꽤 좋았습니다. 아파트 가격이 3000만 원 정도였는데 월세가 500만 원에 30만 원 정도 나온다더군요. 돈은 거의 들지 않으면서 수익률은 좋은 아파트였습니다. 인근 부동산에서는 학군이 좋아서 아파트 인기가 좋다며, 공실도 거의 없다고 말했습니다. 1000세대가 넘는데 그중 매매로 나온 물건은 한두 개 정도에 불과했습니다. 다만 물건이 너무 적고 대출이 1000만 원 정도밖에 안 되어 실투자금이 많이 든다는 것이 약점이었습니다.

서울에 올라와서 돈 많은 형님을 만나 이야기를 하자 그는 이렇게 말했습니다.

"들어보니 좋은 것 같은데 내가 3억 줄 테니 10채만 사와라!"

돈이 많은 사람들은 은행에서 대출 받는 행동을 이해하지 못합니다. 왜 은행 대출을 하냐고 합니다. 은행 대출을 받으면 외환 위기처럼 환란이 있을 때 얼마나 위험하냐며 말입니다. 게다가 은행에서 대출 상환이라도 들어오면 꼼짝 없이 경매로 넘길 판이니 말입니다.

물론 그렇지요. 하지만 돈 없는 서민은 대출을 받을 수밖에 없습니다. 텔레비전에 이런 뉴스가 자주 나옵니다. "월급쟁이가 한 푼도 안 쓰고 10년 모으면 서울에 전셋집 겨우 산다." 한 달에 백만 원씩 모으면 1년이면 1천2백만 원, 10년이면 1억2천만 원이니 말입니다. 그러니 300씩은 모아야 10년 후에 3억 정도 되는 전셋집 하나 살 수 있습니다.

그런데 이렇게 무식하게(?) 모으면 10년 후에는 물가상승률 때문에 전셋집을 살 수도 없을뿐더러 돈의 가치만 더 떨어집니다. 그러니 서울에서 전셋집을 살고 싶으면 전세자금 대출을 받고 월 몇 십만 원씩 이자를 내지요. 그래도 월세보다 전세자금대출 이자가 더 쌉니다. 아파트를 사면 월세보다 매월 들어가는 이자 비용이 더 큽니다. 그러니 대출을 턱밑까지 받은 집주인도 월세 사는 것과 매한가지입니다.

위에서 보듯이 레버리지는 양날의 검입니다. 단 한 번에 집을 살 수도 있지만 단 한 번의 외풍에 모든 것을 날릴 수도 있습니다. 한 번의 외풍으로 집이 날아가는 대표적인 투자 사례는 재개발이 끝나 갈 무렵의 재개발 전세 투자입니다. 즉 이미 오를 대로 오른 재개발 빌라를 더 오를 것이라 생각하고 투자한 사람들이었지요. 5천만 원짜리 빌라가 1억이 올라서 1억5천만 원이 되었는데 어디에 투자할지 몰라 방황하던 재개발 투자 전문가는 다시 재개발 빌라를 사기로 마음먹습니다. 1억5천만 원짜리 빌라를 70% 대출을 받고 전혀 오르지 않은 전세금 4000만 원을 집어넣고 버티기에 들어갑니다.

그러나 오히려 끝물인 재개발 시장은 추락을 거듭하고 외환위기에 폭등해버린 대출이자는 한 채당 70만 원을 넘어갑니다. 10채를 샀으면 700만 원을 월 이자로 내야 하는 것이죠. 그러다가 재개발로 번 돈 몇 년 만에 다 까먹고 경매로 넘기고 맙니다. 이러한 시나리오가 레버리지를 이용했다가 한 번의 외풍에 날아간 경우입니다.

그러나 이 사람은 레버리지로 한 번에 돈을 벌기도 했습니다. 재개발 시절, 전세를 낀 레버리지 투자로 5000만 원으로 10채도 살 수 있었고 단기간에 매도하여 많은 돈을 벌기도 했습니다. 이것은 저평가 된 물건에 투자했기에 위험하지 않았으나, 시대적 흐름에 무지했던 사람들은 저평가 투자를 무시하고 레버리지를 일으켜 망한 경우를 몸소 보여주었습니다.

물론 아무리 저평가된 물건에 투자하더라도 IMF 외환위기처럼 시중은행 이자가 20%를 넘나들면 순식간에 유동성 위기에 빠질 수밖에 없습니다. 그러니 레버리지는 위험한 투자이고, 돈 많은 사람들은 은행 돈을 왜 빌리냐고 말하는 것이지요.

그러나 서민들은 1000만 원을 모으는 일도 쉽지 않습니다. 월세 200만 원쯤 나오면서 공실이 없는 상가를 사려면 최소 5억은 있어야 합니다. 그런데 무차입으로 이런 상가를 사려면 한 달에 100만 원씩 저축해서 50년 정도를 모아야 산술적으로 가능합니다. 그렇게 해서 돈을 모으고 200만 원이 매월 나오는 상가를 사더라도 30세부터 돈을 모았으면 80세는 되어서야 상가 하나 손에 쥐는 셈입니다. 설령 이렇게 된다 해도 인생이 정말 허무할 뿐이지요. 죽어라 돈을 벌었는데 겨우 안정될 만하니 살날이 얼마 남지 않으니까요. 그러니 레버리지는 서민의 필요악이라고도 볼 수 있습니다.

부동산 임대사업에서 가장 중요한 2가지가 공실과 레버리지입니다. 이 2가지의 관리가 임대사업의 성패를 가름합니다. 그러니 돈을 벌면 공실이 없는 안정된 곳으로 계속 갈아타야 하고 수익률이 떨어지더라도 레버리지를 줄여야 합니다.

그리고 마지막으로는 무차입으로 서울의 역세권 상가를 사는 것이 최후의 부동산이 될 것입니다.

물론 강남 같은 곳이어야 할 테고요. 서울의 역세권 중에서도 사람이 잘 다니지 않는 지역은 허다하니 그런 곳은 피해야 합니다. 그리고 돈을 어느 정도 벌었다면 이러한 안정화 과정을 꼭 거쳐야 합니다.

얼마 전 판사에게 돈을 준 61세 사채왕의 이야기가 뉴스에 나왔습니다. 판사는 구속되었고 그 일이 기사화되었지만 저는 61세의 사채왕이 더 궁금했습니다. 왜 그런 선택을 했는지 말이지요.

판사야 돈 욕심 때문에 그랬다지만 사채왕은 그 나이에 감옥에 가면 언제 나온다고 얼마나 부귀영화를 더 보겠다고 판사에게 돈을 주어서 영달을 꾀했을까요? 사채왕 정도라면 지금까지 벌어놓은 자신의 지분만 정리하고 살아도 여생을 편안하게 지낼 텐데 말입니다.

그에게는 돈을 버는 목적이 '탐욕 채우기'였나 봅니다.

싸게 살 수 없다.
경매는 '시세'에 사는 것이다

"다시 말하면 싸게 살 수 없다"는 결론이 납니다.

아니, 경매는 싸게 살 수 있는 방법이라고 책이건 방송에서건 떠들어 대는데 무슨 소리냐고 반문할 수 있습니다. 그러나 제 결론은 여전히 제목과 같습니다. 라디오 프로그램을 듣다 보면 전문가들과 진행자가 이렇게 이야기합니다.

진행자 : 요즘 경매 경쟁률이 정말 치열하다면서요?

전문가 : 네 그렇습니다. 경쟁률이 너무 치열해서 자칫하면 시중 가격보다 비싸게 낙찰 받을 수 있는 것이 요즘 현실입니다.

진행자 : 그러면 손해 아닌가요?

전문가 : 그렇습니다. 경매는 시중가격보다 싸게 사는 것이 관건인데 시중가격보다 비싸게 사면 손해죠.

그러나 막상 경매법원 분위기를 보니 싸게 써서는 낙찰될 수 없기에 비싸게 씁니다. 그리고 결국 본인에게 손해를 입히는 상처로 남습니다. 항상 이러한 질문과 대답이 오갑니다. 그런데 왜 많은 사람들이 경매로 싸게 살 수 있다고 생각할까요? 정말 그렇게 살 수 있을까요? 한때는 그런 적도 있었습니다. 경매가 대중화되기 전인 2000년대 초반 이전입니다.

그러나 이후 경매 책이 쏟아져 나왔고 경매로 낙찰을 받는 것은 부동산에서 물건을 사는 것처럼 흔한 일이 되었습니다. 그런데 왜 미디어에 전문가라는 사람들이 나와서 경매는 싸게 사는 것이라고 아직도 얘기하는 걸까요? 그리고 왜 인터넷의 경매강좌는 부동산은 경매로 사야 수익을 낼 수 있다고 여전히 강조할까요?

첫째, 감정가의 착각 때문입니다.

감정가는 시장가격이 아닙니다. 감정가는 실제 경매시기까지 6개월 이상의 시차가 나는 가격이기 때문이지요. 게다가 감정평가사가 제대로 감정한다고 볼 수도 없습니다. 한 번은 똑같은 부동산을 동시에 두 개의 감정평가법인이 동시에 감정했습니다. 그런데 감정가가 1억 원 넘게 차이 나는 바람에 화제가 되어 뉴스로 나온 적도 있었습니다.

감정가를 기준으로 100%에 가깝게 낙찰을 받으면 과열이라고 결론짓는 것이 문제입니다. 가격은 이미 올랐는데 6개월 전 혹은 그 이전에 감정한 가격에 맞추어 70% 선에서 낙찰 받아야 한다는 것이 싸게 낙찰을 받는 것은 아닙니다. 가격은 변하기 때문에 그에 맞추어서 낙찰을 받는 것이지 무조건 감정가대비 몇 %선에서 낙찰 받는 것이 아닙니다.

둘째, 경매 낙찰가격은 시장가격이라는 사실입니다.

예를 들어 A라는 부동산의 시장가격이 1억입니다. 그런데 이와 비슷한 물건이 경매정보사이트에 떴는데 내가 이 부동산을 9천만 원에 입찰가를 쓴다면 낙찰을 받을 수 있을까요? 확률은 거의 희박합니다. 몇 백 번 입찰한다면 혹시 모르겠지만 그것도 시간 낭비, 돈 낭비입니다. 그냥 1억을 써야 그날 낙찰을 받을 수 있습니다.

그러면 시장가격이 1억 원인데 그날 9천만 원에 낙찰 받았다면 무슨 이유에서일까요? 그것은 시장가격이 그만큼 떨어졌다는 의미입니다. 대세 하락기에 이런 현상이 일어나는데 시장조사를 게을리 한 바람에, 9천만 원을 지나 8천만 원까지 떨어진 경매 물건에 나 혼자 9천만 원을 썼다면 단독으로 낙찰 받겠지요. 경매에 경험이 많은 사람들은 이런 경우를 목격했을 것입니다.

상가와 땅 같은 것은 감정가 대비 많이 떨어졌는데 또는 시장에서 부르는 가격보다 싸게 낙찰을 받았는데 이것은 무엇을 의미할까요?

그것은 진짜 시장가격이 아닙니다.

거래가 워낙 적은 지역이어서 상가를 전문으로 하는 부동산 중개인들도 현재의 시장가격을 제대로 알 수 없는 경우입니다. 그러니 막상 그렇게 싸게 낙찰을 받아서 그 부동산 인근의 공인중개사 사무소에 물건을 산 가격에 처분해 달라고 하면 못하는 경우가 허다합니다. 막상 거래가 되는 물건이 아니고 그 정도에는 팔리지 않습니다. 오히려 급급매 정도의 물건이라야 팔린다면 자신이 낙찰 받은 가격보다 더 싸게 낙찰을 받았어야 했습니다.

즉 시장가격을 쓰지 않으면 낙찰을 받을 수 없으며 혹은 싸게 낙찰 받은 물건은 바로 시장에서 거래가 되지 않기에 싸게 받은 것이 아닙니다. 그러니 포기하고 시장가격에 입찰을 하면 100% 낙찰 받을 수 있으며 그것이 정신적, 물질적으로 이득입니다.

여기서 우리는 딜레마에 빠집니다.

경매로 시장가격에 사면 명도도 해야 하고, 물건을 볼 수도 없고, 제대로 설명도 들을 수 없는데 왜 경매를 이용해야 합니까?.

그 이유는 '경매의 장점인 레버리지를 이용할 수 있기 때문'입니다. 시중의 상가 일반 매매의 대출은 50% 남짓인데 경락잔금은 심지어 90%까지 나옵니다. 이처럼 명도, 권리분석 등의 귀찮음을 상쇄하고도 남을 수익률이 있기 때문입니다.

이제 어떻게 경매로 수익을 남길 것인가에 대한 의문이 생길 것입니다. 1차적인 대처는 빨간 글씨의 공략입니다. 소위 말하는 법적지상권, 유치권, 선순위 가처분 등의 권리분석상 위험요인을 공략해서 싼 가격에 낙찰 받아 시장가격에 처분하면 됩니다.

그러나 이것이 쉬울까요?

일단 모든 경매학원은 이런 물건을 해야 돈을 번다고 가르칩니다. 생각해 보세요. 만약 경매를 시장가격에 사는 것이고 권리 분석상 위험 요인이 있는 물건(이하 빨간 글씨의 물건)을 피하라고 한다면 경매 교육이 필요 있을까요?

책 한 권 볼 필요도 없고, 피해야 할 권리분석의 위험을 한 시간 정도만 들어도 충분합니다. 그런데 경매학원에서는 강사를 여러 명(각 분야 전문가, 심지어 세무사, 변호사 등) 붙여서 몇 십만 원대의 가격에 최소한 8주 이상의 교육을 시킵니다. 그럼 한 시간을 뺀 나머지 시간에 무엇을 할까요? 그냥 빨간 글씨의 물건들을 집중적으로 소개합니다. 가르치는 강사는 그런 빨간 글씨의 물건들을 죄다 알까요? 제가 아는 한 그런 강사는 없습니다. 그렇게 소송해서 이기고 승소할 실력이 있다면 365일 내내 강의로 먹고살 것이 아니라 그냥 자기 일을 하겠지요. 왜 힘들게 사람들 모아서 강의하고 있겠습니까.

이들은 경매 호황기에 운이 좋아 책 한 권 쓴 사람들입니다. 그게 잘 알려졌고 그런 빨간 글씨의 물건들을 몇 건 건드려본 정도입니다. 그러니 자신도 모르는 것을 가르치고 있는 아이러니한 상황이

전개되고 있는 것이죠.

그럼 정말 빨간 글씨의 물건들은 누가 잘 알까요? 부동산 소송전문 변호사만이 고수의 범주에 속합니다. 자신의 물건만으로 그렇게 많은 경험을 할 수 없고 남의 물건을 대리해서 소송했다가 패소하기라도 하면 변호사법 위반으로 형무소에 가는 것은 시간문제이기 때문입니다. 그래서 경매 법인에 전과자들이 많습니다. 그들의 농간에 빠지지 말고 빨간 글씨의 물건들은 잊어버리고 일반 물건으로 승부해야 합니다.

그렇게 경매를 두 달 배우면 막상 할 수 있을까요? 운이 좋으면 실패하지 않을 수 있지만, 한 번의 실수로 지금까지 번 돈을 모두 날릴 수 있습니다. 게다가 소송 기간과 위험 등을 따져보면 그다지 수익이 크지 않을지도 모릅니다.

두 번째로 경매로, 그것도 시세로 낙찰 받아 어떻게 수익을 낼까요? 저평가된 것을 흐름에 따라 투자해야 합니다. 그러나 누차 얘기하지만 쉬운 일이 아닙니다. 단타 생각은 머릿속에서 지우고 장기투자를 각오해야 합니다.

예를 들어 경매가 한창인 시기에는 남들이 쳐다보지 않는 재건축을 봐야 하고, 재건축 시절에 재개발을 봐야 합니다. 재개발 시절에 오피스텔을, 오피스텔 시절에 지방을, 남들이 지방을 볼 때 수도권 이상을 보는 투자입니다.

그러나 이러한 사실은 어차피 소수만이 알 뿐, 그것을 아는 사람은 다른 사람에게 말해줄 수 없습니다. 남에게 떠벌리는 순간 적게는 두세 명에서 많게는 수만 명의 경쟁자를 만드는 셈이니까요.

여기서 근원적인 질문을 살펴봅시다. 경매로 싸게 사는 것과 저평가된 것을 사는 것과의 차이입니다. 경매로 시세보다 싸게 사는 것과 저평가된 것을 사는 것(싸게 사는 것)은 다른 의미입니다. 경매로 시세보다 싸게 사는 것은 단순히 남들이 생각하는 가격보다 싸게 사는 것입니다. 즉 시장의 가격보다 싸게 사는 것입니다.

반면 제가 말하는 저평가된 것을 사는 것(싸게 사는 것)은 예를 들면 이렇습니다. 주택이 1억입니다. 물론 시장가격도 1억입니다. 그런데 잘 살펴보니 월세가 2천만 원에 월 45만 원 정도입니다. 요즘 대출 현황을 보니 대출이 과열되어서 90%까지도 해준다고 합니다. 그래서 잘 계산해 보니 9천만 원 대출에 이자는 30만 원도 안 되는데 보증금 2000만 원에 45만 원 받으면 돈이 1000만 원 가까이 남으면서 수익이 15만 원 정도 나옵니다. 주변을 보니 공실이 날 동네는 아닙니다. 더블 역세권인데다가 수요도 풍부한 지역입니다. 얼마든지 월세를 놓더라도 바로 나갈 지역입니다. 게다가 동네는 좀 노후화되어 재개발을 노리고 들어간 지역은 아니지만 향후 시절이 좋아지면 재개발도 가능할 것 같다는 생각도 듭니다. 부동산은 공실 →실투자금 →수익률→매매가 등의 순서로 봐야 합니다. 공실이 날 것 같지 않고, 실투자금은 오히려 나오고, 수익률은 돈이 안 들어간 상태에서 다만 15만 원 정도 나오고, 매매가는 오를 가능성이 있다면 이런 물건은 저평가되었다고 봅니다. 금상첨화겠지요.

즉 시장에서 가격적으로 싼 물건을 사는 것이 아니라 내가 생각하기에 시장가격에 사더라도 저평가된 물건을 사는 것이 핵심입니다. 단순한 시장의 가격과 저평가된 물건을 사는 것(싸게 사는 것)과의 차이입니다.

그러니 오늘도 경매법정에서 고개를 갸웃거리며 '저 정도 가격이면 시장에서 사지 왜 여기서 살까?'라고 생각하는 사람은 잘못 생각하는 것입니다. 경매입찰서를 쓸 때 이렇게 생각하세요.

'어떻게 물건을 볼 것인가?'

'빨간 글씨를 써서 위험부담을 크게 가질 것인가?'

'창의적인 생각으로 저평가 된 물건을 시장가격에 잡을 것인가?'

이도 저도 아니라면 아예 입찰을 마세요. 그것이 시간도 정력도 낭비하지 않는 지름길입니다.

경매로 돈 되는 물건
낙찰 받는 법

경매를 하다 보면 스트레스 받을 일이 자주 일어납니다. 입찰은 항상 하는데 낙찰이 안 되기 때문이죠. 소신껏 입찰하는데 항상 떨어지니 '이거 더 써야 하나?' 하는 의문도 듭니다.

소신껏 입찰하는 것은 맞습니다. 하지만 남들이 다 달라붙는 물건을 같이 붙어서 낙찰 받으려 하니 힘듭니다. 남들이 다 달라붙는 물건은 그만큼 이변이 적고, 경쟁률이 최소 10대 1은 넘는다는 얘기가 됩니다.

만약 입찰하려는 사람 중 일부가 하필이면 입찰 당일 교통사고가 나거나, 개인 사정이 있어서 나오지 못하더라도 원래 10:1에서 7:1 정도로 경쟁이 줄어들 뿐 큰 변화를 기대하기는 어렵습니다. 그렇기 때문에 경쟁자 몇 사람이 빠져도 내가 소신껏 쓴 금액으로는 낙찰을 받을 수 없다는 이야기입니다.

한때 빌라의 인기가 높을 때 시장가격이나 급매가격보다 훨씬 더 세게 낙찰을 받아가는 경우를 보았을지도 모릅니다. 이처럼 이변이 적은 물건은 시세에 낙찰을 받겠다는 자세로 달라붙어야 가능합니다. 그래서 결론은 '인기 있는 물건은 시세에 낙찰 받아야 한다'입니다.

그런데 시세에 받아봐야 남는 것이 없고, 수익도 안 나고, 직접 내가 사용할 요량이 아니라면 굳이 낙찰을 받을 필요도 없습니다. 그래서 남들이 사지 않고 남들이 쳐다보지 않고 그렇다고 수익률이 떨어지거나 공실이 많이 나지 않는 그런 물건을 찾는 것이 핵심이죠. 그런 물건을 찾는 것이 진짜 실력이고 노력의 결과입니다. 때문에 이런 노력을 하지 않은 사람은 몇 년이 지나도 낙찰 한 건 받지 못하고 허송세월하면서 매번 경매법정에서 빈손으로 돌아오는 빈 수레가 됩니다.

반대로 경쟁률이 낮다는 것은 이변이 나올 확률이 높다는 뜻입니다. 그러면 경쟁률은 언제 낮아질까요? 인기 없는 물건, 인기 없는 지역, 감정가가 높은 물건, 감정가 100%인 상황, 남들이 신경 안 쓰는 종목 등입니다. 이런 경우는 경쟁률이 낮으니 낙찰 받을 확률이 높아지겠죠.

이제 경매 낙찰이 벌어지는 경우를 상황별로 살펴봅시다.

신건인데 감정가가 낮게 잡혀 있을 때

오피스텔이 나왔습니다. 지하철도 들어와 있고 강남으로 가는 지하철이라 노선도 좋습니다. 감정이 낮게 잡혀 있었죠. 시세를 조사해보니 500만 원 보증금에 월세 35만 원이 나오는데 감정가가 3600만 원으로 적게 잡혀 있었던 것이죠. 이 물건을 감정가대로 낙찰 받았다고 쳐서 계산하면 어마어마한 수익률이 나옵니다.

1번	전용면적	낙찰가	최저가	대출금(90%)
	4	36,000,000	36,000,000	32,000,000
이자(5.9%)	보증금	취등록세	관리비	선투자금
157,333	5,000,000	2,656,000		6,656,000
실투자금	월세	순이익금	평당 월세가	수익률
1,656,000	350,000	192,667	109,290	116%

무려 116%가 됩니다.

하지만 감정가대로 낙찰 받을 수는 없을 것입니다. 신건이고 주목하는 사람이 얼마 없지만 그렇다고 아예 없지는 않으니까 얼마를 더 써야 낙찰을 받을 것인지 고민해야 합니다. 낙찰의 유무는 얼마를 더 쓰느냐에 달려 있습니다.

1번	전용면적	낙찰가	최저가	대출금(90%)
	4	41,000,000	36,000,000	32,000,000
이자(5.9%)	보증금	취등록세	관리비	선투자금
157,333	5,000,000	2,886,000		11,886,000
실투자금	월세	순이익금	평당 월세가	수익률
6,886,000	350,000	192,667	109,290	28%

이런 상황에서는 수익률에 맞추어서 거꾸로 계산해보면 됩니다. 수익률을 최소 30%는 맞춰야겠다고 생각하면 낙찰가를 올리면 됩니다. 이 경우 염두에 둬야 할 것은 대출은 낙찰가와 감정가 중 낮은 금액을 기준으로 나온다는 사실입니다. 즉 내가 4100만 원을 썼지만 감정가가 3600만 원이라면 4100만 원에 대한 이자가 아닌 더 낮은 감정가인 3600만 원에 대한 90%가 나옵니다. 결국 4100만 원을 쓰더라도 무려 월 28%의 수익률이 나옵니다. 그러니 비싸게 쓴 것이 아니죠. 실제 나중에 알고 보니 원래 분양가는 6000만 원에서 7000만 원 사이였다고 합니다. 감정가가 터무니없이 낮을 경우입니다.

지난 최저가를 넘겼을 때

경매 책에 많이 나오는 내용이지요. 주식에 보면 심리적 저항선이라는 말이 나옵니다. 물론 그 밑으로 얼마든지 빠집니다. 경매에서도 이런 경우가 있습니다. 지난 최저가를 넘겨서 쓴다면 낙찰을 받을 수 있을 것입니다. 낙찰 받을 확률이 높아진다는 뜻입니다.

1번	전용면적	낙찰가	최저가	대출금(90%)	이자(5.5%)	보증금
	10	45,000,000	36,000,000	40,500,000	202,500	5,000,000
취등록세	관리비	선투자금	실투자금	월세	순이익금	수익률
3,770,000		8,270,000	3,270,000	300,000	97,500	30%

감정가 4500만 원짜리 오피스텔인데 500만 원에 30만 원 정도의 월세가 나옵니다. 그런데 한 번 떨어져서 3600만 원이 되었습니다. 물론 3600만 원에 낙찰을 받으면 얼마나 좋겠습니까? 그렇지만 이럴 경우 많은 사람들이 관심을 갖게 되고 물건 수라도 많으면 수많은 인파가 몰리기 마련입니다.

그러면 얼마를 써야 낙찰도 받고 수익률도 만족할 만한 결과가 나올까요? 이럴 경우 4500만 원 정도로 계산해보면 수익률이 30% 넘게 나옵니다. 4600만 원을 쓴다면 실투자금이 더 들어가서 수익률이 떨어지긴 하지만 낙찰 받을 확률은 높아집니다. 여기서 심리적저항선인 4500만 원은 두 가지 의미를 담고 있습니다.

첫 번째는 감정가를 넘긴 100% 물건이라는 것과 지난 최저가를 넘긴다는 두 가지 의미입니다. 많은 사람이 붙어도 낙찰 받을 확률이 높아집니다. 감정가인 4500만 원을 써도 수익률이 30%가 넘는데, 3800만 원 정도를 써서 떨어질 이유는 없습니다. 최저가가 얼마인지는 숫자에 불과합니다.

다만 시세조사는 필수입니다. 실제 보증금 500만 원에 30만 원이 나오는지와 공실 없이 잘 돌아가는지는 임장활동을 통해서 알아봐야 합니다.

물건번호가 많이 나왔을 경우

한 마디로 인기 있고 시내 중심가에 있는 오피스텔, 아파트 등인데 어떠한 사정으로 한꺼번에 물건이 쏟아져 나올 경우입니다. 최소 10개는 넘어가야 물건 번호가 많은 것입니다. 임장활동이 힘들 테지요.

이럴 경우 쉽게 낙찰을 받으려면 뒷번호를 노려야 합니다. 예를 들어 1번부터 30번까지의 물건이 쏟아져 나왔습니다. 물론 전부 다른 평형의 다른 종목이라면 얘기가 다릅니다. 즉 물건이 30개 정도 나왔는데 1번부터 5번까지는 10평짜리 오피스텔, 6번부터 10번까지는 상가, 11번부터 15번까지는 24평 아파트…. 이런 식으로 나온다면 뒷번호를 노릴 수 없습니다. 혹은 1번부터 25번까지는 특수물건이고, 26번부터 30번까지는 일반물건인 경우도 마찬가지입니다. 특수물건이란 빨간 글씨 즉 유치권, 법정지상권, 선순위세입자, 선순위가처분, 예고등기 등을 말합니다.

전부 같은 평형으로 혹은 비슷한 평형의 같은 종목으로 이루어져 있을 경우가 해당됩니다. 이때 뒷번호가 왜 유리한가 하면 사람들이 입찰을 할 때 10%의 보증금을 동봉해서 입찰서와 함께 입찰에 들어갑니다. 그런데 아주 부자가 아니라면 30개 물건을 다 들어갈 수가 없습니다. 그래서 주로 앞번호에 사람들이 많이 몰립니다. 1번부터 10번 사이에 말이죠.

그럼 25번부터 30번 혹은 20번부터 25번까지 뒷번호는 상대적으로 덜 치열할 수 있다는 것이죠. 그래서 뒷번호가 유리하고 나는 소신 있게 수익률에 맞추어서 뒷번호를 공략한다면 비교적 쉽게 낙찰을 받을 수도 있을 것이라 보입니다. 물건번호가 100번까지 있다면 더 유리할 수 있습니다. 골문 앞 상대 수비수들이 밀집해 있는 곳을 피해 뒤 공간을 노려 슛을 날리는 골잡이가 됩시다.

낙찰가는 낮은데 수익률이 많이 나는 지역의 부동산

이런 지역을 찾아야겠지요. 1년 동안 이 지역을 비롯해서 그런 지역 몇 군데를 알아만 놓는다면 남들이 신경 안 쓰는 동안 내 소신껏 낙찰을 받으면 됩니다. 물론 매매가 시세가 얼마인지는 확인을 해봐야 합니다. 아무리 높게 월세가 나온다고 현 수준의 매매가 시세를 초과해서 낙찰을 받으면 나중에 팔 때 문제가 되겠죠.

월세가 높게 나온다고 공실이 있는지 없는지를 제대로 살피지 않으면 그것은 실제 월세시세가 아닙니다. 공실이 없고 매매가보다 낙찰가를 낮게 쓰더라도 수익률이 나오는 곳을 찾아야겠죠.

종목은 상가일 경우가 많겠지요. 아파트와 오피스텔은 이미 매매가 활발히 형성되고 있기 때문에 주시하는 사람이 이미 많고 월세도 뻔합니다. 아파트 24평형 방 3개 건축년도 10년, 이런 물건은 문방구의 지우개처럼 가격표가 딱 매겨져 있는 것과 다름없습니다. 오피스텔도 마찬가지로 향이나 구조 등에 따라 조금씩 차이는 있지만 가격은 거의 공산품 수준입니다. 그러니 이런 물건을 가지고 수익률을 맞추기는 힘듭니다.

물론 아파트, 오피스텔도 가격이 하락중이라면 얘기가 달라집니다. 몇 년 전 지방의 아파트, 오피스텔, 빌라 등과 같은 시장도 그렇고, 그 이전 수도권 빌라도 비슷한 경우입니다. 수익률이 나오고 공실이 없으나 남들은 신경 쓰지 않거나 꺼리는 물건이나 지역을 찾는 것이죠.

요약하면 남들이 찾지 않는 물건을 찾아서 나 혼자 수익 나는 곳에 소신 있게 입찰을 하는 것이 제일 좋다는 결론입니다.

미래 부동산 투자의 대세이자 대안,
셰어하우스 투자법

최근 전세가가 높아 매매가에 육박한다는 뉴스를 종종 접했을 것입니다. 그러면 단순히 전세를 끼고 매수를 하면 내 돈이 얼마 안 들어 괜찮겠다는 생각을 하는 것은 기존 투자의 틀에서 벗어나지 못한 개념입니다.

전세가가 높은 아파트는 수도권까지 부지기수로 널린 상황입니다. 그리고 전세를 끼고 매수를 하는 투자방법은 재개발로 이미 끝났고, 오피스텔 투자 이후로는 수익률로 투자하는 것이 대세입니다. 그래야 가격이 오르면 팔 수 있고 가격이 횡보하거나 떨어져도 버틸 수 있기 때문입니다.

서울의 오피스텔이 있습니다. 2억에 방은 3개입니다. 1억8천만 원 정도까지 전세를 놓을 수 있다고 해서 전세를 끼고 샀습니다.

서울	낙찰가	보증금	취등록세	선투자금	실투자금
오피스텔	200,000,000	180,000,000	10,700,000	210,700,000	30,700,000

표를 보면 실투자금이 3천만 원까지 들어간 것을 알 수 있습니다. 이제 여기에 공유경제에 관한 키워드를 접목시켜 풀어보겠습니다. 바로 '셰어하우스'입니다.

셰어하우스는 일본에서 시작된 공유개념입니다. 일본은 극단적인 1인 경제의 나라입니다. 사무실에서 일하다가 점심시간이 되면 직원들이 뿔뿔이 흩어져 각자 점심을 해결하고 돌아옵니다. 식당에서도 혼자 식사하는 사람들이 불편해 할까봐 도서관처럼 칸막이를 막아 혼자 먹어도 쑥스럽지 않도록 만들었습니다. 그런데 이런 나라도 외로움은 어쩔 수 없나봅니다. 외로움을 공유로 풀려는 사업이 성공했습니다. 그것이 셰어하우스입니다.

셰어하우스는 방이 많은 큰집에 사는 사람이 시작했습니다. 처음에는 저녁식사 자리에 주변에 사는 직장동료들을 자신의 집으로 초대하면서, 그들이 외롭다는 사실을 알게 되었습니다. 저녁에 함께 요리하고 수다 떠는 일상이 좋다는 것도 알게 되었죠. 그래서 원룸에 사는 직장동료들에게 원룸을 정리하고 자신의 집에서 숙식을 하라고 하고 자신의 방을 내줍니다.

방 하나당 2명의 사람들이 들어갈 수 있도록 하고 자신은 안방을 사용합니다. 월세는 원룸의 가격으로 받았죠. 외국은 보증금의 개념이 약합니다. 우리나라처럼 몇 천만 원씩 내고 살지 않죠. 기껏해야 두 달 치 정도의 월세를 보증금으로 냅니다. 그러니 우리나라에서 셰어하우스는 원룸과의 경쟁이 아니라 고시원과의 경쟁이 됩니다. 방 하나의 평수는 기껏해야 1평 아니면 2평을 넘지 않습니다.

그런데 셰어하우스는 같은 집을 쓰지만 그런 좁고 답답한 방보다는 훨씬 사람 사는 곳입니다. 만약 위의 전세 오피스텔을 월세를 놓는 셰어하우스의 개념으로 바꾸고, 3개의 방에서 1개당 2명씩 살게 한다면 어떨까요? 그리고 주변 고시원 시세정도인 월 30만 원으로 책정한다면요? 월 180만 원이 됩니다. 그리고 보증금은 2명×방3개× 60만 원(2달치)=360만 원이 되겠네요.

그렇다면 이런 계산이 나옵니다.

서울	낙찰가	대출금(90%)	이자(4%)	보증금	취등록세
오피스텔	200,000,000	180,000,000	600,000	3,600,000	10,700,000
선투자금	실투자금	월세 6개	순이익금	수익률	
30,700,000	27,100,000	1,800,000	1,200,000	44%	

수익률은 44%가 나옵니다. 혹시 이렇게 안 되면 위에서 생각한 기존의 투자방식인 다시 전세를 놓고 빠지는 식으로 생각해야지요. 셰어하우스는 최근 트렌드인 공유경제의 키워드와 부동산을 융합해

서 통찰한 부동산 투자의 방식입니다. 방송 매체에서도 셰어하우스와 관련된 내용들이 더 자주 보도되는 것을 보면 일본에서 시작된 바람이 한국으로 넘어오고 있음을 실감합니다.

우리나라의 현재 셰어하우스 현황은 어떨까요? 처음에는 일본과 똑같은 셰어하우스가 들어와서 대학가에 자리 잡았습니다. 한 방에 2층 침대를 여러 개 놓고 방을 같이 쓰는 형태로 말입니다. 모 셰어하우스 회사는 외국인과 한국인이 한 방을 쓰게 하여 서로 외국어를 배울 수 있도록 시스템을 만들었습니다.

그러나 벤처 중 W라는 곳이 이러한 상식을 깨고 다른 방식을 시작합니다. 낡은 한옥을 리모델링해서 럭셔리하게 방을 꾸며고 테마를 잡습니다. 예를 들자면 요리를 좋아하는 사람들의 셰어하우스, 영화를 좋아하는 사람들의 셰어하우스 같이 말입니다.

그래서 사람들을 모집합니다. 방구하기 사이트인 P를 이용하기도 하고, 웹사이트에서 원룸 살면서 같이 방 쓸 사람을 구하는 섹션을 이용하기도 하고, 자체 광고를 하기도 합니다.

모집은 직접 면접을 봅니다. 면접을 보는 이유는 보증금이 따로 없기 때문에 그 사람이 제대로 된 사람인가 아닌가를 알아보기 위해서입니다. 그래서 그들은 대기업이나 상장기업 등에 다니는 사람들의 명함을 받고 계약서를 씁니다. 명함을 받는 이유는 직업이 확실하기 때문이죠. 서울에서 고시원에 살고 있는 젊은 직장인이 많습니다. 보증금 2000만 원이 없어서 원룸에 들어갈 수 없는 직장인들이지요. 대신 직장은 누가 봐도 알 만한 곳이어야 합니다. 그래야 혹시 월세가 밀리면 회사로 찾아갈 수도 있으니까요. 이렇게 계약을 체결하면 월세가 밀리는 일은 거의 없습니다.

새로운 곳이 나타났습니다. 아직 우리나라는 일본의 사토리 세대처럼 셰어하우스가 활성화되지 않았기 때문에 좀 다른 차별화 포인트가 있어야 합니다. E셰어하우스는 주로 럭셔리한 역세권 주상복합 아파트를 셰어하우스로 꾸몄습니다.

왜 역세권 주상복합 아파트일까요? 젊은 사람들이 주 대상층입니다. 그중에서도 40세 이하 여성전용으로 꾸몄습니다. 강남과 가까운 역세권 주상복합을 셰어하우스 임대를 위해 얻었습니다. 역세권인 이유는 젊은 직장인의 출퇴근 편의를 위해서, 주상복합인 이유는 전부 빌트인이 되어 있기 때문입니다. 천정형 에어컨이나 붙박이장이 되어 있어 굳이 구조 변경 비용이 많이 들지 않고, 가구와 TV, 냉장고 등만을 집어넣으면 셰어하우스가 완성됩니다.

이곳은 한 방에 3명까지도 받아서 수익률을 극대화했습니다. 48

월세	분양면적	집주인보증금	인테리어비용	총투자비	월세	보증금
셰어하우스	48.00	50,000,000	20,000,000	70,000,000	1,200,000	4,000,000
인원	총보증금	실투자비	월임대료	총 임대료	실질임대료(총 임대료-월세)	수익률
7	28,000,000	42,000,000	550,000	3,850,000	2,650,000	63%

평형 정도 되는 주상복합 아파트를 셰어하우스로 꾸며 방 2개는 2명을, 방 1개는 3명까지 잘 수 있도록 만들었습니다.

인테리어 비용은 2000만 원으로 잡았습니다. 침대부터 소파, 냉장고, TV 등을 사고 그릇부터 수저까지 전부 살 수 있는 충분한 비용이라 추정됩니다. 월세를 얻어서 셰어하우스를 하는 것으로 가정하고 수익률 계산을 해보면, 실투자금 4200만 원을 들여 매월 265만 원을 벌어들이는 괜찮은 수익형 상품입니다.

셰어하우스는 역세권 그것도 서울의 역세권이 유망하리라 전망됩니다. 앞으로도 셰어하우스의 타깃 소비자는 청년층이기 때문입니다. 한창 일을 해야 할 그들은 직장이든 아르바이트든 출퇴근을 하려면 지하철을 이용할 확률이 큽니다. 따라서 지하철과 가까운 오피스텔, 주상복합 아파트, 나 홀로 아파트가 유망할 수밖에 없습니다.

향후에는 주거형 부동산의 개념도 많이 바뀔 것입니다. 지금까지는 역세권이 아니어도 학군이 좋거나 대단지면 가격이 올랐고 가격도 비쌌습니다. 지하철에서 내려 마을버스를 타고 들어가야 하는데도 말이죠. 하지만 은퇴자가 쏟아져 나오고 청년실업이 맞물리게 된다면 역세권 수익형 부동산이 더 각광 받을 수 있습니다. 게다가 주택연금 부동산과 셰어하우스를 접목시킨다면 노후에 자영업을 하지 않아도 좀 더 여유롭게 보낼 수 있지 않을까요.

<셰어하우스 꾸미기의 예>

서울 빌라 투자법

월세	전용	매매가	평당 가격	대출금(90%)
	4.00	105,000,000	26,250,000	35,000,000
이자(4.3%)	보증금	취등록세(1.1%)	선투자금	실투자금
125,417	75,000,000	2,155,000	72,155,000	−2,845,000
월세	순이익금	수익률		
	−125,417	44%		

전세	전용	낙찰가	평당가격
	5.27	92,570,000	17,565,465
보증금	취등록세(1.1%)	선투자금	실투자금
90,000,000	2,018,270	94,588,270	4,588,270

투자 시기는 현재입니다. 서울 빌라 투자의 핵심은 재개발입니다. 이미 끝났는데 무슨 재개발이냐고 생각할 수도 있겠지만, 서울의 도심을 재개발하려는 이유는 분명히 존재합니다. 오래된 도심을 리모델링하는 것은 어쩔 수 없는 대세입니다. 다만 2008년 금융위기 이후로 아파트 가격이 떨어져서 재개발 사업의 사업성이 나오지 않고 있기 때문에 잠시 미뤄진 것뿐입니다. 최근에는 용산 참사가 일어났던 재개발 구역도 다시 사업을 시작했습니다. 눈여겨 봐야할 대목은 언젠가는 다시 재개발이 되는 것이고 "얼마나 실투자금이 적은가?" 와 "어느 지역을 사는가?"입니다.

얼마나 실투자금이 적은가?

내 돈을 들이지 않고 사려면 지분이 작고 매매가가 적은 원룸을 사야 합니다. 여기에는 두 가지 이유가 있습니다.

첫 번째는 언제 오를지 모르기 때문입니다. 그러니 내 돈이 최대한 들지 않는 물건을 위주로 사야 하는데, 방 하나짜리와 방 두 개짜리는 각각 들어가는 가격이 많이 차이 납니다.

방 하나짜리는 전세를 들이면 돈이 들어가지 않거나 1000만 원 정도 들어가는데, 방 두 개짜리는 최소 3000만 원 이상 차이가 납니다. 그러니 적은 돈을 들이고 기다리는 편이 더 상책이지요.

두 번째는 매매할 때 유리하기 때문입니다. 매매할 때 제일 작은 지분이 실투자금이 적기 때문에 소위 바람이 불었을 때 우선 투자자에게 팔립니다.

어느 지역을 사는가?

마포, 용산, 강남, 강동 등 소위 한강 주변이어야 합니다. 재개발 광풍이 불었을 무렵 가장 비싸게 팔렸던 지역이기 때문입니다. 그중에서도 마포, 용산지역은 한강변을 끼고 있는 지역 중 유일하게 아파트 단지가 없는 지역입니다. 한강변을 끼고 조망이 가능해야 아파트로써 투자성이 생기기 때문이죠.

이 지역들은 작은 평수 기준으로 대지 지분당 마포는 5000만 원, 용산은 7000만 원까지 올랐습니다. 현재는 올랐을 당시에 비해 반 정도의 가격입니다. 그래서 월세를 놓건 전세를 놓건 간에 부담 없는 가격으로 살 수 있습니다.

그리고 사놓고 버티는 투자를 하는 것이죠. 그러다가 향후 서울 도심재개발의 바람이 분다면 때를 봐서 파는 전략을 취할 수도 있습니다.

서울의 역세권
부동산투자

전세	전용	매매가	평당 가격
오피스텔	31.00	155,000,000	5,000,000
보증금	취등록세(4.6%)	선투자금	실투자금
145,000,000	7,130,000	162,130,000	17,130,000

　투자 시기는 현재입니다. 투자에서 핵심은 실투자금이 적게 들어야 한다는 것입니다. 당장 셰어하우스를 할 수는 없으니 말이죠. 지금도 셰어하우스를 하는 곳은 있으나, 집을 구매하여 셰어하우스를 하는 것보다는 임대로 셰어하우스를 하는 편이 더 좋습니다. 그래야 적은 돈으로 수익률이 좋게 나오지요.

그럼 왜 역세권 부동산을 사야 할까요? 앞으로는 대단지의 학군 수요가 좋은 곳보다는 역세권이 더 좋습니다. 나 홀로 아파트, 오피스텔, 주상복합 아파트를 포함해서 말입니다. 지금까지 주목 받았던 주거용부동산은 학군이 좋고 대단지 부동산이었죠. 그러나 앞으로 1,2인가구로 재편이 되고 청년실업이 심해지면서, 수익률이 좋은 월세부동산이 더 필요해지는 상황입니다. 반면 기존 부동산은 학생 수의 감소로 그 장점이 줄어들게 됩니다.

교통이 나쁘면서 고지대에 있는 대단지 부동산이 역세권 부동산보다 비싼 것이 현실입니다. 그러나 앞으로는 은퇴하는 노인인구의 비율이 높아지며 수익성 좋고 공실 없는 역세권부동산이 더 주목받을 것입니다.

우리나라가 일본과 비슷한 불황이 온다는 가정 하에, 가장 타격을 덜 받을 종목이고, 임대소득을 비롯해서 셰어하우스, 주택연금과 같은 여러 가지 임대상품으로의 변형도 가능합니다.

장기투자로
졸부 한 번 돼보자

부자가 되는 방법은 여러 가지가 있습니다. 사업을 일으켜서 부자가 되면 재벌이 됩니다. 자영업을 통해서 부자가 될 수도 있습니다. 의사나 변호사 같은 전문직이라면 좀 더 쉽게 될 수도 있겠죠. 원래 돈을 많이 버는 직업으로 돈을 벌어 저축하거나 부동산을 사서 부자가 될 수 있습니다. 그러나 부동산으로 돈을 번 사람들은 한 가지 패턴이 확실합니다.

'졸부가 되는 것입니다.'

졸부가 되려면 어떻게 해야 할까요? 없고 많아야 졸부가 됩니다. 언뜻 보면 모순된 말 같습니다. 앞에 없는 것은 개발 전망이고 뒤에 많아야 하는 것은 부동산입니다. 개발 전망이 없고 부동산이 많아야 졸부가 된다는 말입니다. 우리가 주변에서 쉽게 볼 수 있고 들을 수 있는 부동산 부자는 졸부입니다.

사람들은 착각합니다. 개발 정보를 알아서 빠르게 흐름을 타고 사고팔아야 부자가 된다고 말입니다. 물론 어느 정도 부자는 될 수 있겠지만 큰 부자는 못 됩니다. 이런 투자는 개발전망이나 흐름을 봐야 하니 많이 살 수 없고, 타이밍 좋게 사고, 팔아야 하는데 말처럼 쉽지 않기 때문입니다. 타이밍을 잘 맞추면 돈을 벌지만, 타이밍을 맞추지 못하면 돈을 잃고 맙니다. 계속 벌고 거의 잃지 않아야 부자가 되는데, 벌었다 잃었다를 반복하면 제자리인 경우도 많습니다. 아니, 퇴보하지 않은 것만으로도 다행입니다.

어쨌든 흐름과 타이밍을 잘 잡으면 안정적인 자금을 바탕으로 안정적인 삶을 살 수 있습니다. 하지만 그렇다 하더라도 큰 부자는 힘듭니다. 결국은 졸부의 길을 따라가야 합니다. 그렇지 않으면 부동산으로 큰 부자가 될 수 없습니다.

사람들은 졸부를 보면 운이 좋았다고 폄훼하기 십상입니다. 그러나 졸부는 운이 좋아서 되는 것이 아니라 부동산이 많아서 된 것입니다.

졸부의 예를 들어보겠습니다.

첫 번째, 서초동에서 포도농사를 짓는 사람이 있었습니다. 그런데 어느 날 강남이 개발되는 바람에 포도밭이 올라 그 돈을 가지고 대

토를 한 곳이 분당이고, 그곳에서 포도농사 짓다가 또 분당 아파트 개발 때문에 대박 나고, 용인 가서 또 농사짓다가 또 큰돈을 법니다. 졸부계의 전설처럼 들려오는 얘기입니다.

두 번째, 영종도에서 버스 기사를 하는 사람이 있었습니다. 예전 영종도는 아무것도 없는 조그만 어촌 마을이었습니다. 버스 기사는 버스를 이용하는 동네 어르신들을 수시로 만나 이런 저런 이야기를 나눌 수 있습니다. 그래서 버스 기사는 동네 사정을 잘 압니다.

동네 어르신들이 땅을 가지고 농사를 짓는데 농사의 약점이 춘궁기입니다. 가을에 추수를 하니 가을에는 돈이 많으나 봄에는 별로 없습니다. 그래서 보릿고개라는 춘궁기가 봄에 있습니다. 동네에서 농사를 짓는 사람들은 모두 자녀들을 외지로 유학 보냈는데 등록금은 봄에 내야 하니 난감한 상황이지요. 지금처럼 나라에서 대출을 해주지도 않았으니까요. 그러니 버스기사가 그분들을 도와주려 월급을 모아 하나 둘 샀던 땅이 꽤 많은 양이 되었고 그 땅에 공항이 들어서고 신도시가 조성되어 벼락부자가 되었습니다.

세 번째, 충청도에 팔우회라는 초등학교 동창생들의 모임이 있었습니다. 친목모임이지만 특이한 점이 있었는데, 회비를 모아서 여행을 가는 대신 땅을 샀습니다. 경매가 아니고 알음알음 싼 땅을 일반매매로 샀다고 합니다. 주로 자투리땅 같은 쓸모없고 싼 땅이 대부분이었습니다. 그런데 충청도 지방에 공단이 들어오고 도시화가 진행되면서 이들도 벼락부자가 되었다고 합니다.

네 번째, 2000년대 초반 서울에서 주택을 팔고 인천으로 온 김 모 씨가 있었습니다. 서울주택을 팔면 인천에 큰 집을 살 수 있으리라 생각했기 때문입니다. 경매로 사려고 인천 경매법정에 가보니 희한한 물건이 있었습니다. 700만 원 전후면 낙찰 받을 수 있는 주택인데 전세를 놓으면 1000만 원까지 놓을 수 있고 월세는 보증금 300만 원에서 500만 원 정도에 월 25만 원 정도는 받을 수 있는 반지하 빌라였습니다.

그러니 전세를 놓으면 돈이 남고 월세를 놓으면 투자원금 중 일부는 현금으로 건지고 한 채당 25만 원씩 월세가 나오는 훌륭한 상품이었죠. 매일 경매법정에 출근해서 그날 나온 반지하 빌라 중 700만 원 정도까지 떨어진 빌라를 최저가에 모두 써서 낙찰 받으면 그때 현장에 방문했다고 합니다. 물론 임장도 안 했습니다. 할 시간도, 할 필요도 없었습니다.

낙찰 받고 현장 방문해서 최악의 경우가 물이 새는 빈집인데, 그러면 문 닫고 그냥 놔두고 쳐다보지도 않았습니다. 그렇지 않은 경우가 훨씬 많았기 때문에 월세나 전세를 놓았다고 합니다.

그렇게 산 반지하 빌라가 1000채에 다다랐습니다. 사실 제가 봐도 당시 반지하 빌라는 아주 안 좋은 아이템이었기 때문에 이렇게 생각하기 쉽지 않았습니다. 그러나 몇 년 후 인천에도 재개발 바람이 불어서 죄다 팔았다고 하더군요.

이 외에도 수많은 사례가 있습니다. 일산 땅 부자 이야기, 대구 법무사 이야기 등 말이죠. 이런 이야기를 들으면 어떤 생각이 듭니까? 그냥 흘려듣거나, 남의 나라 이야기로 치부하거나, 순전히 운이 좋아서라며 애써 무시하지 않습니까? 배우려는 생각은커녕 졸부라고 욕을 하지 않으면 다행입니다.

그렇다면 강남의 빌딩은 어떻게 살까요? 일단 큰돈을 한꺼번에 들여야 살 수 있습니다. 대출을 일으킨다고 하더라도 적게는 몇 십억에서 많게는 몇 백 억이 필요합니다. 이 빌딩 구매에 필요한 자금을 마련하려면 사업을 해서 돈을 왕창 벌거나 직업이 좋아서 1년에 몇 억씩 벌어 몇 년간 연봉을 모으는 방법이 있습니다. 유산으로 물려받는 방법도 있겠네요. 장사를 잘해서 살 수도 있겠죠.

그러나 소위 말하는 부동산의 기술을 가지고는 부자가 될 수 없습니다. 그런 면에서 우리가 주변에서 배울 수 있는 부동산 기술들은 아무 소용이 없습니다. NPL(부실채권투자)이건 상가투자법이건 특수물건투자법이건 경매투자법이건 말이죠. 먹고살긴 해도 부자는 되지 못합니다. 그들이 강의하는 어떤 내용에서도 졸부가 되는 내용은 보이지 않습니다. 그리고 강의하는 그들도 부자가 아닙니다. 그러니 그들이 강의하는 내용으로 부자가 되었다는 증거가 없습니다. 이러한 투자법으로 부자가 될 수 없는 이유는 무엇일까요?

첫째, 불확실성입니다.

내일 급등한다는 소문은 있습니다. 내가 사려는 땅으로 시청이 이전해 온다고 합니다. 오늘 1억을 넣으면 내일 5억이 된다고 합니다. 그러나 이것이 정말 확실한 정보고 진짜 그렇게 된다고 하더라도 오늘 1억을 넣을 사람이 몇이나 될까요? 내일 발표를 안 할 수도 있지 않습니까? 그 정보는 가짜다, 혹은 진짜는 맞지만 바로 급등하지는 않을 것이다. 몇 년 후 시청 이전이 가시화가 되어야만 오를 것이다. 그 땅은 벌써 오른 상태다, 등 이러한 의문이 꼬리에 꼬리를 물고 이어집니다. 결국 투자할 수 있는 사람이 별로 없습니다.

둘째, 매물이 자취를 감춥니다.

내일 급등하는 지역이 있다고 칩시다. 위의 불확실성은 전혀 없고 사기만 하면 최소한 따따블은 오른다고 칩시다. 예를 들어 100여 개 정도를 사야 하는데 몇 개만 사면 이미 동네에 소문이 퍼져 실제로는 몇 개 밖에 살 수 없습니다. 이렇게 되면 내일 급등하는 확실한 지역이나 호재를 수십 개는 알아야 하고, 그 호재가 한 달 간격으로 열심히 터져줘야 가능한 일입니다. 현실적으로 이런 일은 일어나지 않습니다.

대한민국 부동산의 미래

셋째, 대중의 학습효과입니다.

대중들은 어떠한 패턴화에 금세 익숙해져 버립니다. 처음에는 부동산 전문가가 어떻게 하면 돈 버는지에 대한 확실한 스킬이 있다고 가정합시다. 경매가 대중화되었고 유치권, 법정지상권과 같은 특수물건이 대중화되었고, NPL과 같은 부실채권을 사고파는 기법 등이 대중화되었습니다. 이러한 기법은 대중들에게 금방 습득되며 그러한 방법으로 돈을 버는 일은 빠른 시간 안에 요원해집니다.

이처럼 하나의 방법으로 돈을 버는 행운은 단기일 뿐이며 그러한 패턴은 빨리 지나갑니다. 그리고 결정적으로 그들이 돈을 벌었다는 증거가 없습니다. 이런 식으로 돈을 벌어 부자가 되었다는 증거를 아직까지 이 바닥에서 본 적이 없습니다.

주식투자의 단타 매매 기법, 쌍봉이 어떻고 이동평균선이 어떻고 하는 기법으로 돈 벌었다는 사람도 못 봤습니다. 잔돈푼은 벌겠지만 큰돈은 못 법니다. 갬블링이기 때문입니다. 매일 도박하는 것과 마찬가지입니다. 도박장에 가서 어쩌다 한 번은 딸 수 있지만 계속 도박하면 모두 잃는 것처럼 큰돈은 고사하고 잃지 않으면 다행입니다.

주식투자에서 돈을 번 사람은 여유 자금으로 장기투자한 사람들입니다. 그래서 삼성전자 주식을 2만 원일 때부터 샀는데 지금도 돈 생기면 또 산다고 하더군요. 부동산에서도 졸부라고 욕먹지만 그런 사람들은 이러한 장기투자의 패턴을 가지고 있습니다. 또한 졸부는 부자가 되었다는 확실한 증거가 있습니다. 유산을 상속받거나 사업을 크게 일으키거나 장사를 잘하지 않았습니다. 그런데도 부자가 되었습니다. 졸부들은 명확한 두 가지 특징을 갖고 있습니다.

첫째는 싸게 많이 샀고, 둘째는 그것을 살 당시에는 개발계획이 전혀 없었다는 점입니다. 둘은 순서를 바꿔도 관계가 없습니다. 개발계획이 전혀 없었으니 싸게 살 수 있었고 싸게 살 수 있었으니 많이 살 수 있었습니다. 돈이 생기면 맘에 드는 부동산을 계속 사 모으는 사람입니다.

그중 살아생전에 자신이 투자했던 것이 오르면 졸부가 되는 것이고, 그렇지 않으면 자식들이 졸부가 되는 것입니다. 아버지 때부터 시작된 부동산 사 모으기가 아들 대까지 내려온다면 그만큼 졸부가 되는 확률이 높아집니다.

그래서 졸부는 부동산 장기투자자 중에 나옵니다.

60 이후 신경 쓰지 않고
돈 버는 법

60세 이후 인생, 어떻게 살 것인지는 언제나 고민입니다. 저는 아직 10년 넘게 남았습니다. 최근에는 평생 부동산 임대를 하며 사는 것이 좀 골치 아프다 생각됩니다. 대출 받았으면 연장해야 하고, 세입자가 나가면 다른 세입자를 놓아야 합니다. 그런 것들이 귀찮고 짜증납니다. 그래도 이런 것은 얼마든지 감수할 수 있습니다. 공실만 아니라면 말이지요. 공실은 정말 참을 수 없습니다. 아까운 이자가 나가고 그만큼 생활비가 줄어듭니다. 공실까지는 참을 수 있습니다.

60부터 100살까지 산다면 40년 정도 되는데 우리나라 부동산의 경우 100년씩 가는 경우가 드물어서 구조 변경이나 재건축을 해야 합니다. 그런데 돈이 없으면 또 사고팔기를 반복해야 합니다. 그러다 재수 없게 신도시쪽 사놓은 아파트에서 대규모 인구 감소로 인하여 도시가 텅텅 비는 상황이 오면 어떻게 할까요? 상가는 또 어떻고요? 상권이 바뀌면 큰일 납니다.

그래서 저는 이렇게 생각했습니다. '애들 다 키우고 나면 그 다음부터는 생활비 300이면 충분하다.' 물론 부동산이 아닌 예금이자처럼 신경 쓰지 않고 세금 뗀 실제 생활비를 의미합니다. 그런데 꾸준히 죽을 때까지 돈이 나오면서 세입자 신경 안 쓰고 대출 연장 신경 안 쓰고 사는 방법은 없을까요? 몇 년씩 장기로 여행을 다니는 유럽 사람들은 나라에서 연금 나와 그 돈으로 해외로 나가서 편안히 산다던데, 우리도 그러려면 어떻게 해야 할까요?

우선 모든 주택을 정리해서 1주택으로 만들면 어떨까 생각합니다. 그리고 역모기지(주택연금:www.hf.go.kr)를 드는 것이죠. 70세 기준 1주택일 때 3억 원짜리 집이 한 달에 1백만 원씩 나옵니다. 65세는 80만 원 정도입니다. 부부 중 한 사람이 사망해도 나머지 사람이 사망할 때까지 계속해서 연금이 나온다고 합니다. 주택연금은 다주택자, 9억 이상 주택 보유자, 주거형 오피스텔도 가입 대상입니다.

물론 융자가 없어야 하고 처음 계약은 사망 시까지 이어집니다. 집값의 상승과 하락은 신경 쓰지 않아도 됩니다. 1백만 원씩 받고 그 집에 거주해야 하는데요.

임대도 생각해보면 어떨까요? 주택연금을 받으며 빈 방을 이용해 보증금 없이 월세를 놓는 것도 가능하다고 합니다. 그러니 서울의

① 종신지급방식(정액형 기준)

• 일반주택
  (종신지급방식. 정액형. 2015.2.1일 기준)

(단위: 천원)

주택 가격 연령	1억원	2억원	3억원	4억원	5억원	6억원	7억원	8억원	9억원
50세	145	290	435	580	725	870	1,015	1,160	1,305
55세	170	340	510	680	850	1,020	1,190	1,360	1,530
60세	227	455	682	910	1,138	1,365	1,593	1,820	2,048
65세	272	544	816	1,088	1,360	1,632	1,904	2,176	2,448
70세	328	657	986	1,315	1,643	1,972	2,301	2,630	2,958
75세	403	807	1,210	1,614	2,017	2,421	2,824	3,172	3,172
80세	505	1,011	1,517	2,023	2,529	3,035	3,493	3,493	3,493

예시: 70세(부부 중 연소자 기준). 3억원 주택 기준으로 매월 98만 6천원을 수령합니다.

역세권 부동산이라면 셰어하우스를 꾸며 방 한 칸에 두 명씩 넣는 것입니다.

그리고 돈이 남으면 농지연금(농지연금포탈:www.fplove.or.kr)을 들어보는 것은 어떨까요? 3억짜리 땅에 77만 원 연금이 죽을 때까지 나옵니다. 그런데 6억은 247만 원 정도입니다. 돈 많이 벌면 땅에 올인하면 되겠네요. 물론 농민이어야 합니다. 농민 자격(농지원부가 있어야 함)을 갖추어야 하고 65세부터 가능하며 5년간은 농부로 있어야 합니다. 그러니 60세에는 모두 팔아 땅을 사고 농사를 지어야 합니다.

그러다 65세부터 농지연금을 신청하면 되겠군요. 집부터 농지까지 자경거리가 30km로 늘어납니다. 서울에 살면서도 경기도 일원의 땅까지 30km면 고양시나 광주시 등과 같은 곳은 가능할 것입니다.

이래저래 수도권 땅값만 올라가게 생겼습니다. 게다가 땅은 공시지가가 계속 올라가니 죽을 때까지 오를 수도 있습니다. 물론 이것도 최초 계약 시 지급하기로 한 금액을 죽을 때까지 주고 더 쓰면 그냥 나라가 손해보고, 덜 쓰고 죽으면 공매로 팔아서 자식에게 물려준다고 합니다.

그리고 국민연금도 있으니 돈이 매월 얼마 정도는 나오겠죠. 그래도 남으면 해외 채권이나 해외 주식에 투자하면 됩니다.

죽을 때까지 임대사업 하느라 등골 휘지 마시고 이런 방법들도 생각해 보세요. 죽을 때까지 임대업 하다가는 아프리카 세렝게티 사파리에서 사자 구경하다가 대출연장 때문에 자서하러 귀국해야 합니다.

Summary & Investment

Summary 1

왜 부동산 임대사업을 해야 하나?

1. 다양한 변수들

· 인구고령화의 변수

· 세계금융의 변수

· 통일의 변수

· 외국인의 변수

2. 급여생활자가 회사에 남아 있을 확률

· 임원 승진확률 : 0.74%(1000명 당 7명)

· 부장 승진확률 : 1.47%(1000명당 15명)

· 부장까지 승진 소요 년수 : 17.3년 27세에 입사+17년=44세(명퇴

시작 나이+3년)

이후 모두 자영업 치킨집 사장으로 수렴

· 30대그룹 평균 근속 년수 : 남자 10.9년, 여자 6.9년(SK에너지 25

년, 신세계·롯데 등 유통업체 6년)

3. 늘어나는 기대수명

· 대한민국 성인 기대수명 : 여자 83.8세, 남자 76.8세로 OECD 6위.

· 1위 일본 성인 기대수명 : 여자 86.4,세, 남자 79.6세

· 고려대학교 박유선 교수 100세 도달 가능성 : 45년생 현재 70세

¼, 58년생 현재 58세 ½은 100세까지 산다. 70년생은 거의 대부

분 100세까지 산다.

· 구글에서 만든 califonia life company에 의하면 인간수명 170살

까지 목표.

4. 토지, 노동, 자본(생산의 3요소)

· 누구나 노동만으로 생산을 하려 함.

· 우리나라 노인 빈곤률 1위, 노인 자살률 1위

· 원인 : 과도한 사교육비 지출, 토지나 자본의 개념이 없음.

· 노동으로 돈을 벌면서 일정액을 토지와 자본에 투자해야 함.

· 결론 : 45세에 은퇴해서 70세까지 근로소득으로 버티다가 70세

이후부터는 토지, 노동이 일을 하도록 만들어야 함.

5. 노후에 필요한 비용, 어떻게 마련해야 하나?

· 70세 이후 필요한 비용(자식 모두 독립하고 최소한 부부가 살아갈 비용)
  계산

· 최소비용 : 월 150만 원, 평균 비용 : 월 250~300만 원, 목표금
  액 300만 원

· 기타 소득 : 은행이자로 2배가 되려면 70년이 걸린다.
  은행 이자율 1.8% 10억 예치 시 : 18,149,200원/12월=1,512,433
  원(세후 수령액 기준), 3억 예치 시 월 453,729원

· 아파트 경비 120만 원, 국민연금 80만 원=합 200만 원은 10억
  예치의 효과이다.

· 결론 : 은행 이자가 1%대나 마이너스로 돌아선다면 은행 이자
  로 노후 준비는 포기해야 한다.

· 자영업 : 서울 치킨집 10곳 중 4곳, 3년 내 문 닫는다. 서울 골목
  상권 점포 '10년 생존율' 20% 미만.

· 주식투자 : 노후에 데이트레이딩은 자살행위, 가치투자는 OK

· 배당소득
  삼성전자 주식 주당 150만원을 3억 원어치(약 200주)를 샀을 때,
  배당액 : 주당 14,300원X200주=2,860,000원. 연간 매월 약
  238,000원

· 연금소득
  현재 국민연금 실수령액 평균 32만 원. 기타 소득으로 270만 원

을 벌어야 함.

최고액 160만 원 상당이므로 150만 원 가까이는 기타소득으로 벌어야 함.

6. 왜 임대소득인가?

· 현재까지 국내에서 수익률이 가장 좋은 소득은 임대소득

· 1억 투자해서 100만원 나오는 투자는 임대가 유일.

· 리스크 : 향후 임대를 모두 원할 경우 월세는 그대로이나 매매가는 올라갈 확률이 높음.

· 서울, 1기 신도시 등 일부에서만 임대가 될 것.

· 불타는 건너방, 안방은 아직 불타지 않고 있음. 왜냐하면 50대 1000만 명, 40대 1000만 명, 30대 1000만 명, 총 3000만 명이 집이 꼭 필요한 나이이기 때문에 현재는 괜찮음.

7. 임대투자의 장점

· 안정성 : 경매전업투자자, 재건축, 재개발 전업투자자 등에 비해 안정적임(월급절벽 대상자들)

· 불황기에도 안정적인 수익 가능

· 영속성 : 평균수명의 연장. 은퇴 이후 최소 30년에서 최대 50년 간 직업 없이 지내야 함.

· 시간성

근로소득자와 달리 스스로 시간분배를 할 수 있음.

돈이 많이 들지 않는 취미 활동 가능 : 사진, 여행, 독서, 스포츠 및 공연관람, 등산, 운동, 요리, 영화, 미술, 공예, 문화유산 답사, 음악 등을 시간에 구애 받지 않고 즐김.

예) 시간의 자율성 : 근로소득자〈투자소득자〈임대소득자

· 투자성

1석2조의 부동산

과거에는 임대부동산(오피스텔, 상가)과 투자부동산(아파트, 빌라)이 따로 나뉨.

현재는 아파트 빌라도 수익률이 나오고 오피스텔, 상가도 거래가 됨.

임대수익이 나오면서 매매차익도 거둘 수 있는 부동산이 1석2조의 부동산.

미래를 결정할 5가지 변수

1. 고령화의 변수

1) 1981년 : 기반부족의 시기

· 피라미드형(인구 폭발형)

· 당시 20세(1961년생 98만 명), 10세(1971년생 94만 명), 0세(1981년생 80만 명)

· 1991년생 70만 명, 2001년생 60만 명, 2011년생 40만 명

· 40세의 의미(부동산을 취득하는 시기)−2020년까지 우리나라는 부동산 부족의 시기.

2) 2001년 : 부동산 활황기

· 항아리형 구조(인구 안정화형), 2001년 생 이후(60만 명 이하로 떨어지는 시기)

· 인구구조 상 2001(1961년생)년부터 최소 2030년(1981년생)까지는 부동산의 수요 증가가 예상됨.

· 2030년 이후는 1981년생 80만 명의 시기로 주거용부동산의 점진적인 하락이 예상됨.

· 향후 10년 이후에 주거용, 상업용은 수도권 부동산의 투자에서 서울 투자로 투자방향을 변경해야 함.

· 서울 투자는 안정적인 대신 큰 돈이 드는 만큼, 수도권에서 돈을 벌어 서울로 가야 함.

· 향후 10년 이후에는 소형, 수익성, 서울의 흐름으로 갈 것으로 보임

예) 서울 역세권 빌딩

3) 2040년 : 부동산 침체기

인구감소형, 실질적으로 50만 명 이하로 떨어진 출생아가 40세가 되는 시기

4) 일본 신도시

· 일본 신도시 : 도쿄 인근 다마(30km), 치바(50km), 나리타(80km)

건설시기 : 1960년대, 우리나라는 1990년대(다마 신도시를 벤치마킹)

· 위치 : 가까운 곳은 도쿄외곽 30km 떨어진 곳으로 (다마)신도시, 서울외곽 20km 이내(일산만 20km 이상)

· 특징 : 저밀도 녹지공간 친환경개발, 베드타운(기업이 없고 오직 도쿄 출퇴근), 젊은 사람 위주 설계

· 초기상황 : 국가 및 기업에서 교통비, 통행료 등을 보조해줌, 시간이 많이 드나 돈은 별로 안들었던 상황.

· 중기상황 : 다마 신도시와 도쿄 간 거리가 멀어 도쿄에 세컨드 하우스(원룸)가 들어섬, 주말부부

도쿄 도심재개발이 이루어지면서 주택공급이 엄청나게 늘어남. 역세권 중심의 대규모 복합개발

청, 장년층은 직장, 쇼핑, 주거, 배움, 놀이, 음식 등이 도보권에 있는 컴팩트시티(Compact City ; 록폰기힐스, 도쿄미드타운, 도라노몬힐스, 마리나베이 샌즈 등이 대표적)로 대거 이동

5) 일본 신도시의 현재상황

① 도쿄의 공급증가(재개발 재건축, 1·2인 가구 증가 등)로 인한 임대료 하락 ② 신도시 교통비+임대료+출퇴근시간 〉 도쿄 임대료 ③ 생산, 소비주체의 도쿄 이동 ④ 신도시의 몰락

· 현재 : 노인 천국의 역설(노인이 살기엔 힘든 환경 - 저밀도, 친환경 도시), 젊은 층이 살기 편하도록 계획

· 일본 신도시의 현재 실상 : 노인의 지옥. 의료, 직장, 주거가 멀다. 예) 자가운전 필수, 마트, 관공서, 병원 등이 기본적으로 멀다. 청, 장년층(소비계층)의 도쿄 이주로 점점 인프라 열악.

· 집값 하락 : 다마신도시 27평 아파트→4억5천 준공. 1995년보다 75% 폭락. 현재 1억9천

· 일본의 신도시 인구 중 9/10가 도쿄로 이동.

6) 한국과 일본 신도시 비교

· 우리나라의 1기 신도시(분당, 중동, 일산, 평촌, 산본)가 다마신도시와 다른 점 : 노인 위주 설계

· 우리나라 2기 신도시와 다마신도시가 유사

· 김포한강, 일산, 동탄, 오산세교, 양주, 인천 검단, 청라, 송도 등

· ① 근접성(수도권과 20km 이상) ② 베드타운 ③ 인구절정시기에 지어진 신도시 ④ 대형평형의 단지

· 결론 : 일본처럼 된다면 2기 신도시의 실패 가능성

2. 세계금융의 변수

· 미국의 기준금리 상승은 항상 신흥국의 위기를 불러왔다.

· 미국은 소비 vs. 신흥국은 제조

· 신흥국의 제품 미국에 수출→신흥국의 시장개방 요구→미연준 금리 인하→신흥국으로 화폐(핫머니) 유입→신흥국 달러 유입으로 달러 약세, 신흥국 통화 강세→신흥국 통화 강세로 수입의 증가→부동산과 주식 등 자산 버블이 생김→미국의 경기회복 등으로 연준 금리 인상→핫머니, 신흥국 투자펀드 대출 만기

상환 요구→미국으로 핫머니 회귀→급격한 달러 유출로 신흥국의 경제위기, 국가부도→IMF 개입→신흥국의 국유 자산, 대기업 구조조정, 매각종용의 대가로 구제금융→미국의 금융가는 국가 우량자산 및 우량 민간기업을 헐값에 매입→신흥국의 통화약세로 미국에 다시 수출 재개.

3. 통일의 변수

1) 한국 돈과 북한 돈

· 짐 로저스 : 북한 돈을 사는 투자의 귀재, 싱가포르 선물시장에서 북한채권 및 동전 등 수집

· 한국 돈은 달러당 1,143원(2016년 4월 현재), 북한 돈은 96원(공식), 8000원(비공식), 북한돈의 8배

· 통일 전 동·서독 화폐 차이는 1:30배, 통일 후 동·서독의 화폐 통일로 1:1~1:2배로 교환

· 통일이 되면 북한 돈은 현재의 8배 가치

2) 북한의 토지투자

· 북한의 항구 근처 토지투자 : 남포, 원산, 나진항

3) 서울과 수도권

· 통일→북한 임금 폭등→북한 산업기반 무너짐→북한 이주민 발생→북한 이주민 서울, 수도권 정착→북한 부동산 폭락 및 빈집 발생→서울, 수도권 전, 월세 대란

4. 외국인의 변수

· 구미 선진국 부동산 가격 폭등의 원인 : 외국인의 투자 때문

· 집값 떨어진 나라 : 이탈리아, 독일, 일본

  2차 대전 전범국가, 패전국가

  외국인 이민, 투자 상대적 저조(독일의 경우 최근 많이 받아들임. 그래서

  집값 다시 상승 중)

· 집값 오른 나라 : 영국, 캐나다, 프랑스, 미국

  2차 대전 승전국

  외국인 이민, 투자 상대적 좋음

· 우리나라

  외국인 이민, 투자 상대적으로 저조함

  하지만, 외국인 투자자에게 영주권 발급절차를 간소화 하는 등

  변화 기류 포착

  제주 이어 서울 부동산 쇼핑에 나설 중국인 주목

5. 장기불황의 변수

· 미국의 기준금리 인상은 외화유출로 신흥국의 달러 부족, 금융

  위기 초래

· 외화유출을 막기 위한 신흥국의 기준금리 인상

· 하지만 일본처럼 장기불황은 미국의 기준금리 인상과 관계없이

  저금리 상태를 유지할 수 있다.

6. 결론

· 최악의 시나리오, 최상의 시나리오 모두에 대비해야 한다.

· 장기적으로 봤을 때 투자지역은 서울 및 1기 신도시 지역에 한
정해야 한다.

토지 투자 방법

- 토지는 유한하고 자금은 무한하다.

- 유망한 토지를 여유자금으로 투자 : 서해안 시대에 대비한 항 근처의 저평가된 토지, 비무장 지대, 그 밖에 저평가된 토지

- 우리나라는 수출지향적(조선, 자동차, 정유, 화학, 철강 등)인 구조로 항구가 발전할 수밖에 없다(남동임해공업구역: 포항, 울산, 부산, 창원, 광양, 여수, 목포 등). 남동이 발전한 이유는, 바다의 수심이 깊어 큰 배가 들어올 수 있다. 조수간만의 차가 큰 서해는 항이 발전할 여지가 적었다.

- 근래 10년 사이에 중국이 최대 수출국으로 부상. 이미 발전한 남 동임해공업구역이 아닌 서해안이 주목 받음(인천항, 평택항, 당진항, 대산항, 보령항, 군산항 등).

- 경매로 토지 투자 : 지분경매, 분묘기지권, 보전임지 등 쌀 수밖

에 없는 토지를 1000평X1000원=100만 원 정도에 매입

· 강점 : 저평가된 부동산을 매수하여 향후 부동산의 가치가 높아

졌을 때 막대한 수익 기대

· 약점 : 환금성이 떨어짐

•

Summary 4

•

토지로 저축하기

1. 토지의 낙찰

· 전국 최저가 토지를 정렬하여 평당 1000원~3000원에 낙찰 받

는다.

· 최대한 많은 제약 권리가 있는 땅을 고른다(분묘기지권, 지분경매, 보

전임지 등).

2. 토지의 투자방법

1) 공시지가 투자

· 매년 공시지가가 오른다.

· 평당 1000원이던 땅이 100원 정도씩 오르면, 10년 후 2배 가치

· 부채를 얻지 않은 토지이므로 급할 때 토지를 담보로 대출 가능

[대출기관은 산림조합(공시지가의 70%까지 6% 정도에 대출)]

2) 수종갱신 투자

- · 수종갱신은 불량 입목이거나, 피해임지로써 산림경영의 효과를 거둘 수 없다고 인정되는 임야에 한하여 경제적 수종으로 변경하여 조림 작업
- · 통상 현실적으로 영림계획이 작성된 임야는 사업신고로 가능하나, 영림 계획이 없는 임야는 별도의 허가를 요함
- · 수종갱신의 이유 : 일제시대 일제에 의해 심어진 잘못된 수목(리기다 소나무와 같은 땔감용 재목)을 베어내고 다시 심는 것
- · 수종갱신 금지구역 : 수도법의 상수도보호구역에서는 어떤 산림관련법과도 무관하게 나무를 베지도, 심지도 못하게 규정하고 있고(허가를 득해야만 가능), 개발제한구역에서는 나무를 심을 수는 있지만, 벌목은 허가를 받아야 한다.
- · 수종갱신 기관 : 각 산림조합
- · 방법 : 국가 90%, 산 주인 10% 부담 원칙(그러나 거의 국가가 부담함)

3) 농지연금 편입 가능성

- · 농지연금의 토지는 전, 답, 과수원만 되며 농민이어야 한다.
- · 농지연금의 취지는 FTA로 인한 농민의 보상 차원
- · 향후 농지연금으로 임야도 포함이 될 가능성
- · 6억짜리 땅이면 247만원/월 수령

4) 유실수 및 토지 활용에 의한 이용고배당
  · 잣나무 등과 같은 유실수를 산림조합에 맡기고 이용고배당 신청

5) 개발 가능성
  · 결국 많이 가지고 있는 사람이 개발될 가능성도 많다.
  · 제주도 땅, 세종시, 평창 올림픽, 남북통일, 전력케이블, 도로,
    시베리아 횡단철도 등에 의한 보상 등

3. 실행방법
  · 적금을 든다는 생각으로 매달 100만 원씩을 모아 토지에 꾸준히
    투자. 몇 달에 한 번씩 토지 구매

서울 전월세 투자 방법

1. 투자개요

· 서울 시내권이 2,000만 원 투자 가능 지역으로 변화. 아직 오르
지 않은 변곡점

2. 투자의 이유

1) 신도시의 몰락(최악의 시나리오)

· 일본처럼 몰락한다면 서울만 남을 가능성이 큼

· 청장년층의 이탈로 신도시의 서비스업이 무너지고 일자리 없는
청년층이 다시 서울로 회귀하는 악순환

· 최악의 시나리오에서도 도쿄는 임대료와 집값 상승

2) 은퇴자의 폭발

· 1958년생부터 30년간 100만 명씩 3000만 명이 은퇴할 예정.

3) 저금리 기조의 유지

· 저금리의 영향으로 예금 등 수익을 찾기 어려운 상황(주식, 자영업,

채권 등 모두 하락)

· 금리 상승으로 인한 전월세 투자 실패 가능성이 낮은 상황

4) 서울의 집값 폭등(최상의 시나리오)

· 런던, 뉴욕, 파리, 시드니, 밴쿠버 등 세계 주요도시들 집값 상승

· 상승원인 : 외국인(중동, 중국, 러시아, 동구권 부자들의 집 사재기 - 외국

인의 대도시 집중화)

· 런던 월세 평균 500만원, 원룸 월세 평균 200만원

· 외국인의 폭발적 증가(중국인 : 취업자와 학생 모두 증가)

· 자양동, 대림동, 경희대 인근 등의 차이나타운 형성

· 남북통일 시 서울 집값 폭등

5) 임대료 상승

· 쉐어하우스의 주거형태로 변화될 가능성

· 역세권의 오피스텔, 주상복합 위주

· 이유 : 4인가구가 무너지고 1·2인 가구로의 재편 가능성(일본의

사토리 세대)

· 방 1개 3명 혹은 4명 거주. 2층 침대 2개

6) 안정적인 임대수요 증가

· 현재 50세라면 앞으로도 50년을 살아야 함

· 지방보다는 서울이 훨씬 안정적

3. 현재의 상황

· 아직 폭등의 여건은 성숙되지 않았다.

· 쉐어하우스에 4명씩 살지도 않고, 외국인이 투자를 하지도 않고, 남북통일이 된 것도 아니다.

· 전세금과 매매가의 차이가 2000만원 정도로 줄어듦

· 지금은 전세를 끼고 사고 향후를 노린다.

4. 어디를 살 것인가?

· 역세권의 오피스텔, 주상복합, 나홀로 아파트가 향후 대세

· 쉐어하우스, 1인 가구 증가, 4인 가구 해체 가속화

· 현재의 거주체제인 4인가구 위주의 학군 좋은 곳이 집값이 비싸다. 그러나 향후 마을버스를 타야 하는 전통적인 대단지 아파트보다는 역세권 오피스텔이 나을 수 있다.

5. 향후 투자 방향

1) 반전세 투자

· 월세 증가, 전세 감소 추세이기 때문에 2000만원 이내 투자의 경우 전세가가 매매가를 추월 가능. 그때 전세가가 오른 만큼 월세로 전환.
예) 매매가 3억 전세가 2억8천→2년 후 매매가 3억 전세가 3억1천이라면 2천만 원만 전세 증액 후 1천만 원은 월세로 전환

2) 월세의 상승까지 기다릴 때 전세투자 유리

· 서울은 현재 월세 수익률이 안 나온다. 그러나 향후 나올 수 있다. 그러므로 최소한의 비용으로 전세로 버티면서 투자시기까지 기다린다. 매매가 상승 후 담보 대출 여력 증가로 대출 받고 월세 보증금 받으며 연착륙
예) 쉐어하우스의 보편화, 신도시의 몰락, 남북통일의 달성, 외국인 투자, 노령화로 인한 서울의 안정적인 월세 수요의 증가, 0%의 저금리 시대 등

3) 그때가 오면

· 매매가 상승할 수 있다(임대사업을 하려는 자가 살 수 있다).
· 수익률이 오를 수 있다(직접 임대를 할 수도 있다).

4) 또 다른 장점

· 주택연금(역모기지론)으로 활용 가능

· 방 3개 중 2개를 쉐어하우스로 임대. 노후대책의 일환

· 주택연금도 서울 역세권이 유리하다. 수도권에 살다가 수도권
  집값과 서울 집값의 차이로 이사가 힘들 수 있다.

대한민국 부동산의 미래

지은이 김장섭(조던)
1쇄 발행 2016년 6월 20일
7쇄 발행 2016년 7월 1일

펴낸곳 트러스트북스
펴낸이 박현
기획총괄 윤장래

등록번호 제2014-000225호
등록일자 2013년 12월 03일

주소 서울시 마포구 서교동 성미산로 2길 33 성광빌딩 202호
전화 (02) 322-3409
팩스 (02) 6933-6505
이메일 trustbooks@naver.com

값 16,000원
ISBN 979-11-956754-5-6 03320